高职高专教育“十二五”规划建设教材

U0965366

食品法规与监管体系

依据食品安全法(2015)编写

马长路　妥彦峰　王　丽　主编

中国农业大学出版社
·北京·

内容简介

本教材致力于高职食品法律法规类课程教学改革引领，按照“工学结合”进行教材设计。特色之一是教材内容按照现行食品行业监管部门及其颁布法律法规进行选取；特色之二是教材培养技能均为一线QC人员必备技能；特色之三是任务设计均体现“理实一体化”设计理念。

该教材适合食品质量与安全专业、食品营养与检测专业、农产品质量检测专业等，同时可以作为食品行业一线质量安全管理人员工作手册和培训教材。

图书在版编目(CIP)数据

食品法规与监管体系/马长路，妥彦峰，王丽主编．—北京：中国农业大学出版社，2015.3
ISBN 978-7-5655-1193-6

Ⅰ.①食… Ⅱ.①马…②妥…③王… Ⅲ.①食品卫生法-中国-高等学校-教材 Ⅳ.①D922.16

中国版本图书馆CIP数据核字(2015)第046602号

书　名 食品法规与监管体系
作　者 马长路　妥彦峰　王　丽　主编

策划编辑	陈　阳	**责任编辑**	韩元凤
封面设计	郑　川	**责任校对**	王晓凤
出版发行	中国农业大学出版社		
社　址	北京市海淀区圆明园西路2号	**邮政编码**	100193
电　话	发行部 010-62818525,8625	**读者服务部**	010-62732336
	编辑部 010-62732617,2618	**出　版　部**	010-62733440
网　址	http://www.cau.edu.cn/caup	**e-mail**	cbsszs@cau.edu.cn
经　销	新华书店		
印　刷	涿州市星河印刷有限公司		
版　次	2015年5月第1版　2015年5月第1次印刷		
规　格	787×1092　16开本　15印张　370千字		
定　价	32.00元		

图书如有质量问题本社发行部负责调换

编审人员

主　编　马长路　北京农业职业学院
　　　　妥彦峰　大连工业大学
　　　　王　丽　北京农业职业学院

副主编　吕　青　青岛出入境检验检疫局
　　　　管丛江　黑龙江农业工程职业学院
　　　　李志民　邯郸职业技术学院
　　　　杨丹宏　北京二商集团王致和食品有限公司

参　编　谢晓丽　青岛出入境检验检疫局
　　　　王　瑞　黑龙江旅游职业技术学院
　　　　杨俊峰　内蒙古农业大学职业技术学院
　　　　杨文钦　齐齐哈尔医学院
　　　　徐显利　黑龙江农业经济职业学院
　　　　贾健辉　黑龙江农业经济职业学院
　　　　唐丽新　黑龙江职业学院
　　　　张红波　内蒙古自治区建材产品质量检验院

主　审　李小山　北京京点途捷技术服务有限公司
　　　　李远钊　食品伙伴网

前　言

2013 年 3 月中华人民共和国第十二届全国人民代表大会第一次会议与中国人民政治协商会议第十二届全国委员会第一次会议审议通过的《国务院机构改革和职能转变方案》，将国务院食品安全委员会办公室以及国家食品药品监督管理局的职责、国家质量监督检验检疫总局的生产环节食品安全监督管理职责、国家工商行政管理总局的流通环节食品安全监督管理职责加以整合，组建国家食品药品监督管理总局(CFDA)，这标志我国食品安全“分段监管”体系彻底结束，食品安全统一监管正式开始。2015 年 4 月 24 日中华人民共和国第十二届全国人民代表大会常务委员会第十四次会议修订通过了《中华人民共和国食品安全法》，2015 年 10 月 1 日正式施行。

本教材致力于食品法律法规类课程教学改革引领，按照“工学结合”进行教材设计。具体特点有三：一是教材内容按照现行食品行业监管部门及其颁布的最新法律法规(尤其是 2015 年 10 月 1 日正式施行《中华人民共和国食品安全法》)进行设计，从而达到全面培养学生了解食品监管部门和获取法律法规能力的目的；二是教材培养的技能均为一线品控员或 QC 人员必备的技能；三是任务设计均体现“理实一体化”设计理念。

该教材适合食品质量与安全专业、食品加工技术专业、食品营养与检测专业、绿色食品生产与检验专业、农畜特产品加工专业、农产品质量检测专业和食品贮运与营销专业等。同时适合食品企业食品质量经理、食品质量安全管理员、食品品控员、食品检验人员内训教材。

编写分工：马长路、妥彦峰、王丽编写学习单元 1，王瑞编写学习单元 2，杨俊峰编写学习单元 3 和学习单元 7，吕青、谢晓丽编写学习单元 4 和学习单元 9，杨文钦编写学习单元 5，徐显利编写学习单元 6，唐丽新编写学习单元 8，李志民编写学习单元 10，贾健辉编写学习单元 11，杨丹宏、管丛江和张红波编写学习单元 12，马长路负责全书统稿，李小山、李远钊对教材内容进行了审定和指导。

本教材在编写过程中得到了北京农业职业学院、大连工业大学、邯郸职业技术学院、黑龙江旅游职业技术学院、内蒙古农业大学职业技术学院、齐齐哈尔医学院、黑龙江农业经济职业学院、黑龙江职业学院、黑龙江农业工程职业学院、青岛出入境检验检疫局、食品伙伴网、内蒙古自治区建材产品质量检验院、北京二商王致和食品集团有限公司的大力支持，同时得到了北京京点途捷技术服务有限公司对该教材出版的赞助支持，北京科尔沁乳业有限公司张薇在统稿过程中给予了帮助，在此一并表示衷心的感谢！

编写过程中，广泛参考和引用了众多专家、学者的著作，限于篇幅不能一一列出，在此一并表示谢意。

鉴于编者的知识经验有限，编写时间仓促，难免有错漏之处，敬请各广大读者批评指正。

马长路

2014 年 10 月于北京卢沟晓月

目 录

学习单元1 学习食品行业监管体系

任务一 认识食品行业

◈ 任务目标

- 初步了解食品行业。
- 初步了解食品行业监管体系。

◈ 案例导入

衣食住行，排在第二位的就是“食”，您现在学习的专业也是食品专业，您未来就业的行业最有可能的行业也是食品行业！有人说：“食品行业是永不衰落的行业！”

案例分析

结合以上案例，请同学们讨论你眼中的“食品行业”，具体见表1-1。

表1-1 您眼中的食品行业

序号	您眼中的食品行业
1	
2	

◈ 学习活动方案

学习活动1 食品行业

食品标准是食品生产经营者在其生产经营活动重要的执行依据，是国家对食品生产经营活动监管的依据。

相关学习链接

1.中国食品工业协会 http://www.cnfia.cn

2.国家食品药品监督管理总局 http://www.aqsiq.gov.cn

3.食品伙伴网 http://www.foodmate.net

想一想

1.食品行业未来发展前景。

2.您在食品行业的发展方向。

任务二　学习食品行业监管体系

◈ 任务目标

- 掌握中国食品安全监管体系。
- 掌握一个食品加工企业的直接监管部门。

◈ 案例导入

2013 年 12 月，北京农业职业学院毕业生小马经过 3 轮面试顺利应聘中粮集团法规部，其工作职责：①掌握中国最新法律法规动态；②对公司生产部、品管部进行法律法规培训公司；③负责指导公司 QS、ISO 9001、ISO 22000 等相关认证的法律法规支持工作；④与监管部门沟通监管部门对中粮集团监管要求并予以传达。

案例分析

结合以上案例，请同学们讨论小马需要掌握哪些中国食品安全监管知识，并填写在表 1-2 中。

表 1-2　事件的原因分析及食品企业日常管理食品标准的方法

序号	小马需要掌握食品安全监管知识
1	
2	

◈ 学习活动方案

学习活动 1　中国食品安全监管体系

每个食品生产企业都有一套严格的标准，对企业从原料采购、生产过程、库房管理、产品出厂检验等环节进行控制，确保企业生产运行平稳、产品质量稳定。由于各个企业生产的产品不同，企业所遵循的标准有所不同，不同企业的原料标准和产品标准是相对的，有时一个企业的产品（遵循的是本企业的产品标准）是另一企业的原料（遵循的是另一企业的原料标准）。本项目结合蛋制品企业的标准进行介绍。

相关学习链接

1. 中华人民共和国国家卫生和计划生育委员会 http://www.nhfpc.gov.cn
2. 国家质量监督检验检疫总局 http://www.aqsiq.gov.cn
3. 食品伙伴网 http://www.foodmate.net

查一查

1. GB 2748《鲜蛋卫生标准》
2. GB 4789.3《食品安全国家标准　大肠菌群计数》

学习单元2　学习全国人民代表大会及其颁布文件

任务一　学习人大及其常委会在法律制定的地位

◈ 任务目标

- 理解人大及其常委会的职权。
- 明确立法体制，掌握食品法律法规体系。

◈ 案例导入

吴小姐从某酒庄购买了两瓶意大利进口的葡萄酒，准备作为“重阳节”礼物送给父亲。但她回到家后，打开包装才发现这两瓶葡萄酒瓶身的标签全是英文，而且没有标明保质期。她担心这两瓶酒不是正规渠道进口的，于是前往出入境检验检疫部门进行咨询：葡萄酒有意大利语标签、生产标准、检验证明，无中文标签，这样的酒在中国是否是合格产品？

案例分析

根据我国《食品安全法》第九十七条规定：进口的预包装食品、食品添加剂应当有中文标签；依法应当有说明书的，还应当有中文说明书。标签、说明书应当符合本法以及我国其他有关法律、行政法规的规定和食品安全国家标准的要求，并载明食品的原产地以及境内代理商的名称、地址、联系方式。预包装食品没有中文标签、中文说明书或者标签、说明书不符合本条规定的，不得进口。

进口食品经出入境检验检疫机构按照我国食品安全标准检验合格以后，检验检疫机构会签发入境货物检验检疫证明和卫生证书，并要求货主对进口酒加贴符合我国标签标准的中文标签或中文说明书。因此可以通过查看进口食品有无中文标签并要求销售商出示所购产品的卫生证书，以确定该进口食品是否为经检验检疫部门检验合格的产品。

吴小姐购买的葡萄酒具有生产国意大利的标签、说明、合格证书，但没有中文标签或中文说明书，所以仍属于不合格产品。

◆ 学习活动方案

学习活动1 学习人大及其常委会职权

人民代表大会是中华人民共和国国家权力机关。包括：全国人民代表大会；省、自治区、直辖市的人民代表大会；设区的市、自治州的人民代表大会；县、自治县、不设区的市、市辖区的人民代表大会；乡、民族乡、镇的人民代表大会。全国人民代表大会是最高国家权力机关，地方各级人民代表大会是地方国家权力机关。

全国人民代表大会常务委员会是全国人民代表大会的常设机关，对全国人民代表大会负责并报告工作。常务委员会的组成人员由全国人民代表大会从全国人民代表大会的代表中选举产生。全国人民代表大会常务委员会会议一般每两个月举行一次；有特殊需要的时候，可以临时召集会议。

根据宪法的规定，全国人大行使下列职权：修改宪法；监督宪法的实施；制定和修改刑事、民事、国家机构的和其他的基本法律；选举全国人大常委会的组成人员；选举中华人民共和国主席、副主席；根据中华人民共和国主席的提名，决定国务院总理的人选；根据国务院总理的提名，决定国务院副总理、国务委员、各部部长、各委员会主任、审计长、秘书长的人选；选举中央军事委员会主席；根据中央军事委员会主席的提名，决定中央军事委员会其他组成人员的人选；选举最高人民法院院长；选举最高人民检察院检察长；审查和批准国民经济和社会发展计划和计划执行情况的报告；审查和批准国家的预算和预算执行情况的报告；改变或者撤销全国人大常委会不适当的决定；批准省、自治区和直辖市的建置；决定特别行政区的设立及其制度；决定战争和和平问题；应当由最高国家权力机关行使的其他职权。全国人大有权罢免上述选举或者决定任命的人员。上述职权可主要概括为国家立法权；对国家重大事项的决定权；对最高国家机关组成人员或者领导人员的选举或者决定和罢免权；对宪法实施和其他最高国家机关工作的监督权，以及应当由其行使的其他职权。

根据宪法的规定，全国人大常委会行使下列职权：解释宪法，监督宪法的实施；制定和修改除应当由全国人大制定的法律以外的其他法律；在全国人大闭会期间，对全国人大制定的法律进行部分补充和修改，但是不得同该法律的基本原则相抵触；解释法律；在全国人大闭会期间，审查和批准国民经济和社会发展计划、国家预算在执行过程中所必须作的部分调整方案；监督国务院、中央军事委员会、最高人民法院和最高人民检察院的工作；撤销国务院制定的同宪法、法律相抵触的行政法规、决定和命令；撤销省、自治区、直辖市国家权力机关制定的同宪法、法律和行政法规相抵触的地方性法规和决议；在全国人大闭会期间，根据国务院总理的提名，决定部长、委员会主任、审计长、秘书长的人选；在全国人大闭会期间，根据中央军事委员会主席的提名，决定中央军事委员会其他组成人员的人选；根据最高人民法院院长的提请，任免最高人民法院副院长、审判员、审判委员会委员和军事法院院长；根据最高人民检察院检察长的提请，任免最高人民检察院副检察长、检察员、检察委员会委员和军事检察院检察长，并且批准省、自治区、直辖市的人民检察院检察长的任免；决定驻外全权代表的任免；决定同外国缔结的条约和重要协定的批准和废除；规定军人和外交人员的衔级制度和其他专门衔级制度；规定和决定授予国家的勋章和荣誉称号；决定特赦；在全国人大闭会期间，如果遇到国家遭受武装侵犯或者必须履行国际间共同防止侵略的条约的情况，决定战争状态的宣布；决定全国总动员或者局部动员；决定全国或者个别省、自治区、直辖市的戒严；全国人大授予的其他职权。

学习活动2　学习法律的基本知识

1. 法律

在我国现代法律制度中，法律有广狭两层含义：广义的法律指包括宪法、行政法规在内的一切规范性文件；狭义的法律是指由全国人民代表大会及其常务委员会制定的规范性法律文件，其中全国人民代表大会及其常务委员会制定的法律称为基本法律，由全国人民代表大会常务委员会制定的法律称为其他法律或一般法律。

法律在我国的法的渊源体系中的地位低于宪法，高于其他各种规范性法律文件。

2. 立法体制

我国的立法体制是统一而又分层次的，最高国家权力机关集中行使立法权的前提下充分发挥地方的主动性、积极性。

立法权就是制定、修改和废止法律的权力，分为两类：第一类是制定和修改宪法的权力；第二类是制定和修改普通法律的权力。中国只有全国人大及其常委会才有国家立法权，也只有全国人大及其常委会才是国家立法机关，依法有权制定规范性文件。一方面，立法机关自己制定法律；另一方面，立法机关授权行政机关制定法规、条例、决议和命令等，它们都具有法律规范的性质。两者之间也有不同之处：其一，前者所立之法的规范范围均大于后者，后者所立之法的内容不得与前者冲突；其二，前者所立之法适用范围较广，而后者所立之法适用范围较窄；其三，前者所立之法所规范的行为具有普遍性，而后者所立之法所规范的行为则具有特定性。

全国人大及其常委会行使国家立法权。全国人大制定和修改刑事、民事、国家机构的和其他的基本法律。全国人大常委会制定和修改除应当由全国人大制定的法律以外的其他法律。

国务院即中央人民政府有权根据宪法和法律规定相关措施，制定行政法规，发布决定和命令。

省、自治区、直辖市的人大及其常委会根据本行政区域的具体情况和实际需要，在不同宪法、法律、行政法规相抵触的前提下，可以制定地方性法规；较大的市（包括省、自治区人民政府所在地的市、经济特区所在地的市和经国务院批准的较大的市）的人大及其常委会根据本市的具体情况和实际需要，在不同宪法、法律、行政法规和本省、自治区的地方性法规相抵触的前提下，可以制定地方性法规，报省、自治区的人大常委会批准后施行。

国务院各部、各委员会、中国人民银行、审计署和具有行政管理职能的直属机构，可以根据法律和国务院的行政法规、决定、命令，在本部门的权限范围内制定规章。

这种分层次的立法体制体现了人大及其常委会在法律制定中地位。不同层次法律具有不同的效力，行政法规和地方性法规都要遵守宪法和法律。宪法具有最高的法律效力，一切法律、法规都不得同宪法相抵触。法律的效力高于行政法规，行政法规不得同法律相抵触。法律、行政法规的效力高于地方性法规和规章，地方性法规的效力高于地方政府规章。全国人大常委会有权撤销同宪法、法律相抵触的行政法规和地方性法规。

3.中国食品法律

《中华人民共和国食品安全法》是我国食品安全卫生法律体系中层级最高的规范性文件，是制定从属性食品安全卫生法规、规章及其他规范性文件的依据。

除《食品安全法》外，现已颁布实施的与食品相关的法律有《产品质量法》、《标准化法》、《农产品质量安全法》、《农业法》、《进出口商品检验法》、《进出境动植物检疫法》、《动物防疫法》、《广告法》、《商标法》、《清洁生产促进法》等。

动态

十二届全国人大常委会第八次会议表决通过了《中华人民共和国环境保护法(修订草案)》。新环保法将于 2015 年 1 月 1 日施行，新修订的环境保护法在环境保护基本理念、公众参与、法律责任等方面都作出了重要修改。

近年来，我国很多地方都受到了雾霾天气的影响，环境保护部法规司副司长别涛表示，修改后的环境保护法对于以雾霾为代表的环境污染公共事件专门作出规定，增加了环境污染公共监测预警的机制。

相关学习链接

1. 中国人大网 http://www.npc.gov.cn/
2. 食品伙伴网 http://www.foodmate.net/

想一想

1. 全国人大及其常务委员会的立法地位。
2. 食品法律、行政法规和规章的区别。

任务二　学习《中华人民共和国食品安全法》(主席令 21 号)

◆ 任务目标

- 理解《食品安全法》立法意义。
- 掌握《食品安全法》主要内容，应用食品安全法条款处理食品安全事件。

◆ 案例导入

消费者曾女士带孩子到一家餐厅就餐，曾女士花费 28 元钱点了套餐和饮品。餐厅里环境优雅，母子俩用餐心情不错，突然孩子发出惊叫，曾女士一瞧，发现孩子的套餐里竟然趴着一只蟑螂。曾女士投诉到沙河口区工商分局民权工商所。工商人员认为，餐厅作为经营者，应为消费者提供符合卫生标准的食物饮品，出现问题也应采取积极态度妥善为消费者解决。事件应该如何妥善解决呢?

案例分析

作为食品经营者，应该提供安全可靠的食品，《食品安全法》规定：生产不符合食品安全标准的食品或者经营明知是不符合食品安全标准的食品，消费者除要求赔偿损失外，还可以向生产者或者经营者要求支付价款 10 倍或者损失 3 倍的赔偿金；增加赔偿的金额不足 1 000 元的，为 1 000 元。曾女士可以向餐厅索要 1 000 元的赔偿金。

◆ 学习活动方案

学习活动1　学习制定和实施《食品安全法》的意义

食品安全直接关系到广大人民群众的身体健康和生命安全，关系国家的健康发展，关系社会的和谐稳定，与人类生命权、健康权紧密相连。近年来，国际社会逐步以食品安全的概念替代食品卫生、食品质量的概念。

《中华人民共和国食品安全法》于2009年2月28日第十一届全国人民代表大会常务委员会第七次会议审议通过，2015年4月24日第十二届全国人民代表大会常务委员会第十四次会议修订，自2015年10月1日施行。《食品安全法(2015年修订)》的颁布是在《食品卫生法》、《食品安全法》实施基础上，吸收了其成功经验，保留其中有效的规定，针对近年来我国食品安全领域出现的问题，针对食品安全的发展形势，做了大量的修改和补充，建立了更加完善的食品安全管理制度。

《食品安全法》的制订实施，对增强食品安全监管工作的规范化、科学性和有效性，提高我国食品安全整体水平，促进市场经济和食品安全的健康发展，更好地保障人民群众身体健康等方面，具有十分重要的意义。

(1)食品安全法的实施是保障食品安全，保证公众身体健康和生命安全的需要，是维护社会稳定和改善民生的有效手段。食品安全监管远远滞后于食品工业的迅猛发展，从而导致近年来食品安全事件屡次发生，网上曾经流传“六七个部门管不好一头猪，十几个部门管不好一桌菜”的状况，暴露出我国原有监管制度的弊端。在这样的背景下，制定食品安全法，对食品生产各个环节加强监管成为当务之急。食品安全法的实施建立以食品安全标准为基础的科学管理制度，理顺食品安全监管体制，确定了分段和统一相结合的食品安全监督体制，明确各监管部门的职责。从法律制度上更好地解决我国当前食品安全工作中存在的主要问题，防止、控制和消除食品污染以及食品中有害因素对人体健康的危害，预防和控制食源性疾病的发生，从而切实保障食品安全，保证公众身体健康和生命安全。

(2)食品安全法的颁布，彰显了国家进一步强化食品安全监管的决心和信心，是做好食品安全工作的新起点。真正要实现食品安全，需要全社会的共同努力。企业应强化食品安全第一责任人的观念，承担起保障食品安全的社会责任。在政府、企业和社会各方面的共同努力下，食品安全法一定能够得到切实的贯彻实施，构筑起保障食品安全坚实的法律屏障。

(3)食品安全法的实施是加强社会领域立法，完善我国食品安全法律制度的需要，表明我国食品安全法制管理迈上了一个新的台阶，与农产品质量安全法、农业法、动物防疫法、产品质量法、进出口商品检验法、农药管理条例、兽药管理条例等法律、法规相配套，有利于进一步完善我国的食品安全法律制度，为我国社会主义市场经济的健康发展提供法律保障。

(4)食品安全法的实施是促进我国食品工业和食品贸易发展的需要。通过实施食品安全法，可以更加严格地规范食品生产经营行为，促使食品生产者依据法律、法规和食品安全标准从事生产经营活动，预防和控制食源性疾病的发生，对规范食品生产经营活动，防范食品安全事故发生，提高我国食品安全整体水平，树立我国重视和保障食品安全的良好国际形象，有利于推动我国对外食品贸易的发展。同时大量国外食品源源不断地进入国内市场，食品安全法的实施对进口食品安全监管也能起到一定的监督。

学习活动 2 学习《食品安全法》的主要内容

《食品安全法》共十章一百五十四条，十章分别是总则、食品安全风险监测和评估、食品安全标准、食品生产经营、食品检验、食品进出口、食品安全事故处置、监督管理、法律责任、附则。主要建立了食品安全监管体制，提出在国务院设立食品安全委员会，规定了县级以上食品药品监督管理、卫生行政、质量监督等部门的食品安全监管职责，明确了行业协会的地位作用，建立了食品安全风险监测评估机制和国家食品安全信息发布制度，调整了食品安全标准制定、发布体系，明确了食品安全事故处置机制、食品生产经营者的责任义务及食品安全违法行为的处罚原则。

第一章 总则，共十条。主要规定了立法目的、适用范围、食品安全管理监督体制。

《食品安全法》第二条：在中华人民共和国境内从事下列活动，应当遵守本法：（一）食品生产和加工（以下称食品生产），食品销售和餐饮服务（以下称食品经营）；（二）食品添加剂的生产经营；（三）用于食品的包装材料、容器、洗涤剂、消毒剂和用于食品生产经营的工具、设备（以下称食品相关产品）的生产经营；（四）食品生产经营者使用食品添加剂、食品相关产品；（五）食品的贮存和运输；（六）对食品、食品添加剂、食品相关产品的安全管理。供食用的源于农业的初级产品（以下称食用农产品）的质量安全管理，遵守《中华人民共和国农产品质量安全法》的规定。但是，食用农产品的市场销售、有关质量安全标准的制定、有关安全信息的公布和本法对农业投入品作出规定的，应当遵守本法的规定。

《食品安全法》第五条：国务院设立食品安全委员会，其职责由国务院规定。国务院食品药品监督管理部门依照本法和国务院规定的职责，对食品生产经营活动实施监督管理；国务院卫生行政部门依照本法和国务院规定的职责，组织开展食品安全风险监测和风险评估，会同国务院食品药品监督管理部门制定并公布食品安全国家标准；国务院其他有关部门依照本法和国务院规定的职责，承担有关食品安全工作。

《食品安全法》第一章对我国食品安全法的管理类别、监督管理职责进行了明确规定，保证了职能部门有利于各司其职，对食品从原料到餐桌整个流程都处于监管之下，更利于保障食品安全。

第二章 食品安全风险监测和评估，共十条。国家建立食品安全风险监测制度、建立食品安全风险评估制度，对食源性疾病、食品污染以及食品中的有害因素进行监测，根据食品安全风险监测信息、科学数据以及有关信息，对食品及相关品中危害因素进行风险评估。国务院卫生行政、农业行政部门应当及时相互通报食品、食用农产品安全风险评估结果等信息。县级以上人民政府食品药品监督管理部门组织食品生产经营者、食品检验机构、认证机构、食品行业协会、消费者协会以及新闻媒体等，就食品安全风险评估信息和食品安全监督管理信息进行交流沟通。

第三章 食品安全标准，共九条。第二十五条明确规定“食品安全标准是强制执行的标准，除食品安全标准外，不得制定其他的食品强制性标准”。国家鼓励食品生产企业制定严于食品安全国家标准或者地方标准的企业标准，在本企业适用。规定了食品安全标准应该包含的内容、制定部门（由国务院卫生行政部门会同国务院食品药品监督管理部门制定、公布）。并规定食品安全国家标准、地方标准和企业标准，供公众免费查阅、下载。

在新的国家标准完全统一前，我国曾出现标准冲突的先例，如农业标准 NY/T 632—2002 冷却猪肉与国家标准 GB 2707—2005 鲜、冻畜肉卫生标准有些指标值冲突，出现执行参考难的问题。规范食品安全标准的制定，有利于保障监管工作的统一性。为了保证食品安全标准的科学性和权威性，食品安全法规定食品安全国家标准应当经食品安全国家标准审评委员会审查通过。有关产品国家标准涉及食品安全国家标准规定内容的，应当与食品安全国家标准相一致。

第四章　食品生产经营，共四节五十一条。第一节一般规定，十一条；第二节生产经营过程控制，二十三条；第三节标签、说明书和广告，七条；第四节特殊食品，十条。

第一节一般规定中提出了食品生产经营在场所、设备设施、从业人员、容器器具、水、洗涤剂、消毒剂等十一方面应当符合的要求及禁止生产经营的内容；食品生产经营实行许可制度、食品添加剂生产实行许可制度、国家建立食品安全全程追溯制度；利用新的食品原料生产食品、添加剂、食品相关产品，应当向国务院卫生行政部门提交相关产品的安全性评估材料。生产经营的食品中不得添加药品，但是可以添加按照传统既是食品又是中药材的物质。

第二节生产经营过程控制要求食品生产经营企业建立食品安全管理制度、从业人员健康管理制度、食品安全自查制度、进货查验记录制度、食品出厂检验记录制度，国家建立食品召回制度。除了建立相应的制度外，鼓励食品生产经营企业符合良好生产规范要求，实施危害分析与关键控制点体系，提高食品安全管理水平。餐饮服务提供者（包括各食堂）对原料控制、餐具、饮具、设备的清洗消毒都要符合要求。添加剂生产、经营，集中交易市场、柜台出租者和展销会举办者，网络食品交易、食用农产品销售者都要符合生产经营的基本要求。

第三节标签、说明书和广告中对预包装食品标签、食品添加剂标签和包装、散装食品容器外包装应有内容进行规定，还对食品广告内容作出规定，要求食品广告的内容应当真实合法，不得含有虚假内容，不得涉及疾病预防、治疗功能。

第四节特殊食品对保健食品、特殊医学用途配方食品和婴幼儿配方食品等特殊食品提出具体要求。

《食品安全法》第四章从食品生产经营各个方面提出具体要求，注重食品生产经营的管理，有助于强化企业的责任意识，提高食品安全整体水平，维护好消费者的权益。

第五章　食品检验，共七条。规定了进行食品检验的机构需进行资质认定后方可从事食品检验活动，食品检验由食品检验机构指定的检验人独立进行。食品检验实行食品检验机构与检验人负责制。第八十七条规定食品药品监督管理部门对食品进行定期或者不定期的抽样检验，并依据有关规定公布检验结果，不得免检。食品生产企业可以自行对所生产的食品进行检验，也可以委托食品检验机构进行检验。

第六章　食品进出口，共十一条。国家出入境检验检疫部门对进出口食品安全实施监督管理。规定了进口的食品、食品添加剂以及食品相关产品应当符合我国食品安全国家标准；国家出入境检验检疫部门应当关注境外食品安全事件及进口食品安全问题，能及时采取风险预警或者控制措施；规定了对向我国境内出口食品的出口商或者代理商的要求；要求进口的预包装食品、食品添加剂应当有中文标签、中文说明书；进口商应当建立进口和销售记录制度。

《食品安全法》加大了对进出口食品、食品添加剂的监管力度。控制进口食品质量，确保进口食品安全进而保障人身安全；对出口食品进行监督、抽检、凭出入境检验检疫机构签发的通关证明放行，能够维护我国出口食品的良好形象。

第七章　食品安全事故处置，共六条。规定了食品安全事故应急预案、事故处理体制、处理程序、相关责任等。

第八章　监督管理，共七条。国务院组织制定国家食品安全事故应急预案；发生食品安全事故的单位应当立即采取措施，防止事故扩大。食品安全事故发生后相关部门应当及时通报食品药品监督管理部门，并采取相应措施，防止或减轻社会危害。

第九章　法律责任，共二十八条。规定了违反《食品安全法》规定，食品生产经营者所应该承担的相应法律责任。主要有警告，没收违法所得，没收违法生产经营的食品、食品添加剂和用于违法生产经营的工具、设备、原料等物品，罚款，责令停产停业，吊销许可证。规定了食品检验机构、食品检验人员违反规定，出具虚假检验报告应承担的法律责任。规定了社会团体或者其他组织、个人在虚假广告或者其他虚假宣传中向消费者推荐食品，使消费者的合法权益受到损害的，与食品生产经营者承担连带责任。编造、散布虚假食品安全信息，依法给予治安处罚。生产不符合食品安全标准的食品或者经营明知是不符合食品安全标准的食品，消费者除要求赔偿损失外，还可以向生产者或者经营者要求支付价款 10 倍或者损失 3 倍的赔偿金；增加赔偿的金额不足 1 000 元的，为 1 000 元。

为了切实保障人民群众的生命安全和身体健康，必须加大对食品生产经营违法行为的处罚力度。《食品安全法》法律责任一章强化了公民权益保障的有效措施，加大对违法行为的处罚力度。

第十章　附则，共五条。对《食品安全法》中食品，食品安全，预包装食品，食品添加剂，用于食品的包装材料和容器，用于食品生产经营的工具、设备，用于食品的洗涤剂、消毒剂，保质期，食源性疾病，食品安全事故等用语含义作了规定。对转基因食品、食盐，食品安全法未作规定，适用其他规定，对铁路、民航、国境口岸食品、军队专用食品和自供食品等作出相应规定，以及对法律的生效日期作了规定。

学习活动 3　学习《食品安全法》的亮点

《食品安全法(2009 版)》颁布后，引起社会各界的广泛关注。在法律运行 5 年后，根据法律施行过程中遇到的问题进行修订，重新颁布的《食品安全法(2015 版)》更加引起食品安全专家、食品从业人士、各个媒体、包括众多的普通消费者的关注，一度被称为“史上最严安全法”。

亮点一：婴儿配方乳粉必须注册

近年来，乳品行业问题倍出，《食品安全法》第八十一条规定婴幼儿配方乳粉的产品配方应当经国务院食品药品监督管理部门注册。注册时，应当提交配方研发报告和其他表明配方科学性、安全性的材料。不得以分装方式生产婴幼儿配方乳粉，同一企业不得用同一配方生产不同品牌的婴幼儿配方乳粉。

目前，我国婴幼儿配方乳粉的配方存在过多过滥的问题。据统计，全国目前有乳粉配方近 1 900 个。一些企业为了市场营销，随意制定不具有科技含量、对婴幼儿生长发育不具有特别意义的配方，企业动不动就以实行新配方为由涨价。实行注册制，也会遏制奶粉企业随意推出新配方并借机涨价的冲动。注册制实行，国家将对所有乳制品企业的配方、所有的品牌进行重新审核，多个品牌应用同一配方的情况将会被整顿，最终会把很多品牌砍掉，其中受冲击最大的就是地方乳企。

亮点二:保健食品管理更严格

《食品安全法》第七十八条规定保健食品的标签、说明书不得涉及疾病预防、治疗功能,内容应当真实,与注册或者备案的内容相一致,载明适宜人群、不适宜人群、功效成分或者标志性成分及其含量等,并声明“本品不能代替药物”。保健食品的功能和成分应当与标签、说明书相一致。

此前,保健食品的标签、说明书也需要注册或备案,也要求载明适宜人群、不适宜人群、功效成分或者标志性成分,但并没有要求载明“含量”,所以出现了一只甲鱼生产几吨“龟鳖营养液”,一克虫草生产几吨“虫草粉”的保健食品,这实际上也是欺骗消费者。现在以法律的形式要求标明含量,能有效保障保健食品消费者的知情权。此外,这一条款要求保健食品的说明书、标签声明“本品不能代替药物”,对于一些不具备足够知识的消费者,也能防止他们被欺骗。

亮点三:明确网络食品交易主体责任

《食品安全法》第六十二条规定网络食品交易第三方平台提供者应当对入网食品经营者进行实名登记,明确其食品安全管理责任;依法应当取得许可证的,还应当审查其许可证。

网络食品交易第三方平台提供者发现入网食品经营者有违反本法规定行为的,应当及时制止并立即报告所在地县级人民政府食品药品监督管理部门;发现严重违法行为的,应当立即停止提供网络交易平台服务。

根据《消费者权益保护法》的规定,对欺骗消费者,销售劣质产品、服务的商户,电子商务第三方平台只要能提供商户的真实信息,就可以不用承担责任。第三方平台所担负的监管责任实际上是比较轻的,因此可能对商户的审查也不是很严格。新《食品安全法》的规定,强调了第三方平台的责任,不仅要审查许可证,对违法商户还要及时制止、报告、停止服务,这会促使第三方平台加强审核。

亮点四:剧毒、高毒农药有禁区

《食品安全法》第四十九条规定农业投入品严格执行使用安全间隔期或者休药期的规定,不得使用国家明令禁止的农业投入品。

禁止将剧毒、高毒农药用于蔬菜、瓜果、茶叶和中草药材等国家规定的农作物。国家对农药的使用实行严格的管理制度,加快淘汰剧毒、高毒、高残留农药,推动替代产品的研发和应用,鼓励使用高效、低毒、低残留农药。

亮点五:建立食品安全全程追溯制度

《食品安全法》第四十二条国家建立食品安全全程追溯制度。食品生产经营者应当依照本法的规定,建立食品安全追溯体系,保证食品可追溯。国家鼓励食品生产经营者采用信息化手段采集、留存生产经营信息,建立食品安全追溯体系。

我国自2000年开始探索食品安全追溯系统以来,一直处于起步阶段。目前还没有覆盖全国的可追溯系统,多是一些有实力企业或外资食品企业自行建设的可追溯系统,只针对自己的产品进行查询。食品安全法的颁布实施必然会调动、推动企业和消费者对食品安全溯源的积极性。专家建议先从容易出现食品安全问题的高危行业开始做追溯系统,如水产、肉食、奶类等行业。实现扫下鱼背鳍上的二维码,就能查到重庆三峡淡水鱼的“户口”;把手机对准婴幼儿奶粉条形码,这罐奶粉从农场到商场的旅程则一目了然。

亮点六:惩罚性赔偿、民事赔偿优先

《食品安全法》第一百四十七条、一百四十八条中规定违反本法规定,造成人身、财产或者其他损害的，依法承担赔偿责任。生产经营者财产不足以同时承担民事赔偿责任和缴纳罚款、罚金时，先承担民事赔偿责任。生产不符合食品安全标准的食品或者经营明知是不符合食品安全标准的食品，消费者除要求赔偿损失外，还可以向生产者或者经营者要求支付价款10倍或者损失3倍的赔偿金；增加赔偿的金额不足1 000元的，为1 000元。

在一般的食品安全事故中，消费者往往只能获得赔礼道歉、全额退款或一般的损害赔偿。面对处于弱势地位的单个消费者，低廉的违法成本使企业的道德操守和社会责任感已然让位于经济利益的优势。在原有的10倍赔偿基础上完善了惩罚性赔偿制度，成为法律为消费者合法权益设置的最后屏障。另外安全法规定了消费者赔偿首负责任制，规定食品生产和经营者接到消费者的赔偿请求以后，应该实行首负责任制，先行赔付，也是对消费者权益的一个良好保障。

亮点七：转基因食品标示

《食品安全法》第六十九条生产经营转基因食品应当按照规定显著标示。未按规定进行标示的，没收违法所得和生产工具、设备、原料等，最高可处货值金额5倍以上10倍以下罚款，情节严重的责令停产停业，直至吊销许可证。

转基因食品标示，体现了人们的知情权、选择权。

亮点八：完善食品安全社会共治

《食品安全法》第一百一十五条、一百四十二条、一百四十四条规定对查证属实的举报，给予举报人奖励。对违反本法规定的直接负责的主管人员和其他直接责任人员给予记大过处分；情节较重的，给予降级或撤职处分；情节严重的，给予开除处分；造成严重后果的，其主要负责人还应当引咎辞职。

食品安全需要社会共治，接受社会投诉、举报并及时查处是打击食品生产经营违法行为的重要方式。现实中，投诉无门、举报不纠的现象还是存在的。食品安全法对举报奖励，对举报人信息保密，对相关负责人员不问责的处罚，整体来看有利于实现食品安全社会共治。

动态

2012年6月11日，国家卫生和计划生育委员会等8部门以卫监督发[2012] 40号印发《食品安全国家标准"十二五"规划》。规划中提出：2015年底前，制定公布食品、食品添加剂生产企业卫生规范、经营企业卫生规范、保健食品良好生产规范等20余项食品安全国家标准，基本形成食品生产经营全过程的食品安全控制标准体系。按照食品类别、生产经营方式等特点，进一步细化食品生产经营过程中控制食品污染的要求和规定。2015年底前，制定、修订肉类、酒类、植物油、调味品、婴幼儿食品、乳品、食品添加剂、保健食品、水产品、粮食、豆类制品、饮料等主要大类食品产品安全标准，制定已有国际标准或已有进口贸易但我国尚缺失相关标准的食品产品安全标准。2015年底前，重点制定、修订食品中各类污染物、真菌毒素、致病性微生物、农药和兽药残留以及食品添加剂和食品相关产品等分析检测方法标准，进一步完善食品毒理学安全性评价程序和检验方法等标准。

相关学习链接

1. 中华人民共和国中央人民政府网站 http://www.gov.cn/

2. 中国食品安全综合信息网 http://www.cfsiw.com/

想一想

1. 从不同的身份角色体会《食品安全法》内容。

2. 对于普通消费者来说，食品安全法有哪些保障其权益规定？

3. 对于食品生产加工、经营者来说，应该注意从哪些方面遵守食品安全法的要求？

4. 对于一名食品行业的食品安全监管者，如何应用食品安全法来行使其职责？

任务三　学习《中华人民共和国产品质量法》

◈ 任务目标

- 了解《产品质量法》的相关知识。
- 掌握产品质量监督管理制度，掌握生产者、销售者对产品质量责任。
- 明确《产品质量法》损害赔偿、罚则等规定。

◈ 案例导入

5 月 15 日，周女士庆贺乔迁新居，设宴招待亲戚朋友，并在小卖店购买了两箱啤酒。当日下午 2 点 30 分左右，放在客厅饭桌底下的一啤酒瓶发生自爆，周女士女儿当时距爆炸的啤酒瓶 1 m 左右，啤酒瓶的玻璃碎片打在其女儿的左眼后立即流血不止。周女士女儿被送往医院住院治疗，同年 7 月 7 日出院，被诊断左眼已完全失明。

这起案件应如何处理？责任在谁？如何赔偿？

案例分析

啤酒瓶爆炸后，周女士与被告一起将啤酒瓶的玻璃碎片交由消费委员会封存，后对爆炸的啤酒瓶碎片进行鉴定。鉴定结论为啤酒瓶的爆炸均是由外力作用形成的。

经有关部门鉴定，啤酒瓶的爆炸是由外力作用所形成的。现原告周女士认为被告的啤酒瓶爆炸是自爆，要求被告赔偿损失，鉴于啤酒瓶的爆炸与被告之间无因果关系，故原告的请求无事实和法律依据，法院不予支持。

案例中涉及的即是产品质量责任问题。

◈ 学习活动方案

《中华人民共和国产品质量法》于 1993 年 2 月 22 日第七届全国人民代表大会常务委员会第十三次会议通过，2000 年 7 月 8 日第九届全国人民代表大会常务委员会第 16 次会议对该部法律进行了修正，自 2000 年 9 月 1 日起施行。

《产品质量法》属于产品质量基本法，是全面、系统地规范产品质量问题的重要经济法。共六章七十四条，内容包括总则、产品质量的监督、生产者、销售者的产品质量责任和义务、损害赔偿、罚则、附则。

学习活动 1　学习制定、实施《产品质量法》的意义

1. 明确产品质量责任，维护社会经济秩序

产品质量责任是指产品生产者、销售者以及其他相关的第三人对产品责任所应当承担的义务以及违反此种义务时应当承担的法律责任。《产品质量法》明确了生产者、经营者在产品质量方面的责任和国家对产品质量的管理职能，有利于维护产品生产经营的正常秩序，从而保

障市场经济的健康发展。

2.加强产品质量监督管理,提高产品质量水平

政府的干预、介入产品质量的监督管理,在尊重生产者、销售者自主经营的前提下,从保护消费者的利益、提高产品质量水平和维护社会整体利益的角度出发,对生产者、销售者的产品质量进行监督。产品质量法的施行,对于增强全民族的产品质量意识,提高我国产品质量的总体水平、树立企业形象、拓展市场具有一定的意义。

3.保护消费者的合法权益

一些生产者、销售者生产、销售伪劣产品,欺骗消费者,损害了消费者的合法权益。《产品质量法》明确生产者、销售者保证产品质量的义务,确立产品生产者和销售者的"三包"责任制度,依法惩治生产、销售伪劣产品的行为,也就是以立法保护用户和消费者的合法权益。

学习活动2 学习《产品质量法》的概况

《产品质量法》第二条规定产品是指经过加工、制作,用于销售的产品。

根据我国《产品质量法》的规定,产品应当具备两个条件:

第一,经过加工、制作。未经加工、制作的天然物品不是本法意义上的产品,如矿产品、农产品。加工、制作包括工业上的和手工业上的。电力、煤气等虽然是无体物,也是工业产品,也应包括在内。

第二,用于销售。因而只是为了自己使用的加工、制作品也不属于产品责任法意义上的产品。

产品质量是指产品在既定的条件下,能够满足消费者的愿望和符合规定用途所具备的特征和特性的总和。它既包括产品的结构性能、纯度、物理性能以及化学成分等内在特性,又包括外观、形状、颜色、气味、包装等外在特征。

我国《产品质量法》第二十六条对产品质量作了细化,规定产品质量应当符合下列要求:不存在危及人身、财产安全的不合理的危险,有保障人体健康和人身、财产安全的国家标准、行业标准的,应当符合该标准;具备产品应当具备的使用性能,但是对产品存在使用性能的瑕疵做出说明的除外;符合在产品或者其包装上注明采用的产品标准,符合以产品说明、实物样品等方式表明的质量状况。

产品质量法适用范围:《产品质量法》适用的主体是在我国境内从事产品生产、销售活动的公民、法人和其他组织。这说明,无论是国有企业、集体所有制企业、私营企业,还是个体工商户、合伙企业,都必须遵守《产品质量法》的规定。

在中华人民共和国境内从事产品生产、销售活动,必须遵守本法。

学习活动3 学习产品的质量监督

产品质量监督管理是指国家产品质量管理机关依法对产品质量进行监督、检查、管理活动,社会各界对产品质量的监督活动,以及产品生产者、销售者按照产品质量法要求进行产品的生产和经营活动的总和。产品质量监督管理旨在使产品的质量符合一定的标准和规格。没

有全面、有效的质量监管，就不可能有可靠、稳定的产品质量。对企业来说，产品质量监督管理是外部监督管理和内部监督管理的结合。

1. 我国产品质量监督管理主体

(1)国家监督机关　国家通过立法，授权特定的国家机关，以国家名义代表人民政府进行的产品质量监督。是从国家整体利益出发进行的监督，是行使国家权力的监督，具有法律的权威性，受国家强制力保护，不受部门和行业的限制。国家质量监督检验检疫总局(AQSIQ)是国务院产品质量监督管理工作的职能部门，代表国家对全国产品质量负监督管理之责。为履行质量技术监督职责，全国共设有 31 个省(自治区、直辖市)质量技术监督局，并下设 2 800 多个行政管理部门，负责本行政区域内的产品质量监督管理工作。质检总局对省(自治区、直辖市)质量技术监督机构实行业务领导。

(2)行业监督机构　国务院有关部门在各自的行业职责范围内负责产品质量监督管理工作，产品的主管部门和企业的主管部门对本行业、本系统产品质量的监督，包括各级卫生行政部门、药品管理部门、各级劳动部门、国家和地方进出口商品检验和船舶检验局等。它们依各自的职权，对某类特定的产品质量进行监督管理工作。行业监督与国家监督的主要区别是，行业监督的主管部门不能依照《产品质量法》的规定，行使行政处罚权。

(3)社会(群众)监督　社会对产品质量的监督管理包括社会团体(如质量协会、用户委员会等)、消费者、新闻舆论等方面的监督。

《产品质量法》第十条规定：任何单位和个人有权对违反本法的行为，向产品质量监督部门或者其他有关部门检举。产品质量监督部门和有关部门应当为检举人保密，并按省、自治区、直辖市人民政府的规定给予奖励。

消费者有权就产品质量问题，向产品的生产者、销售者查询；向产品质量监督部门、工商行政管理部门及有关部门申诉，接受申诉的部门应当负责处理。保护消费者权益的社会组织可以就消费者反映的产品质量问题建议有关部门负责处理、支持消费者对因产品质量造成的损害向人民法院起诉。

(4)生产者、销售者的自律管理　生产者、销售者应当重视企业的产品质量，维护企业信誉。建立健全内部产品质量管理制度，严格实施岗位质量规范、质量责任以及相应的考核办法。

2. 产品质量的监督管理制度

(1)企业质量体系认证制度　企业质量体系认证是指法定的认证机构依据国际通用的“质量管理和质量保证”系列标准，对企业的产品质量保证能力和质量管理水平进行的综合性检查和评定后，通过颁发认证证书的形式，证明企业的质量体系和质量保证能力符合相应要求的制度。

该制度通过对产品质量构成的各种因素，如产品设计、工艺准备、制造过程、质量检验、组织机构和人员素质等质量保证能力进行严格评定，使企业形成稳定生产符合标准产品的能力。目前国际上通用的“质量管理和质量保证”标准是 ISO 9000 系列国际标准，我国对企业实行质量体系认证的依据是 GB/T 19000IDTISO 9000 质量管理和质量保证系列国家标准。企业根据自愿原则可以向国务院产品质量监督部门认可的或者国务院产品质量监督部门授权的部门认可的认证机构申请企业质量体系的认证。经认证合格的，由认证机构颁发企业质量体系认证证书。

(2)产品质量认证制度　产品质量认证是依据产品标准和相应技术要求，经认证机构确认并通过颁发认证证书和认证标志来证明某一产品符合相应标准和相应技术要求的活动。《产品质量法》第十四条第二款规定：国家参照国际先进的产品标准和技术要求，推行产品质量认证制度，企业根据自愿原则可以向国务院产品质量监督部门认可的或者国务院产品质量监督部门授权的部门认可的认证机构申请产品质量认证。经认证合格的，由认证机构颁发产品质量认证证书，准许企业在产品或者其包装上使用产品质量认证标志。

企业质量体系认证与产品质量认证有显著区别：前者认证的对象是企业的质量体系，后者认证对象是企业的产品；前者认证的依据是质量管理标准，后者认证的依据是产品标准。从认证结论上看，前者是要证明企业质量体系是否符合质量管理标准，后者是要证明产品是否符合产品标准。

(3)产品质量监督检查制度　《产品质量法》规定，国家对产品质量实现以抽查为主要方式的监督检查制度。监督抽查制度的目的在于加强对生产、流通领域的产品质量实施监督，以督促企业提高产品质量，从而保护国家和广大消费者的利益，维护社会经济秩序。

对依法进行的产品质量监督检查，生产者、销售者不得拒绝。抽查过程中，有时需要对产品进行检验，为保证检验结果的真实性，禁止向被检查人收取检验费用。所需检验费用按国务院的规定列支。若抽查的产品质量不合格，由实施监督抽查的产品质量监督部门责令其生产者、销售者限期改正。逾期不改正的，由省级以上人民政府产品质量监督部门予以公告，公告后经复查仍不合格的，责令停业，限期整顿；整顿期满后经复查产品质量仍不合格的企业，将被吊销营业执照。

学习活动4　学习生产者、销售者的产品质量责任和义务

产品责任制度产生于19世纪中叶，在20世纪得到广泛发展。我国产品质量责任制度主要是规定生产者和销售者对产品质量所应当承担的义务，属于法定义务当中的一种。

1.生产者的产品质量责任

生产者应当保证产品质量，对所生产的产品负责。产品质量法中有许多条款对生产者的产品质量义务做了明确的规定，包括作为和不作为义务。

(1)产品应当符合其潜在要求　产品质量应符合消费者对产品性能和质量的明确要求和潜在要求，即满足产品的明示担保条件和默示担保条件。《产品质量法》第二十六条要求生产者生产的产品质量应当符合在产品或者其包装上注明采用的产品标准，符合以产品说明、实物样品等方式表明的质量状况，如果产品质量不符合明示担保，应当依法承担责任。产品应不存在危及人身、财产安全的不合理危险，有保障人体健康和人身、财产安全的国家标准、行业标准的，应当符合该标准。具备产品应当具备的使用性能，但是，对产品存在使用性能的瑕疵做出说明的除外。

(2)产品或包装标识符合要求　产品标识必须真实，有产品质量检验合格证明，有中文标明的产品名称、生产厂厂名和厂址、需要标明产品规格、等级、所含主要成分的名称和含量的，用中文相应予以标明；生产日期和安全使用期，或者失效日期、警示标志等。

(3)禁止性行为　《产品质量法》第二十六条规定：生产者不得生产国家明令淘汰的产品；不得伪造产地，伪造或者冒用他人的厂名、厂址；不得伪造或者冒用认证标志等质量标志；生产

产品，不得掺杂、掺假，以假充真、以次充好，以不合格产品冒充合格产品。

2. 销售者的产品质量责任

保持销售产品的质量是销售者履行义务的核心，《产品质量法》规定销售者负有以下四个方面的义务：

(1)进货检查验收及质量保持要求　销售者应当对其销售的产品质量负责。销售者的进货检查验收应当包括产品标识检查、产品观感检查和必要的产品内在质量的检验。销售者应当建立并执行进货检查验收制度，验明产品合格证明和其他标识，以防止假冒伪劣产品进入流通领域；在进货之后，销售者应当采取措施，保持销售产品的质量(如防止受潮、腐烂等)；销售者应当根据产品的不同特点，采取必要的防雨、防晒、防霉、隔离、分类等措施，加强对某些特殊产品的保管，还应采取控制温度、湿度等措施，保持进货时的产品质量状况。

(2)禁止性行为　销售者的七个"不得"。不得销售国家明令淘汰并停止销售的产品和失效、变质的产品；不得伪造产地；不得伪造或者冒用他人的厂名、厂址；不得伪造或者冒用认证标志等质量标志；不得掺杂、掺假；不得以假充真、以次充好；不得以不合格产品冒充合格产品。销售者违反这些禁止性规定，将被追究民事、行政乃至刑事责任。

3. 产品质量责任和产品责任区分

产品质量责任是指产品生产者、销售者以及其他相关的第三人对产品责任所应当承担的义务以及违反此种义务时应当承担的法律责任。

产品责任即产品侵权民事责任，是指产品的生产者、销售者因其产品给消费者、使用者造成人身、财产损害而应承担的一种补偿责任。

两者的区别在于：①判定责任的依据不同。判定产品责任的依据是产品存在缺陷，而判定产品质量责任的依据包括默示担保、明示担保和产品缺陷，较产品责任更为广泛。②承担责任的条件不同。承担产品责任的充分必要条件是产品存在缺陷，并且造成了他人人身伤害、财产损失，两者缺一不可。只有因产品缺陷发生了损害后果，方可追究缺陷产品的生产者和销售者的民事侵权赔偿责任；而承担产品质量责任的条件是只要产品质量不符合默示担保条件或者明示担保条件之一的，无论是否造成损害后果，都应当承担相应的责任。③责任性质不同。产品责任是一种特殊的民事责任，仅指产品侵权损害赔偿责任，而产品质量责任是一种综合责任，包括民事责任、行政责任和刑事责任。

学习活动5　学习产品损害赔偿、罚则

1. 产品瑕疵责任

《产品质量法》第四十条对产品瑕疵担保责任做出了明确、具体的规定。

售出的产品有下列情形之一的，即构成承担瑕疵责任的条件，销售者应当负责修理、更换、退货；给购买产品的消费者造成损失的，销售者应当赔偿损失。①不具备产品应当具备的使用性能而事先未作说明的；②不符合在产品或者其包装上注明采用的产品标准的；③不符合以产品说明、实物样品等方式表明的质量状况的。

2. 产品缺陷责任

《产品质量法》第四十一条至第四十六条对产品缺陷赔偿责任做出了详细的规定：①产品存在缺陷；②造成人身、他人财产(指缺陷产品以外的其他财产)损害；③缺陷与损害之间存在

因果关系。三者同时具备，方为充分条件。应当承担赔偿责任。但是，如果生产者能够证明有下列情形之一的，则不承担赔偿责任：①未将产品投入流通的；②产品投入流通时，引起损害的缺陷尚不存在的；③将产品投入流通时的科学技术水平尚不能发现缺陷的存在的。

3. 赔偿方式和赔偿标准

《产品质量法》第四十四条规定因产品存在缺陷造成受害人人身伤害的，侵害人应当赔偿医疗费、治疗期间的护理费、因误工减少的收入等费用；造成残疾的，还应当支付残疾者生活自助具费、生活补助费、残疾赔偿金以及由其扶养的人所必需的生活费等费用；造成受害人死亡的，并应当支付丧葬费、死亡赔偿金以及由死者生前扶养的人所必需生活费（此项为间接损失赔偿）等费用。因产品存在缺陷造成受害人财产损失的，侵害人应当恢复原状或者折价赔偿。受害人因此遭受其他重大损失的，侵害人应当赔偿损失。

4. 罚则

《产品质量法》第五章规定：产品质量监督部门、工商行政管理部门依照各自的职权，对违反产品质量法的行为可以责令纠正，并给予下列行政处罚：警告，罚款，没收违法生产、销售的产品和没收违法所得，责令停止生产、销售，吊销营业执照。

动态

为妥善处理产品质量申诉，根据《中华人民共和国产品质量法》等法律法规规定，国家质检总局组织开展了《产品质量申诉处理办法》修订工作。征求意见稿处于公示阶段。

相关学习链接

1. 百度文库——产品质量法案例
2. 华律网——违反产品质量法的法律责任
3. 中顾法律网——产品质量法法律专题
4.《中华人民共和国产品质量法实施条例》

想一想

1. 经过初级农业加工的畜牧、家禽、猎物、渔产、血液、智力成果（如计算机软件、图书、视听资料）是否属于产品质量法中的产品定义？

2.《产品质量法》中对于缺陷与瑕疵有不同的要求，比较一下两者的异同。

任务四　学习《中华人民共和国农产品质量安全法》

◆ 任务目标

- 理解《农产品质量安全法》概述。
- 掌握《农产品质量安全法》主要内容，能应用其处理农产品质量安全事件。

◆ 案例导入

磺黄熏制生姜一度被曝光，商贩们为了让生姜看起来颜色都比较好看，也更容易卖上价钱，就对差一些的生姜使用磺黄熏制。1 斤磺黄差不多可以熏制 1 000 斤左右的生姜。熏制过的生姜比没有熏制的生姜，每斤相差四毛钱左右。1 000 斤下来就是 400 块钱，而商贩只需要付出三四块钱的磺黄钱。

磺黄熏制食品会发生一系列化学反应,容易对人的肠胃造成刺激。如果食用的是被工业磺黄熏过的食品,还会对人的神经系统造成损害,轻者会出现头昏、眼花、全身乏力等症状。

长期食用,则会导致眼结膜炎、皮肤湿疹等,严重的还会影响人的肝肾功能。

案例分析

根据《农产品质量安全法》规定,销售磺黄熏制生姜是不允许的,具体条款及处罚如下:

第三十三条有下列情形之一的农产品,不得销售。

(一)含有国家禁止使用的农药、兽药或者其他化学物质的。

(二)农药兽药等化学物质残留或者含有的重金属等有毒有害物质不符合农产品质量安全标准的。

(三)含有的致病性寄生虫、微生物或者生物毒素不符合农产品质量安全标准的。

(四)使用的保鲜剂、防腐剂、添加剂等材料不符合国家有关强制性的技术规范的。

(五)其他不符合农产品质量安全标准的。

第四十九条:有本法第三十三条第四项规定情形,使用的保鲜剂、防腐剂、添加剂等材料不符合国家有关强制性的技术规范的,责令停止销售,对被污染的农产品进行无害化处理,对不能进行无害化处理的予以监督销毁;没收违法所得,并处 2 000 元以上 2 万元以下罚款。

◆ 学习活动方案

学习活动1　学习《农产品质量安全法》的概述

1. 农产品及农产品质量安全的概念

《农产品质量安全法》第二条规定:本法所称农产品,是指来源于农业的初级产品,即在农业活动中获得的植物、动物、微生物及其产品。包括传统的种植、养殖、采、捕捞等农业活动中获取的农作物和畜产品,如粮食、家禽、家畜等;也包括农业活动中直接获得的未经加工的以及经过分拣、去皮、剥壳、粉碎、清洗、切割、冷冻、打蜡、分级、包装等简单处理的植物、动物、微生物的产品,如超市里包装好的水果、蔬菜、肉制品等。但不包括以农产品为原料加工制作的产品,像罐头就不属于农产品。

《农产品质量安全法》第二条规定:本法所称农产品质量安全,是指农产品质量符合保障人的健康、安全的要求。农产品符合农产品质量安全标准是强制性的技术规范,我国通常称为无公害农产品,等同于其他国家的安全农产品。

2.《农产品质量安全法》立法意义

人们每天消费的食物大部分是直接来源农业的初级产品,农产品的质量安全状况直接关系着人民群众的身体健康乃至生命安全。全国人大常委会虽已制定了食品安全法和产品质量法,但食品安全法不调整种植业、养殖业等农业活动;产品质量法只适用于经过加工、制作的产品。为了从源头上保障农产品质量安全,维护公众的身体健康,促进农业和农村经济发展,专门制定了本法。

农产品质量安全法是一部仅次于农业法的法律,农产品质量安全法从我国农业的实际出发,遵循农产品质量安全管理的客观规律,针对保障农产品质量安全的主要环节和关键点,确立了相关制度,它的实施填补了我国农产品质量安全的法律空白。以法律的形式规范农产品生产经营的各个环节,确立各种有效的制度,做到在确保农产品质量安全的基础上逐步提高农产品品质，保证广大人民群众的身体健康和生命安全。加入 WTO 以后，我国农产品日益融入国际市场，同时遇到越来越多的贸易壁垒，因质量安全问题导致我国出口农产品遭遇退货、扣押、销毁、索赔、终止合同等现象十分突出。因此，以法律的形式建立农产品标准体系、监测检测体系等相关体系，完善各种制度，对提高我国农产品质量，增强我国农产品的国际竞争力，促进农业结构调整，推进农业现代化建设都具有重要意义。

学习活动 2　学习《农产品质量安全法》主要内容

《中华人民共和国农产品质量安全法》由中华人民共和国第十届全国人民代表大会常务委员会第二十一次会议于 2006 年 4 月 29 日通过，自 2006 年 11 月 1 日起施行。全文共八章五十六条。分别是总则、农产品质量安全标准、农产品产地、农产品生产、农产品包装和标识、监督检查、法律责任、附则。

《农产品质量安全法》从我国农业生产的实际出发，针对保障农产品质量安全的主要环节和关键点确定了法律内容，可将其总结归纳为规定了七项制度、六个禁止和八个不得。

1. 七项基本制度

(1)政府统一领导、农业主管部门依法监管、其他有关部门分工负责的农产品质量安全管理体制。

(2)农产品质量安全标准的强制实施制度。政府有关部门应当按照保障农产品质量安全的要求，依法制定和发布农产品质量安全标准并监督实施；不符合农产品质量安全标准农产品，禁止销售。

(3)防止因农产品产地污染而危及农产品质量安全的农产品产地管理制度。

(4)农产品的包装和标识管理制度。

(5)农产品质量安全监督检查制度。

(6)农产品质量安全的风险分析、评估制度和农产品质量安全的信息发布制度。

(7)对农产品质量安全违法行为的责任追究制度。

2. 六个禁止

(1)禁止生产、销售不符合国家规定的农产品质量安全标准的农产品。

(2)禁止在有毒有害物质超过规定标准的区域生产、捕捞、采集食用农产品和建立农产品生产基地。

(3)禁止违反法律法规的规定向农产品产地排放或者倾倒废水、废气、固体废物或者其他有毒有害物质。

(4)禁止伪造农产品生产记录。《农产品质量安全法》第二十四条规定农产品生产企业和农民专业合作经济组织应当建立农产品生产记录，如实记载下列事项：使用农业投入品的名称、来源、用法、用量和使用、停用的日期；动物疫病、植物病虫草害的发生和防治情况；收获、屠宰或者捕捞的日期。农产品生产记录应当保存二年。

(5)禁止在农产品生产过程中使用国家明令禁止使用的农业投入品。

(6)禁止冒用无公害农产品等农产品质量标志。

3. 八个不得

(1)经检测不符合农产品质量安全标准的农产品，不得销售。

(2)有下列五种情形之一的农产品,不得销售(农产品质量安全法第三十三条):①含有国家禁止使用的农药、兽药或者其他化学物质的;②农药、兽药等化学物质残留或者含有的重金属等有毒有害物质不符合农产品质量安全标准的;③含有的致病性寄生虫、微生物或者生物毒素不符合农产品质量安全标准的;④使用的保鲜剂、防腐剂、添加剂等材料不符合国家有关强制性的技术规范的;⑤其他不符合农产品质量安全标准的。

(3)监督抽查检测应当委托符合规定条件的农产品质量安全监测机构进行,不得向被抽查人收取费用。

(4)监督抽查监测抽取的样品,不得超过国务院农业行政主管部门规定的数量。

(5)上级农业行政主管部门监督抽查的农产品,下级农业行政主管部门不得另行重复抽查。

(6)对采用快速检测方法检测结果有异议的,被抽检人申请复检,复检不得采用快速检测方法。

(7)农产品销售企业对其销售的农产品,应当建立健全进货检查验收制度;经查验不符合农产品质量安全标准的,不得销售。

(8)对同一违法行为不得重复处罚。

学习活动3 学习《农产品质量安全法》的实施重点

《农产品质量安全法》填补了我国农产品质量安全监管工作的法律空白,具有深远意义。为了更好地实现其法律作用,在贯彻实施《农产品质量安全法》时需注意以下问题。

(1)明确农产品的适宜范围。掌握农产品、农产品质量安全的概念,明确农产品质量安全法的适用范围,合理实施监管。

(2)加强农业行政主管部门监管职责。农产品属于初级产品,农产品质量安全管理要突出源头治理,加强全程监控。各级相关部门必须确立农产品质量安全源头治理与全程监管相结合的理念,对农产品产地环境、投入品使用、生产过程管理各个环节进行全程控制。加强对农药、兽药等农业投入品和重金属、生物因素等对动植物产品和人体健康的危害进行风险分析和评价。

(3)针对不同主体,加强分类指导。以建立无公害生产基地、农民专业合作经济组织、批发市场为基础,督促农业生产企业、农民专业合作经济组织和农产品行业协会建立质量安全管理制度,加强行业自律,不断提高服务水平。

(4)加强基础制度建设。以农产品质量安全法为核心,加强相关配套标准、制度的建设,实行全面监管。如加强农产品质量安全检验检测体系、农产品质量安全监测制度建设,配套推进农产品质量工程建设等。

动态

为加强农产品质量安全管理,规范农产品质量安全监测工作,根据《中华人民共和国农产品质量安全法》、《中华人民共和国食品安全法》和《中华人民共和国食品安全法实施条例》,农业部2012年6月13日农业部第7次常务会议审议通过《农产品质量安全监测管理办法》,自

2012年10月1日起施行。

相关学习链接

1. 中华人民共和国中央人民政府网站——法律全文

2. 中国农产品质量安全网

想一想

1. 农产品质量安全法对农产品的包装和标识有哪些要求？日常所见的农产品有哪些标识？

2. 什么样的农产品不能卖？

3.《农产品质量安全法》规定必须建立农产品生产记录，调查一下我们周边的农产品是否有相应的生产记录。

查一查

1. 各地方农产品质量安全管理办法。

2. 各地方有哪些省市有"实施《中华人民共和国农产品质量安全法》办法"？

任务五 学习食品行业的其他相关法律

◆ 任务目标

- 了解食品行业其他相关法律，明确各自适用范围。

◆ 案例导入

电视广告中尤其是地方电视台，在播放广告时，经常邀请请医学专家进行在线咨询，邀请患者来做疗效证明，以此来增加消费者的信任度。

这样的广告宣传合法吗？

案例分析

根据我国《广告法》第十四条规定：药品、医疗器械广告不得有下列内容：

(1)含有不科学的表示功效的断言或者保证的；

(2)说明治愈率或者有效率的；

(3)与其他药品、医疗器械的功效和安全性比较的；

(4)利用医药科研单位、学术机构、医疗机构或者专家、医生、患者的名义和形象作证明的；

(5)法律、行政法规规定禁止的其他内容。

此类广告都属于违法行为，需要进行调整、修改后再播出。

◆ 学习活动方案

为保证人民群众吃得放心、吃得安全，目前我国已颁布《食品安全法》等三十余部有关食品的法律法规和2万多个国家标准。除《食品安全法》、《产品质量法》、《农产品质量安全法》外，将食品相关的法律《进出口商品检验法》、《农业法》、《标准化法》简单介绍。

学习活动1　学习《进出口商品检验法》及其实施条例

1.《进出口商品检验法》及其实施条例介绍

《进出口商品检验法》由第七届全国人民代表大会常务委员会第六次会议于 1989 年 2 月 21 日通过，根据 2002 年 4 月 28 日第九届全国人民代表大会常务委员会第二十七次会议《关于修改〈中华人民共和国进出口商品检验法〉的决定》修正，于 2002 年 10 月 1 日起正式施行。

2005 年 8 月 10 日，国务院第 101 次常务会议审议通过了新的《中华人民共和国进出口商品检验法实施条例》。2005 年 8 月 31 日正式发布了条例，自 2005 年 12 月 1 日起施行。

2.《进出口商品检验法》主要内容

《进出口商品检验法》共有六章四十一条，总则、进口商品的检验、出口商品的检验、监督管理、法律责任、附则。

(1)进出口商品检验的范围　国务院设立进出口商品检验部门，主管全国进出口商品检验工作。国家商检部门设在各地的进出口商品检验机构管理所辖地区的进出口商品检验工作。

进出口商品检验分为法定检验和抽查检验。法定检验商品是依照法律规定必须经商检机构检验的进出口商品，这部分列入目录的进出口商品，由商检机构按有关标准实施检验。目录以外的进出口商品，则根据国家规定实施抽查检验。

(2)进、出口商品的检验内容　《进出口商品检验法》规定：本法规定必须经商检机构检验的进口商品的收货人或者其代理人，应当向报关地的商检机构报检。应当在商检机构规定的地点和期限内，接受商检机构对进口商品的检验。商检机构应当在国家商检部门统一规定的期限内检验完毕，并出具检验证单。海关凭商检机构签发的货物通关证明验放。

《进出口商品检验法》规定：本法规定必须经商检机构检验的出口商品的发货人或者其代理人，应当在商检机构规定的地点和期限内，向商检机构报检。商检机构应当在国家商检部门统一规定的期限内检验完毕，并出具检验证单。对本法规定必须实施检验的出口商品，海关凭商检机构签发的货物通关证明验放。经商检机构检验合格发给检验证单的出口商品，应当在商检机构规定的期限内报关出口；超过期限的，应当重新报检。

进出口检验程序流程图见图 2-1，图 2-2。

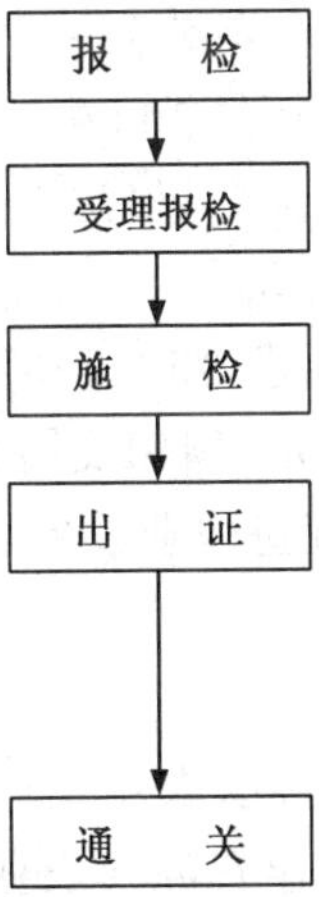

图 2-1　进口商品检验一般程序

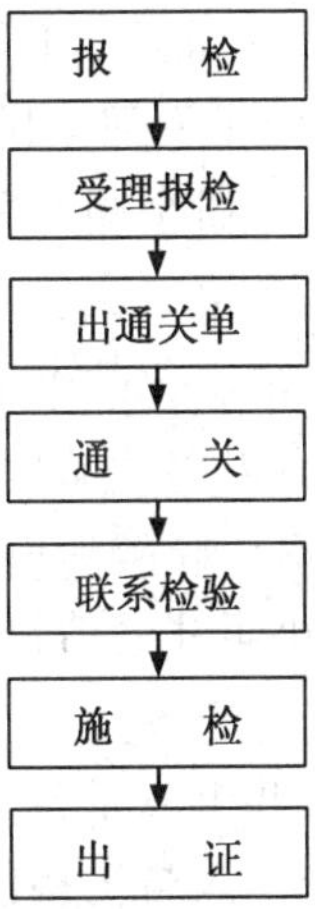

图 2-2　出口商品检验一般程序

(3)监督管理 《进出口商品检验法》规定:国家商检部门和商检机构依法对经国家商检部门许可的检验机构的进出口商品检验鉴定业务活动进行监督,可以对其检验的商品抽查检验;国家商检部门根据国家统一的认证制度,对有关的进出口商品实施认证管理,准许在认证合格的进出口商品上使用质量认证标志。商检机构依照本法对实施许可制度的进出口商品实行验证管理,查验单证,核对证货是否相符,商检机构根据需要,对检验合格的进出口商品,可以加施商检标志或者封识。

进出口商品的报检人对商检机构做出的检验结果有异议的,可以向原商检机构或者其上级商检机构以至国家商检部门申请复验,由受理复验的商检机构或者国家商检部门及时做出复验结论。当事人对商检机构、国家商检部门做出的复验结论不服或者对商检机构做出的处罚决定不服的,可以依法申请行政复议,也可以依法向人民法院提起诉讼。

3.《进出口商品检验法实施条例》主要内容

《进出口商品检验法实施条例》根据修订后的商检法和其他有关法律规定,在总结进出口商品检验监督管理经验的基础上,对现行实施条例进行了全面修订。现行条例只保留了原来条例的两条内容。新条例绝大部分都是新内容、新规定、新制度、新机制。

《进出口商品检验法实施条例》分为总则、进口商品的检验、出口商品的检验、监督管理、法律责任、附则,共六章六十三条。进一步明确了检验检疫机构的职能任务,进一步完善和规范了行政许可措施,细化了商检法规定的代理报检企业注册登记、进出口检验鉴定机构核准等许可项目,明确了质检总局和检验检疫机构对出入境快件运营企业注册登记、报检业务人员从业注册等实施行政许可项目;加强了进出口商品检验管理,强化了对代理报检企业、出入境快件运营企业、报检人员以及原产地证明申请人等的管理规定;加大了对违法行为的处罚力度,特别是对近年来出现的虚假提供进出口商品真实情况、恶意逃避进出口商品检验等违法行为等,做出了详细具体的处罚规定;增加了相应条款,加强了对检验检疫机构和工作人员的监督,进一步促进规范执法者的行为。

学习活动 2 学习《中华人民共和国农业法》

1.《农业法》概述

《农业法》1993 年 7 月 2 日第八届全国人民代表大会常务委员会第二次会议通过,根据 2009 年 8 月 27 日第十一届全国人民代表大会常务委员会第十次会议第一次修正,根据 2012 年 12 月 28 日第十一届全国人民代表大会常务委员会第三十次会议(《关于修改〈中华人民共和国农业法〉的决定》第二次修正),自 2013 年 1 月 1 日起施行。

《农业法》是一部农业基本法,体现了农业一体化发展的要求,将“三农”问题作为一个整体加以考虑,增加了有关农产品加工和市场信息服务的内容,规定“国家支持发展农产品加工业和食品工业,增加农产品附加值”。贯彻落实《农业法》,对于促进农业发展、农民富裕和农村繁荣,实现全面建设小康社会的目标,有重大影响。

2.《农业法》主要内容

《农业法》全文共十三章九十九条:总则、农业生产经营体制、农业生产、农产品流通与加工、粮食安全、农业投入与支持保护、农业科技与农业教育、农业资源与农业环境保护、农民权益保护、农村经济发展、执法监督、法律责任、附则。

学习活动3 学习《中华人民共和国标准化法》

《标准化法》由中华人民共和国第七届全国人民代表大会常务委员会第五次会议于1988年12月29日通过并公布，自1989年4月1日起施行，全文共五章二十六条，包括总则、标准的制定、标准的实施、法律责任等内容。

为在一定的范围内获得最佳秩序，对实际的或潜在的问题制定共同的和重复使用的规则的活动，称为标准化。它包括制定、发布及实施标准的过程。标准化工作的任务是制定标准、组织实施标准和对标准的实施进行监督。

为了发展社会主义商品经济，改进产品、过程和服务的适用性，防止贸易壁垒，促进技术合作，提高社会经济效益，维护国家和人民的利益，使标准化工作适应社会主义现代化建设和发展对外经济关系的需要，制定《标准化法》及其实施条例。

标准依适用范围分为国家标准、行业标准、地方标准和企业标准。《标准化法》规定国家标准、行业标准分为强制性标准和推荐性标准。保障人体健康，人身、财产安全的标准和法律、行政法规规定强制执行的标准是强制性标准，其他标准是推荐性标准。《食品安全法》实施后，我国制定的系列食品安全标准都属于强制性标准。

动态

2012年12月28日第十一届全国人民代表大会常务委员会第三十次会议《关于修改〈中华人民共和国农业法〉的决定》第二次修正，自2013年1月1日起施行。

相关学习链接

1. 中国人大网——中国法律法规信息系统
2. 食品伙伴网——政策法规

查一查

1. 进出口商品检验的法定检验目录，找出其中食品类有哪些？
2. 食品相关法律还有哪些？

学习单元3　学习国务院及其颁布文件

任务一　学习国务院在食品安全监管中的职责和权限

◈ 任务目标

- 学习国务院在食品安全监管中的作用。
- 掌握国务院在食品安全监管中的职权。

◈ 案例导入

张某是一名普通的消费者，2008年奶粉事件爆发后，她不仅开始关注每天吃的东西的添加剂成分。也开始关注有关政府部门的监管。但让她感到疑惑的是，奶粉事件爆发后，国务院的多个部门，如卫生部、农业部、工商总局、质检总局、食品药品监督管理局都纷纷出面进行处理，以上各部门也不断发布各种与食品安全有关的规定，张某看得越多越觉得糊涂，不知道到底谁说了算数，她想知道到底是哪个部门负责食品安全监管呢？

案例分析

结合表3-1所列的相关主题，分析讨论该事件发生的原因，国务院及各部委局监管机构的监管范围。

表3-1　事件的原因分析，国务院及各部委局监管机构的监管范围

分析主题	原因或监管范围
1.事件监管不利的原因	
2.国务院及各部委局监管机构的监管范围	
3.我国政府食品安全监管体制	

◈ 学习活动方案

学习活动1　学习国务院基本概述

1.机构简介

中华人民共和国国务院即中央人民政府，是最高国家权力机关的执行机关，是最高国家行政机关，由总理、副总理、国务委员、各部部长、各委员会主任、审计长、秘书长组成。国务院实行总理负责制。各部、各委员会实行部长、主任负责制。国务院秘书长在总理领导下，负责处理国务院的日常工作。国务院设立办公厅，由秘书长领导。

2.部门设置

(1)中华人民共和国国务院办公厅。

(2)国务院组成部门(25个)：外交部、国防部、国家发展和改革委员会、教育部、科学技术部、工业和信息化部、国家民族事务委员会、公安部、国家安全部、监察部、民政部、司法部、财政部、人力资源和社会保障部、国土资源部、环境保护部、住房和城乡建设部、交通运输部、水利部、农业部、商务部、文化部、国家卫生和计划生育委员会、中国人民银行、审计署。

(3)国务院直属特设机构：国务院国有资产监督管理委员会。

(4)国务院直属机构：中华人民共和国海关总署、国家税务总局、国家工商行政管理总局、国家质量监督检验检疫总局、国家新闻出版广电总局、国家体育总局、国家安全生产监督管理总局、国家食品药品监督管理总局、国家统计局、国家林业局、国家知识产权局、国家旅游局、国家宗教事务局、国务院参事室、国家机关事务管理局。

(5)国务院办事机构：国务院侨务办公室、国务院港澳事务办公室、国务院法制办公室、国务院研究室。

(6)国务院直属事业单位：新华通讯社、中国科学院、中国社会科学院、中国工程院、国务院发展研究中心、国家行政学院、中国地震局、中国气象局、中国银行业监督管理委员会、中国证券监督管理委员会、中国保险监督管理委员会、全国社会保障基金理事会、国家自然科学基金委员会。

(7)国务院部委管理的国家局：信访局、粮食局、能源局、国防科技工业局、烟草专卖局、外国专家局、公务员局、海洋局、测绘地理信息局、铁路局、民航局、邮政局、文物局、中医药局、外汇局、煤矿安监局。

(8)国务院议事协调机构。

学习活动2 学习国务院的机构职责

根据宪法第八十九条规定，中华人民共和国国务院行使下列职权：

(1)根据宪法和法律，规定行政措施，制定行政法规，发布决定和命令。

国务院将根据实施食品安全法的需要，制定食品安全法实施条例，与食品安全法同时施行；食品安全法授权国务院制定的其他行政法规，国务院有关部门要抓紧研究，及时提出有关制度设计的建议。国务院各有关部门和各省(区、市)人民政府要依照食品安全法的规定，依据各自职责，根据食品安全监管工作的实际需要，制定配套的部门规章、地方政府规章，确保食品安全法律制度得到切实执行。国务院各有关部门和各省(区、市)人民政府要依照食品安全法及其配套行政法规的规定，对现行与食品安全监管有关的部门规章、地方性法规和地方政府规章进行清理，及时废止与食品安全法及其配套行政法规不一致的规章或者修订、废止其中与食品安全法及其配套行政法规不一致的内容，及时提出废止或者修订与食品安全法及其配套行政法规不一致的地方性法规的建议。国务院有关部门和各省(区、市)人民政府起草法规草案、制定规章，应当严格遵守《中华人民共和国立法法》、《行政法规制定程序条例》、《规章制定程序条例》规定的程序，确保食品安全法律制度的一致性。有关食品安全监管方面制定和发布了如《履行食品安全监管职责严格追责制》、《国务院关于进一步加强食品安全工作的决定》、《国务院办公厅关于贯彻实施食品安全法的通知》等。

例如《国务院关于加强食品等产品安全监督管理的特别规定》中对销售者执行进货检查验收制度进行全面具体规定，如其第五条规定：销售者必须建立并执行进货检查验收制度，审验供货商的经营资格，验明产品合格证明和产品标识，并建立产品进货台账，如实记录产品名称、规格、数量、供货商及其联系方式、进货时间等内容。从事产品批发业务的销售企业应当建立产品销售台账，如实记录批发的产品品种、规格、数量、流向等内容。在产品集中交易场所销售自制产品的生产企业应当比照从事产品批发业务的销售企业的规定，履行建立产品销售台账的义务。进货台账和销售台账保存期限不得少于2年。销售者应当向供货商按照产品生产批次索要符合法定条件的检验机构出具的检验报告或者由供货商签字或者盖章的检验报告复印件；不能提供检验报告或者检验报告复印件的产品，不得销售。

违反前款规定的，由工商、食品药品监督管理部门依据各自职责责令停止销售；不能提供检验报告或者检验报告复印件销售产品的，没收违法所得和违法销售的产品，并处货值金额3倍的罚款；造成严重后果的，由原发证部门吊销许可证照。

(2)规定各部和各委员会的任务和职责，统一领导各部和各委员会的工作，并且领导不属于各部和各委员会的全国性的行政工作。

《食品安全法》第四条规定：国务院设立食品安全委员会，其工作职责由国务院规定。

《国务院办公厅关于印发食品安全整顿工作方案的通知》(国办发[2009]8号)要求，加强对食品安全整顿工作的组织领导，制订切实可行的工作方案，抓好督促检查和指导工作，逐级落实整顿工作任务和责任。各级卫生、农业、质量监督、工商行政管理、食品药品监督管理等部门要按照国务院的要求，继续做好违法添加非食品用物质和滥用食品添加剂、食用农产品质量安全、食品生产和进出口、食品流通、餐饮消费、禽畜屠宰和声称具有特定保健功能的食品的集中整顿。要通过集中整顿，使食品安全监管各环节监管责任进一步落实，食品安全标准更加完善，食品行业自律显著加强，食品安全水平明显提高，人民群众食品安全得到切实保障。

《国务院关于进一步加强食品安全工作的决定》要求法制办抓紧组织修改食品卫生法。法制办成立了食品卫生法修改领导小组，组织起草食品卫生法(修订草案)。国务院质量监督、工商行政管理和国家食品药品监督管理部门依照食品安全法和国务院规定的职责，实施监督管理。

(3)统一领导全国地方各级国家行政机关的工作，规定中央和省、自治区、直辖市的国家行政机关的职权的具体划分。

县级以上地方人民政府依照本法和国务院的规定确定本级卫生行政、农业行政、质量监督、工商行政管理、食品药品监督管理部门的食品安全监督管理职责。有关部门在各自职责范围内负责本行政区域的食品安全监督管理工作。由于有的食品安全监管部门实行省以下垂直领导，食品安全法规定上级人民政府所属部门在下级行政区域设置的机构应当在所在地人民政府的统一组织、协调下，依法做好食品安全监督管理工作。县级以上地方人民政府统一负责、领导、组织、协调本行政区域的食品安全监督管理工作，建立健全食品安全全程监督管理的工作机制；统一领导、指挥食品安全突发事件应对工作；完善、落实食品安全监督管理责任制，对食品安全监督管理部门进行评议、考核。

(4)领导和管理教育、科学、文化、卫生、体育和计划生育工作。

食品安全法规定，国务院设立食品安全委员会，其工作职责由国务院规定。国务院食品安全委员会的主要职责是分析食品安全形势，研究部署、统筹指导食品安全工作；提出食品安全监管的重大政策措施；督促落实食品安全监管责任。

(5)改变或者撤销各部、各委员会发布的不适当的命令、指示和规章；改变或者撤销地方各级国家行政机关的不适当的决定和命令。

如 2010 年底，因老家房屋在未签拆迁协议的情况下被拆，清华大学法学博士王进文致信潍坊市长，而后这封公开信在网上广泛流传。2012 年 3 月，山东省认定他家所在区域征地合法决定的裁决被国务院撤销。

国务院关于修改《农药管理条例》的决定，国务院决定对《农药管理条例》作如下修改：增加一条，作为第十条："国家对获得首次登记的、含有新化合物的农药的申请人提交的其自己所取得且未披露的试验数据和其他数据实施保护。""自登记之日起 6 年内，对其他申请人未经已获得登记的申请人同意，使用前款数据申请农药登记的，登记机关不予登记；但是，其他申请人提交其自己所取得的数据的除外。""除下列情况外，登记机关不得披露第一款规定的数据：①公共利益需要；②已采取措施确保该类信息不会被不正当地进行商业使用。"等。

又例如针对媒体和社会普遍关注的体检中乙肝两对半检测问题，国务院卫生部会同有关部门组织国内权威专家，就规范入学、就业健康体检中乙肝检查项目进行了广泛深入的研究讨论，达成了共识，国务院取消入学、就业体检中乙肝等 5 项检查的政策，明确禁止将携带乙肝病毒作为限制入学、就业的条件。目前，根据《食品安全法》第四章第三十四条和《食品安全法实施条例》第四章第二十三条的规定，从事接触直接入口食品工作的人员患有痢疾、伤寒、甲型病毒性肝炎、戊型病毒性肝炎等消化道传染病，以及患有活动性肺结核、化脓性或者渗出性皮肤病等有碍食品安全的疾病的，食品生产经营者应当将其调整到其他不影响食品安全的工作岗位。其中，有碍食品安全的疾病不包括乙型病毒性肝炎，也就是说，法律法规没有禁止乙肝病毒携带者从事接触直接入口食品的工作。因此，在食品从业人员专项健康体检中，不宜再设定乙型病毒性肝炎有关体检项目。近年来，在相关法律法规制定中不断完善对乙肝病毒携带者合法权益保护的条款。2004 年修订的《传染病防治法》、2005 年开始实施的《公务员录用体检通用标准(试行)》、2007 年我部会同劳动和社会保障部联合下发的《关于维护乙肝表面抗原携带者就业权利的意见》。

学习活动3 学习国务院的监管部门和职能

《食品安全法》第四条规定：国务院设立食品安全委员会，其工作职责由国务院规定。在 2013 年国务院机构改革组建国家食品药品监管总局之前，根据《中华人民共和国食品安全法》规定，国务院卫生行政部门承担食品安全综合协调职责，负责食品安全风险评估、食品安全标准制定、食品安全信息工作、食品检验机构的资质认定条件和检验规范的制定，组织查处食品安全重大事故。国务院质量监督、工商行政管理和国家食品药品监督管理部门依照本法和国务院规定的职责，分别对食品生产、食品流通、餐饮服务活动实施监督管理。在 2013 年国务院机构改革组建国家食品药品监管总局之前监管关系的示意见图 3-1。

2013 年 3 月上旬召开的中华人民共和国第十二届全国人民代表大会第一次会议与中国

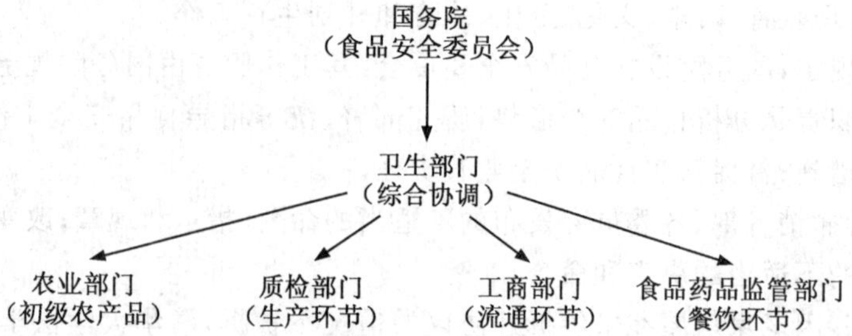

图 3-1 监管体制

人民政治协商会议第十二届全国委员会第一次会议审议通过的《国务院机构改革和职能转变方案》，将国务院食品安全委员会办公室以及国家食品药品监督管理局的职责、国家质量监督检验检疫总局的生产环节食品安全监督管理职责、国家工商行政管理总局的流通环节食品安全监督管理职责加以整合，组建国家食品药品监督管理总局。对生产、流通、消费环节的食品安全和药品的安全性、有效性实施统一监督管理等。将工商行政管理、质量技术监督部门相应的食品安全监督管理队伍和检验检测机构划转食品药品监督管理部门。保留国务院食品安全委员会，具体工作由国家食品药品监督管理总局承担。国家食品药品监督管理总局加挂国务院食品安全委员会办公室牌子。同时，不再保留国家食品药品监管局和单设的食品安全办。新组建的国家卫生和计划生育委员会负责食品安全风险评估和食品安全标准制定。农业部负责农产品质量安全监督管理。将商务部的生猪定点屠宰监督管理职责划入农业部。

1. 卫生部门

国家卫生和计划生育委员会食品安全标准与监测评估司主要职责：组织拟订食品安全标准，组织开展食品安全风险监测、评估和交流，承担新食品原料、食品添加剂新品种、食品相关产品新品种的安全性审查，参与拟订食品安全检验机构资质认定的条件和检验规范。

2. 农业部门

农产品质量安全监督管理主要职能：

（1）组织开展农产品质量安全风险评估，提出技术性贸易措施的建议。组织农产品质量安全技术研究推广、宣传培训。参与制定农产品质量安全国家标准，组织制定农业行业标准，并会同有关部门组织实施。

（2）组织农产品质量安全的监督管理。组织农产品质量安全监测和监督抽查，组织对可能危及农产品质量安全的农业生产资料进行监督抽查。负责农产品质量安全状况预警分析和信息发布。指导建立农产品质量安全追溯体系。指导实施农产品包装标识和市场准入管理等。

（3）依法实施符合安全标准的农产品认证和监督管理。包括对无公害农产品、绿色食品和有机农产品实施认证和质量监督，对农产品地理标志审批登记和监督管理。推进农业标准化、全程标准化管理。

（4）指导农业检验检测体系建设和机构考核。

（5）畜禽定点屠宰和奶站许可管理，打击私屠滥宰、使用“瘦肉精”、注水和注入其他非食用物质等行为，建立病死畜禽无害化处理机制，生鲜乳收购运输环节监管。

3.质检部门

依据《食品安全法》及其实施条例，国家质检总局对食品进出口活动进行监督管理。负责进出口食品、食品添加剂和食品相关产品的检验检疫和监督管理，对可能存在风险或者发现严重食品安全问题的进口食品采取风险预警或者控制措施；负责向我国境内出口食品的出口商或者代理商备案工作、向我国境内出口食品的境外食品生产企业的注册工作，以及出口食品生产企业和出口食品原料种植、养殖场备案工作，收集、汇总进出口食品安全信息等。配合有关部门做好食品安全风险监测和评估等工作。拟订出入境动植物及其产品检验检疫的工作制度；承担出入境动植物及其产品的检验检疫、注册登记、监督管理，按分工组织实施风险分析和紧急预防措施；承担出入境转基因生物及其产品、生物物种资源的检验检疫工作；管理出入境动植物检疫审批工作。其下属机构国家认监委负责管理食品检验机构资质认定，与有关部门共同公布对食品检验复检机构名录。国家标准委负责食品安全国家标准编号。

4.工商部门

根据党的十八届二中全会讨论通过和十二届全国人大一次会议审议批准的《国务院机构改革和职能转变方案》，流通环节食品安全监管职责已从工商部门划转到新组建的食品药品监管部门。机构改革后，工商部门作为市场监管和行政执法部门，将配合食品药品监管部门，在食品市场主体登记、食品经营行为监管、食品市场消费维权等方面继续依法履职。

(1)食品市场主体登记　根据食品安全法及其实施条例和《乳品质量安全监督管理条例》的规定，工商部门仍将依照法定条件和程序办理食品市场主体登记注册，同时积极配合有关部门淘汰不符合国家产业政策和许可条件的食品生产经营者，支持食品企业兼并重组。将进一步加强工商登记信息的综合分析利用，密切关注食品市场主体发展的新情况、新亮点、新热点，为政府决策、部门监管、行业自律和社会投资提供优质高效的服务。

(2)食品商标、广告等的监管　根据现行法律法规规定，工商部门仍将负责对食品商标恶意抢注行为的防范与规制、对食品注册商标专用权的保护，以及对侵权假冒行为的打击。在反垄断和反不正当竞争方面，工商部门仍将负责对食品市场垄断协议、滥用市场支配地位以及“傍名牌”等违法行为的打击。在广告监管方面，工商部门仍将负责监督指导大众传播媒介切实落实广告发布审查责任，严把食品广告发布关，强化广告监测检查，严格监管食品广告，严厉查处广告中宣传食品的治疗作用、使用国家机关及其工作人员名义推销产品以及使用专家、消费者名义或者形象为特定功效做证明等行为。

(3)食品市场消费维权，保护消费者合法权益　根据机构改革方案，目前涉及食品安全的申诉举报，已随职责移交和队伍划转，由食品药品监管部门负责受理，但凡涉及工商部门对食品市场经营行为仍有监管职责的相关申诉举报，仍将由工商部门按照程序依法处理。

5.食药监部门

国家食品药品监督管理总局主要职责：

(1)负责起草食品(含食品添加剂、保健食品，下同)安全、药品(含中药、民族药，下同)、医疗器械、化妆品监督管理的法律法规草案，拟订政策规划，制定部门规章，推动建立落实食品安全企业主体责任、地方人民政府负总责的机制，建立食品药品重大信息直报制度，并组织实施和监督检查，着力防范区域性、系统性食品药品安全风险。

(2)负责制定食品行政许可的实施办法并监督实施。建立食品安全隐患排查治理机制，制定全国食品安全检查年度计划、重大整顿治理方案并组织落实。负责建立食品安全信息统一公布制度，公布重大食品安全信息。参与制定食品安全风险监测计划、食品安全标准，根据食品安全风险监测计划开展食品安全风险监测工作。

(3)负责组织制定、公布国家药典等药品和医疗器械标准、分类管理制度并监督实施。负责制定药品和医疗器械研制、生产、经营、使用质量管理规范并监督实施。负责药品、医疗器械注册并监督检查。建立药品不良反应、医疗器械不良事件监测体系，并开展监测和处置工作。拟订并完善执业药师资格准入制度，指导监督执业药师注册工作。参与制定国家基本药物目录，配合实施国家基本药物制度。制定化妆品监督管理办法并监督实施。

(4)负责制定食品、药品、医疗器械、化妆品监督管理的稽查制度并组织实施，组织查处重大违法行为。建立问题产品召回和处置制度并监督实施。

(5)负责食品药品安全事故应急体系建设，组织和指导食品药品安全事故应急处置和调查处理工作，监督事故查处落实情况。

(6)负责制定食品药品安全科技发展规划并组织实施，推动食品药品检验检测体系、电子监管追溯体系和信息化建设。

(7)负责开展食品药品安全宣传、教育培训、国际交流与合作。推进诚信体系建设。

(8)指导地方食品药品监督管理工作，规范行政执法行为，完善行政执法与刑事司法衔接机制。

(9)承担国务院食品安全委员会日常工作。负责食品安全监督管理综合协调，推动健全协调联动机制。督促检查省级人民政府履行食品安全监督管理职责并负责考核评价。

(10)承办国务院以及国务院食品安全委员会交办的其他事项。

6.商务部门(主管食品流通行业)

根据商务部“三定”方案和《食品安全法》及其实施条例、《酒类流通管理办法》等法律法规和规章，商务部作为流通行业主管部门，在食品安全方面主要有三项职责：

(1)制定食品流通行业发展规划和产业政策，采取措施推进产业结构优化，加强对行业诚信体系建设的指导，促进食品经营行业健康发展。

(2)配合相关部门，做好食品安全风险监测和评估，制定食品安全国家标准规划及其实施计划，对食品安全国家标准执行情况进行跟踪评价并适时组织修订。

(3)稳步推进肉类蔬菜流通追溯体系试点建设。

7.工信部(管理食品工业行业)

国务院批准的《工业和信息化部主要职责内设机构和人员编制规定》明确指出，工信部具有食品工业行业管理职责。主要职能：

(1)制定合理科学的发展规划和产业政策，进一步完善食品工业行业标准，指导企业完善内部质量控制和监测网络以及食品质量可追溯体系；

(2)推进食品工业企业生产者诚信体系建设，以提高从业人员的道德、法律意识，规范企业生产经营行为；

(3)加强行业自律，开展食品安全知识的普及。指导协会发挥行业自律作用；

(4)加强食品行业相关基础信息的统计和监测，建立食品工业质量安全、产品进出口动态的监测和预警机制等。

在食品安全分段监管中，工信部和质检总局的监管对象都是食品生产企业，但是监管的方式和重点则有所区别。如果说质检总局的监管方式主要是监督抽查，那么工信部的主要监管方式则是管理指导。

8. 公安机关（打击食品安全犯罪）

食品生产经营者涉嫌犯罪的，应当依法向公安机关移送。公安机关依法打击食品安全犯罪。

日前，公安部门正在重点部署严厉打击食品非法添加犯罪。公安部表示，要积极会同农业、卫生、工商、质检、食药监等行政主管部门，重点对农村、城乡结合部、县城结合部等重点区域，企业外租的厂房、车间、仓库以及城镇临时建筑、出租民房等重点部位组织经常性排查，及时发现、彻底清剿违法制造存储非法添加物的“黑窝点”，坚决捣毁地下销售渠道。公安机关明确在生产、销售、使用环节加大查处力度，对于涉嫌食品非法添加犯罪的，公安机关领导要亲自过问，靠前指挥，组织力量迅速行动，依法立案侦查，查明犯罪事实。对影响重大或者跨省份的案件，由公安部挂牌督办。各地也要挂牌督办一批重大案件。

相关学习链接

1. 中华人民共和国国务院 http://www.gov.cn/guowuyuan/
2. 中华人民共和国国家食品药品监督管理总局 http://www.sda.gov.cn/
3. 中华人民共和国国家卫生和计划生育委员会 http://www.nhfpc.gov.cn/
4. 食品伙伴网 http://www.foodmate.net/

想一想

国务院在食品安全监督管理中的地位、作用。

查一查

国务院的哪些部门对食品安全进行监督管理？分别监管哪些方面？（查阅时注意法律法规的修订变化，规章、地方性法规和规范性文件的时效性）

任务二　学习国务院食品安全委员会的工作内容

◈ 任务目标

- 理解国务院食品安全委员会的地位。
- 掌握国务院食品安全委员会的作用。

◈ 案例导入

某市食品安全监管部门接到群众举报，称发生了一起泔水油进餐馆事件。在调查时，生产厂家说，我们是在生产泔水油，但又没说是食用油；餐馆说，我们是在用这种油，但并不知道是泔水油。但是是谁把泔水油送到餐馆，却始终没有查清楚。在《食品安全法》实施之前，上述案例的确会让执法人员很头疼，因为根据部门职责，食品生产和餐饮服务均有相关部门管理，但中间的运输环节，却可能找不到该由哪个部门负责，所以也就难以追责。针对这一情况，《食品安全法》改变了过去的食品安全分段管理体制，确立了食品安全分段和统一相结合的食品安全监管体制，即食品安全委员会作为高层次的议事协调机构，协调、指导食品安全监管工作。同时，《食品安全法》还兼顾了与《农产品质量安全法》的相互衔接，确保从农田到餐桌的全程监管。

案例分析

结合表 3-2 所列的相关主题，分析讨论该事件发生的原因及成立国务院食品安全委员会的作用。

表 3-2 事件的原因分析及成立国务院食品安全委员会的作用

分析主题	原因或工作内容
1. 事件监管不利的原因	
2. 成立国务院食品安全委员会的作用	

◆ 学习活动方案

学习活动 1 学习国务院食品安全委员会基本概述

1. 机构简介

2009 年 2 月 28 日第十一届全国人民代表大会常务委员会第七次会议通过的，自 2009 年 6 月 1 日起实施的《中华人民共和国食品安全法》第四条第一款规定“国务院设立食品安全委员会，其工作职责由国务院规定”。这一条款的内容中解读出，在现有分段监管体制的基础上，由国务院设立食品安全委员会，以加强对各有关监管部门的协调、指导。因此，本条款规定由国务院设立食品安全委员会，作为高层次的议事协调，机构、指导食品安全监管工作。2013 年 3 月两会审议通过的《国务院机构改革和职能转变方案》中：将国务院食品安全委员会办公室以及国家食品药品监督管理局的职责、国家质量监督检验检疫总局的生产环节食品安全监督管理职责、国家工商行政管理总局的流通环节食品安全监督管理职责加以整合，组建国家食品药品监督管理总局。保留国务院食品安全委员会，具体工作由国家食品药品监督管理总局承担。国家食品药品监督管理总局加挂国务院食品安全委员会办公室牌子。同时，不再保留国家食品药品监管局和单设的食品安全办。

2. 国务院食品安全委员会的组成

国务院食品安全委员会作为国务院食品安全工作的高层次议事协调机构，有 20 个部门参加包括国家发改委、科技部、工业和信息化部、公安部、财政部、环保部、农业部、商务部、国家卫生和计划生育委员会、国家工商总局、国家质检总局、国家粮食局、国家食品药品监管总局、国务院食品办等。在组成部门中，农业部、商务部、工商总局、质检总局、食品药品监管总局 5 个部门是直接具有行政执法管理职责的部门，其他组成部门的职责仅是涉及，比如，盐业管理由发改委负责。

学习活动 2 国务院食品安全委员会的主要职责

国务院关于设立国务院食品安全委员会的通知（国发[2010]6 号）规定国务院食品安全委员会的主要职责包括：

(1)分析食品安全形势,研究部署、统筹指导食品安全工作;

(2)提出食品安全监管的重大政策措施;

(3)督促落实食品安全监管责任。

相关学习链接

1. 中华人民共和国国务院 http://www.gov.cn/guowuyuan/

2. 中华人民共和国国家食品药品监督管理总局 http://www.sda.gov.cn/

想一想

国务院食品安全委员会的成立背景及其在食品安全监督管理中的作用、职责。

查一查

国务院食品安全委员会在国务院机构改革前后的变化有哪些?(查阅时注意法律法规的修订变化、规章和规范性文件的时效性)

任务三 学习《中华人民共和国食品安全法实施条例》

◈ 任务目标

- 理解中华人民共和国食品安全法实施条例出台的目的。
- 掌握中华人民共和国食品安全法实施条例的主要内容。

◈ 案例导入

2009年4月27日晚10时许,榆中县银山乡几名村民将一名上吐下泻已经虚脱的妇女抬进了乡中心卫生院,经过检查发现,该妇女不仅有上吐下泻的病症,而且还伴随着恶心、发烧等症状,经过紧急处置,妇女病情趋于缓解。从次日下午3时25分开始,该卫生院又陆续接诊4名同类型疾病患者(3名为临洮县,1名为榆中县银山乡),患者临床症状均表现为恶心、呕吐、腹泻等,怀疑为食物中毒。根据有关规定,银山乡中心卫生院立即向乡党委、乡政府和县卫生局报告了情况。接到上报情况后,榆中县卫生局立即安排卫生监督所执法人员、疾控中心专业技术人员赶赴现场。经初步调查,患者均食用了一位来自兰州市庙滩子流动摊贩出售的酿皮,食用人群主要分布在银山乡旋马滩、小水子、斜路洼三个村和临洮县太石镇后地湾村。事发后,经过兰州市疾控中心检验,确定导致村民集体中毒的罪魁祸首是铁建忠出售的酿皮佐料中的"D群沙门氏菌",该事件系4级公共卫生安全事件。经过当地卫生行政部门的走访筛查,发现有疑似中毒症状的群众94人,其中住院治疗28人,门诊观察44人,另有22人留观好转返家。28日下午5时30分,县卫生局初步确定银山乡"问题酿皮"事件为疑似食物中毒后,立即向县委、县政府汇报。县委、县政府高度重视,立即启动了县乡两级《重大食品安全事件应急预案》,县委、县政府及分管领导赶赴银山乡,组织有关部门和银山乡政府对突发事件进行应急处置。同时,以县委名义将这一事件详细情况上报市委、市政府和市卫生局。县卫生局紧急抽调县一院、三院、中医院、妇幼所医疗专家护理人员18人与银山中心卫生院24名医护人员共同组成了医疗救治组,抽调两辆急救车辆,开展医疗救治工作。县卫生监督所、疾控中心抽调人员组成3个流行病学调查组,对患者开展了流行病学调查,初步确定实验室检查项目。银山乡政府组织乡村干部在县卫生监督、疾控、村卫生所人员的配合下,组成3个排摸调查组,开展食用“问题酿皮”患者排摸工作。在积极做好患者排摸工作的同时，县、乡两级政府积极做好群众宣传教育疏导，解除群众的恐慌心理，并引导有症状的群众到卫生院接受检查治疗。截至2009年5月5日，银山乡“问题酿皮”事件的最后住院的17人、门诊观察的33人全部痊愈出院。同时，榆中县政法、公安、工商等部门抽调执法人员，根据群众提供的线索，积极展开对出售问题酿皮的摊贩的追查。因非法生产销售劣质酿皮调料，引发榆中县银山乡3个行政村和毗邻的定西市临洮县太石镇后地湾村近百名群众集体食物中毒案的被告人铁××被提起公诉。法院审理认定，中毒事件系铁××擅自“生产、销售不符合卫生标准的食物”所致，被榆中县人民法院以生产、销售不符合卫生标准食品罪，依法判处有期徒刑7个月，并处罚金1 000元，非法销售酿皮的200多元赃款上交。

【解析】

食品安全事故是指食品中毒、食源性疾病、食品污染等源于食品，对人体健康有危害或者可能有危害的事故。根据事故危害性程度、涉及人群范围和危害后果的大小等因素，食品安全事故可以分为一般性食品安全事故和重大食品安全事故。其中重大食品安全事故是指食物(食品)种植、养殖、生产加工、包装、仓储、运输、流通、消费等环节中发生食源性疾患，造成社会公众大量病亡或者可能对人体健康构成潜在的重大危害，并造成严重社会影响的食品安全事故。对食品安全事故进行及时处理，将其对人的身体健康和生命安全的损害降到最低程度，这是我国食品安全立法的目标之一。2004年，安徽阜阳“大头娃娃”事件，将有关重大食品安全事故应急处理提上了议事日程。

2006年2月27日，国务院公布《国家重大食品安全事故应急预案》，按食品安全事故的性质、危害程度和涉及范围，将重大食品安全事故分为：

(1)特别重大食品安全事故(Ⅰ级)；

(2)重大食品安全事故(Ⅱ级)；

(3)较大食品安全事故(Ⅲ级)；

(4)一般食品安全事故(Ⅳ级)。

国家重大食品安全事故应急预案的出台，标志着我国食品安全事故应急预案工作进入规范化、制度化阶段。食品安全法第七十条规定县级以上政府部门都应该制定食品安全事故应急预案，使食品安全事故应急预案工作法定化，为妥善处理食品安全事故提供了法律保障。

我国法律确立按照“国家统一领导、地方政府负责、部门指导协调、各方联合行动”的食品安全工作原则，对重大食品安全事故实行分级管理。《国家重大食品安全事故应急预案》规定了我国重大食品安全事故四级应急响应机制：

(1)一般食品安全事故由县级以上卫生部门调查处理。

(2)较大食品安全事故由市(地)级人民政府成立应急指挥机构，负责组织发生在本行政区域内的较大食品安全事故的统一领导和指挥，根据卫生行政部门的报告和建议，决定启动较大食品安全事故的应急处理工作。

(3)重大食品安全事故由省级人民政府根据省级卫生行政部门的建议和食品安全事故应急处理的需要，成立食品安全事故应急指挥机构，负责行政区域内重大食品安全事故应急处理的统一领导和指挥，决定启动重大食品安全事故应急处置工作。

(4)特别重大食品安全事故由国家应急指挥部或办公室组织实施调查处理应急工作，事发地人民政府应当按照相应的预案全力以赴组织救援，并及时报告救援工作的进展情况。

依法处理食品安全事故是县级以上政府部门的法定职责。实施条例第四十三条规定："发生食品安全事故的单位对导致或者可能导致食品安全事故的食品及原料、工具、设备等，应当立即采取封存等控制措施，并自事故发生之时起2小时内向所在地县级人民政府卫生行政部门报告。"同时，实施条例第八条规定："医疗机构发现其接收的病人属于食源性疾病病人、食物中毒病人，或者疑似食源性疾病病人、疑似食物中毒病人的，应当及时向所在地县级人民政府卫生行政部门报告有关疾病信息。"接到食品安全事故报告的县级以上卫生行政部门，应立即会同有关农业行政、质量监督、工商行政管理、食品药品监督管理部门进行调查处理，积极采取措施防止或减轻社会危害：

(1)要开展应急救援工作，对因食品安全事故导致人身伤害的人员，卫生行政部门应当立即组织救治。

(2)要封存可能导致食品安全事故的食品及其原料，并立即进行检验；对确认属于被污染的食品及其原料，责令食品生产经营者依照食品安全法第五十三条的规定予以召回、停止经营并销毁。

(3)要封存被污染的食品用工具及用具，并责令进行清洗消毒。

(4)要做好信息发布工作，依法对食品安全事故及其处理情况进行发布，并对可能产生的危害加以解释、说明。

(5)要开展食品安全事故调查。发生食品安全事故，县级以上疾病预防控制机构应当协助卫生行政部门和有关部门对事故现场进行卫生处理，并对与食品安全事故有关的因素开展流行病学调查，认定事故相关责任主体。

实施条例第四十四条规定："调查食品安全事故，应当坚持实事求是、尊重科学的原则，及时、准确查清事故性质和原因，认定事故责任，提出整改措施。参与食品安全事故调查的部门应当在卫生行政部门的统一组织协调下分工协作、相互配合，提高事故调查处理的工作效率。食品安全事故的调查处理办法由国务院卫生行政部门会同国务院有关部门制定。"第四十五条规定："参与食品安全事故调查的部门有权向有关单位和个人了解与事故有关的情况，并要求提供相关资料和样品。有关单位和个人应当配合食品安全事故调查处理工作，按照要求提供相关资料和样品，不得拒绝。"第四十六条规定："任何单位或者个人不得阻挠、干涉食品安全事故的调查处理。"

(6)是应对重大食品安全事故，县级以上人民政府应当立即成立食品安全事故处置指挥机构，启动应急预案。设区的市级以上人民政府卫生行政部门应当立即会同有关部门进行事故责任调查，督促有关部门履行职责，向本级人民政府提出事故责任调查处理报告。重大食品安全事故涉及两个以上省、自治区、直辖市的，由国务院卫生行政部门依照前款规定组织事故责任调查。在银山乡"问题酿皮"事件中，榆中县银山乡中心卫生院根据接诊患者的症状，判断这是一起集体食物中毒事件，并立即向有关部门做了报告，符合实施条例第八条的规定。接到报告的县卫生局在初步确定银山乡"问题酿皮"事件为疑似食物中毒后，立即向县委、县政府汇报。榆中县紧急启动食品安全突发事件应急预案，紧急开展救援和患者排查疏导工作，确保整个事件中没有一人因食物中毒而死亡。同时，榆中县政法、公安、工商等部门抽调执法人员，开展食品安全事故调查，对出售"问题酿皮"的嫌疑人铁××予以刑事拘留。在整个事件处理中，各级政府部门严格执法，有效地防止了事态的扩大并将危害降到最低。

案例分析

结合表 3-3 所列的相关主题，分析讨论该事件发生的原因及监管部门的处理措施。

表 3-3 监管部门对食品安全事故的处理措施

分析主题	食品安全事故的处理
1.何为食品安全事故，食品安全事故的分类	
2.食品安全事故如何分级管理	
3.发生食品安全事故后，哪些单位有上报的责任	
4.监管机构报告后该采取哪些措施控制	

◈ 学习活动方案

学习活动1 学习食品安全法实施条例基本概述

《中华人民共和国食品安全法》(以下称《食品安全法》)已于 2009 年 2 月 28 日经十一届全国人大常委会第七次会议审议通过，2009 年 6 月 1 日起正式施行。为了配合该法的实施，自 2009 年 1 月起，法制办会同卫生部等部门起草了《中华人民共和国食品安全法实施条例(草案)》。其间，法制办曾先后四次征求了有关部门和地方的意见；召开了五次协调会；同时专门听取了企业、行业协会的意见；2009 年 4 月 24 日至 5 月 4 日，将草案向社会公开征求意见，共收到近万条意见。《中华人民共和国食品安全法实施条例》已经 2009 年 7 月 8 日国务院第 73 次常务会议通过，自 2009 年 7 月 20 日起施行。条例包括 10 章 64 条，旨在进一步落实企业作为食品安全第一责任人的责任、强化各部门在食品安全监管方面的职责、将食品安全法一些较为原则的规定具体化。

学习活动2 学习食品安全法实施条例基本内容

1.落实企业责任

进一步落实企业作为食品安全第一责任人的责任，强化事先预防和生产经营过程控制，以及食品发生安全事故后的可追溯。为了落实食品生产经营者作为食品安全第一责任人的责任，条例做了以下三方面规定：

(1)落实食品生产企业的安全管理责任。生产是食品安全的基础；保障食品安全，必须对食品生产过程实施全过程控制。为此，条例规定，企业应当建立并执行原料验收、生产过程安全管理、设备管理等食品安全管理制度；应当就原料、生产关键环节、检验和运输交付等事项制定并实施控制要求；生产过程中发生不符合控制要求的，要立即查明原因并采取整改措施；并应如实记录食品生产过程的安全管理情况，记录的保存期限不得少于 2 年。

(2)建立食品批发企业的销售记录制度。落实食品生产经营者的责任，要求做到问题食品的可追溯。为此，在食品安全法已详细规定食品生产经营者的进货索证索票义务的基础上，条例补充规定，食品批发企业应当如实记录批发食品的名称、数量、购货者名称及联系方式等，或保留载有上述信息的销售票据；记录、票据的保存期限不得少于 2 年。

(3)规定餐饮服务提供者的安全管理责任。餐饮服务属于食品的消费环节，其安全状况直接影响消费者的身体健康和生命安全。为此，条例规定，餐饮服务提供者应当制定并实施原料采购控制要求，确保所购原料符合食品安全标准；发现待加工食品及原料有腐败变质等情况的，不得加工或使用。条例还要求餐饮服务提供企业应定期清洗和维护食品加工、冷藏等设施设备。

2.强化政府监管

进一步强化各部门在食品安全监管方面的职责，完善监管部门在分工负责与统一协调相结合体制中的相互协调、衔接与配合。为了促使地方各级政府和政府有关部门切实承担起食品安全监管责任，有效执行食品安全法确立的分工负责与统一协调相结合的食品安全监管体制，条例做了以下规定：

(1)强化地方政府完善食品安全监管工作协调配合机制的责任。地方人民政府应当对本行政区域的食品安全监管工作负总责。条例规定，县级以上地方人民政府应当建立健全食品安全监管部门的协调配合机制，整合、完善食品安全信息网络，实现食品安全信息共享和食品检验等技术资源的共享。条例还特别明确了县级、市级人民政府统一组织、协调食品安全监管工作的职责，规定县级人民政府应当统一组织、协调本级卫生、农业、质检、工商、食品药品监管部门，依法对本行政区域内的食品生产经营者进行监督管理；对发生食品安全事故风险较高的食品生产经营者，应当重点加强监督管理。在卫生和计划生育委员会公布食品安全风险警示信息，或者接到所在地省级卫生部门依照条例第十条规定通报的食品安全风险监测信息后，市级和县级人民政府应当立即组织本级卫生、农业、质检、工商、食品药品监管部门采取有针对性的措施，防止发生食品安全事故。

(2)明确制定食品安全风险监测计划、标准规划等工作的负责部门。条例进一步细化了食品安全法的有关职责规定，明确国家食品安全风险监测计划由卫生和计划生育委员会会同质检总局、工商总局等部门制定，食品安全国家标准规划由卫生和计划生育委员会会同农业部、质检总局等部门制定，食品安全国家标准审评委员会由卫生和计划生育委员会负责组织，食品安全标准实施情况的跟踪评价工作由省级以上卫生部门会同同级农业、质检等部门负责。

如食品安全法规定了风险评估，体现了预防为主、科学监管的指导思想。在此基础上，条例明确下列情形应当启动食品安全风险评估工作：

①为制定或修订食品安全国家标准提供科学依据需要进行风险评估的；

②为确定监督管理的重点领域、重点品种需要进行风险评估的；

③发现新的可能危害食品安全的因素的；

④需要判断某一因素是否构成食品安全隐患的；

⑤国务院卫生行政部门认为需要进行风险评估的其他情形。

(3)强化各部门在食品安全监管工作中的协调与配合。在实行食品安全分段监管的情况下，为保证监管工作的整体性和有效性，有必要进一步强化各监管部门间的协调与配合，以实现各监管环节间的无缝衔接。为此，条例规定：

①卫生和计划生育委员会应当向质检总局等部门通报食品安全风险监测数据和分析结果；

②省级以上卫生、农业部门应当相互通报食品安全风险监测和食用农产品质量安全风险监测的相关信息，卫生和计划生育委员会和农业部应当相互通报食品安全风险评估结果和食

用农产品质量安全风险评估结果等相关信息；

③参与事故调查的部门应当在卫生部门的统一组织协调下分工协作、相互配合，提高事故调查处理的工作效率；

④食品安全日常监管信息涉及两个以上监管部门职责的，由相关部门联合公布。

(4)条例规定：县级以上地方人民政府不履行食品安全监督管理法定职责，本行政区域出现重大食品安全事故、造成严重社会影响的，依法对直接负责的主管人员和其他直接责任人员给予记大过、降级、撤职或开除的处分。县级以上卫生行政、农业行政、质量监督、工商行政管理、食品药品监督管理部门或其他有关行政部门不履行食品安全监督管理法定职责、日常监督检查不到位或滥用职权、玩忽职守、徇私舞弊的，依法对直接负责的主管人员和其他直接责任人员给予记大过或降级的处分；造成严重后果的，给予撤职或开除的处分；其主要负责人应引咎辞职。

系列食品安全事件产生的影响与危害之所以如此大，除不法商家的胆大妄为外，还有一个重要原因就是瞒报不报。为此，条例规定：发生食品安全事故的单位对导致或可能导致食品安全事故的食品及原料、工具、设备等，应立即采取封存等控制措施，并自事故发生之时起 2 小时内向所在地县级人民政府卫生行政部门报告。

3.具体化食品安全法原则性条款

为了确保食品安全法得到全面、有效、准确执行，条例对食品安全法中较为原则的制度作了具体规定。主要有以下几方面内容：

(1)规定了应当启动食品安全风险评估工作的情形。在食品安全法已经明确规定食品安全风险评估制度的基础上，条例明确下列情形应当启动食品安全风险评估工作：

①为制定或修订食品安全国家标准提供科学依据需要进行风险评估的；

②为确定监管的重点领域、重点品种需要进行风险评估的；

③发现新的可能危害食品安全的因素的；

④需要判断某一因素是否构成食品安全隐患的，等等。

(2)细化了食品复检制度。为方便企业和消费者查阅复检机构名录，同时避免因多次复检加重企业或财政负担，维护复检申请人的合法权益，条例规定，复检机构名录由国务院认证认可监督管理部门、卫生和计划生育委员会、农业部等部门共同公布，复检机构出具的复检结论为最终检验结论；复检机构由复检申请人自行选择，但不得与初检机构为同一机构。

(3)明确了食品安全日常监管信息的内容。食品安全法第 82 条规定了食品安全日常监管信息的公布部门。条例进一步明确食品安全日常监管信息包括：

①依照食品安全法实施行政许可的情况；

②责令停止生产经营的食品、食品添加剂、食品相关产品的名录；

③查处食品生产经营违法行为的情况；

④专项检查整治工作情况等。

(4)条例还对食品召回制度等内容作了细化规定。条例对食品召回制度做出详细规定：对依照食品安全法第 53 条规定被召回的食品，食品生产者应当进行无害化处理或予以销毁，防止其再次流入市场。对因标签、标识或说明书不符合食品安全标准而被召回的食品，食品生产者在采取补救措施且能保证食品安全的情况下可以继续销售；销售时应向消费者明示补救措施。

(5)进一步明确了“病毒性肝炎”的范围。食品安全法第34条第一款规定:“患有痢疾、伤寒、病毒性肝炎等消化道传染病的人员,以及患有活动性肺结核、化脓性或者渗出性皮肤病等有碍食品安全的疾病的人员,不得从事接触直接入口食品的工作。”条例进一步明确了“病毒性肝炎”的范围,规定从事接触直接入口食品工作的人员患有痢疾、伤寒、甲型病毒性肝炎、戊型病毒性肝炎等消化道传染病,以及患有活动性肺结核、化脓性或者渗出性皮肤病等有碍食品安全的疾病的,食品生产经营者应当将其调整到其他不影响食品安全的工作岗位。

相关学习链接

1.中华人民共和国国务院 http://www.gov.cn/guowuyuan/

2.中华人民共和国国家食品药品监督管理总局 http://www.sda.gov.cn/

3.中华人民共和国国家卫生和计划生育委员会 http://www.nhfpc.gov.cn/

想一想

《中华人民共和国食品安全法实施条例》对食品安全监督管理的作用。

查一查

《人民共和国食品安全法实施条例》在哪些方面对食品安全进行监督管理?(查阅时注意法律法规的修订变化、规章、地方性法规和规范性文件的时效性)

任务四 学习国务院颁布的其他行政性文件

◈ 任务目标

- 理解国务院颁布的其他行政性文件的目的。
- 掌握国务院颁布的其他行政性文件的主要内容。

◈ 案例导入

2012年6月21日7时许,市、区牲畜定点屠宰联合执法队进入东风路198市依法对肉品市场进行例行的公务检查。当检查到1号摊位时,北湖区屠宰执法队员高××、蒋××,首先出示执法证件,并说明检查来意,请摊主配合工作,请其出示肉品检疫检验证明及屠宰场出场的相关票据。因该摊主销售的是私宰肉品,拿不出相关证明资料,执法队员高××请1号摊主吴××把肉品收拾好与执法队一起到办公室去处理。当执法队员高××准备将吴××摊位上的“白板肉”收走时,吴××不肯,还用恶毒语言谩骂执法队员。当执法队开具暂扣单去收缴肉品时,摊主吴××手拿菜刀舞动,将执法队员高××的右手食指砍伤。这时,市场的其他屠商10多人一起把执法队团团围住起哄,阻碍执法人员正常执法,执法队根据案情拨打电话报警,并将受伤队员送湘南学院附属医院治疗;同时将案情向屠管办领导、商务局领导和市区领导汇报,并且配合人民路派出所干警做好案情笔录。关于对吴××违法私宰销售未经检疫检验的肉品的行为是否给予行政处罚问题,吴××申辩:私宰销售未经检疫检验的肉品,事先不知情,没有主观故意,请求不予行政处罚。郴州市北湖区商务局认为:根据《行政处罚法》第25条、第26条、第27条的规定,没有主观故意不是不予行政处罚的法定情形,对该销售商的申辩意见不予采纳。关于没收吴××私宰肉品的问题,根据《生猪屠宰管理条例》第2条第2款规定:“未经定点,任何单位和个人不得从事生猪屠宰活动。但是,农村地区个人自宰自食的除外。”

第 24 条第 1 款规定:"违反本条例规定,未经定点从事生猪屠宰活动的,由商务主管部门予以取缔,没收生猪、生猪产品、屠宰工具和设备以及违法所得,并处货值金额 3 倍以上 5 倍以下的罚款;货值金额难以确定的,对单位开处 10 万元以上 20 万元以下的罚款,对个人并处 5 000 元以上 1 万元以下的罚款;构成犯罪的,依法追究刑事责任。"2012 年 6 月 21 日经市、区牲畜定点屠宰办集体研究,认定吴××违法私宰销售未经检疫检验的肉品,其行为违反了《生猪屠宰管理条例》第 2 条,应按照《生猪屠宰管理条例》第 24 条处罚。对东风路 198 市场 1 号摊主吴××销售的私宰肉品约 15 千克做出如下行政处罚:1. 没收私宰肉品约 15 千克;2. 吴××阻碍执法,砍伤执法队员移送郴州市人民路派出所另行处理。同时告知其申请行政复议权利:如不服行政处罚决定,可在接到《行政处罚决定书》之日起 60 日内,依照《行政复议法》、《行政复议法实施条例》的规定,向北湖区人民政府或郴州市北湖区商务局申请行政复议,也可在 3 个月内依照《行政诉讼法》的规定,向人民法院提起行政诉讼。逾期不申请行政复议或提起行政诉讼,又不履行行政处罚决定,郴州市北湖区商务局将申请人民法院强制执行。同时针对吴××涉嫌暴力阻碍执法,请求郴州市人民路派出所配合;人民路派出所受理此案后,通过调查、问话、取证,吴××违法私宰销售未经检疫检验的肉品,又将执法队员砍伤,事实清楚,根据《中华人民共和国治安管理处罚法》第五十条第一款第二项,对吴××做出行政拘留 10 天的处罚。

案例分析

结合表 3-4 所列的相关主题,分析讨论该事件发生的原因及监管机构的监管过程。

表 3-4 事件的原因分析及国务院及监管机构的监管过程

分析主题	原因或监管范围
1. 该事件违法的原因	
2. 监管机构的处罚依据	

◈ 学习活动方案

学习活动 1 《生猪屠宰管理条例》

《生猪屠宰管理条例》已经 2007 年 12 月 19 日国务院第 201 次常务会议修订通过,现将修订后的《生猪屠宰管理条例》公布,自 2008 年 8 月 1 日起施行。

1. 定点屠宰

国家实行生猪定点屠宰、集中检疫制度。未经定点,任何单位和个人不得从事生猪屠宰活动。但是,农村地区个人自宰自食的除外。国务院农业主管部门负责全国生猪屠宰的行业管理工作。县级以上地方人民政府主管部门负责本行政区域内生猪屠宰活动的监督管理。县级以上人民政府有关部门在各自职责范围内负责生猪屠宰活动的相关管理工作。

生猪定点屠宰厂(场)的设置规划由省、自治区、直辖市人民政府主管部门会同畜牧兽医主管部门、环境保护部门以及其他有关部门制订,由设区的市级人民政府根据设置规划,组织审查,经征求省、自治区、直辖市人民政府主管部门的意见确定,并颁发生猪定点屠宰证书和生猪定点屠宰标志牌,并在政府备案。生猪定点屠宰厂(场)应当持生猪定点屠宰证书向管理部门办理登记手续。生猪定点屠宰证书和生猪定点屠宰标志牌不得出借、转让。任何单位和个人不得冒用或者使用伪造的生猪定点屠宰证书和生猪定点屠宰标志牌。

生猪定点屠宰厂(场)应当具备下列条件：

(1)与屠宰规模相适应、水质符合国家规定标准的水源条件。

(2)有符合国家规定要求的待宰间、屠宰间、急宰间以及生猪屠宰设备和运载工具。

(3)有依法取得健康证明的屠宰技术人员。

(4)有经考核合格的肉品品质检验人员。

(5)有符合国家规定要求的检验设备、消毒设施以及符合环境保护要求的污染防治设施。

(6)有病害生猪及生猪产品无害化处理设施。

(7)依法取得动物防疫条件合格证。

生猪屠宰的检疫及其监督，依照动物防疫法和国务院的有关规定执行。生猪屠宰的卫生检验及其监督，依照食品安全法的规定执行。生猪定点屠宰厂(场)屠宰的生猪，应当依法经动物卫生监督机构检疫合格，并附有检疫证明。生猪定点屠宰厂(场)屠宰生猪，应当符合国家规定的操作规程和技术要求。生猪定点屠宰厂(场)应当如实记录其屠宰的生猪来源和生猪产品流向。生猪来源和生猪产品流向记录保存期限不得少于2年。生猪定点屠宰厂(场)应当建立严格的肉品品质检验管理制度。肉品品质检验应当与生猪屠宰同步进行，并如实记录检验结果。检验结果记录保存期限不得少于2年。经肉品品质检验合格的生猪产品，生猪定点屠宰厂(场)应当加盖肉品品质检验合格验讫印章或者附具肉品品质检验合格标志。生猪定点屠宰厂(场)以及其他任何单位和个人不得对生猪或者生猪产品注水或者注入其他物质。生猪定点屠宰厂(场)不得屠宰注水或者注入其他物质的生猪。任何单位和个人不得为未经定点违法从事生猪屠宰活动的单位或者个人提供生猪屠宰场所或者生猪产品储存设施，不得为对生猪或者生猪产品注水或者注入其他物质的单位或者个人提供场所。从事生猪产品销售、肉食品生产加工的单位和个人以及餐饮服务经营者、集体伙食单位销售、使用的生猪产品，应当是生猪定点屠宰厂(场)经检疫和肉品品质检验合格的生猪产品。

2. 监督管理

县级以上地方人民政府应当加强对生猪屠宰监督管理工作的领导，及时协调、解决生猪屠宰监督管理工作中的重大问题。农业主管部门应当依照本条例的规定严格履行职责，加强对生猪屠宰活动的日常监督检查。

主管部门依法进行监督检查，可以采取下列措施：

(1)进入生猪屠宰等有关场所实施现场检查。

(2)向有关单位和个人了解情况；查阅、复制有关记录、票据以及其他资料。

(3)查封与违法生猪屠宰活动有关的场所、设施，扣押与违法生猪屠宰活动有关的生猪、生猪产品以及屠宰工具和设备。对主管部门依法进行的监督检查，有关单位和个人应当予以配合，不得拒绝、阻挠。

3. 法律责任

违反本条例规定，未经定点从事生猪屠宰活动的，由主管部门予以取缔，没收生猪、生猪产品、屠宰工具和设备以及违法所得，并处货值金额3倍以上5倍以下的罚款；构成犯罪的，依法追究刑事责任。

冒用或者使用伪造的生猪定点屠宰证书或者生猪定点屠宰标志牌的，依照前款的规定处罚。生猪定点屠宰厂(场)出借、转让生猪定点屠宰证书或者生猪定点屠宰标志牌的，由设区的市级人民政府取消其生猪定点屠宰厂(场)资格;有违法所得的,由主管部门没收违法所得。

生猪定点屠宰厂(场)有下列情形之一的,由主管部门责令限期改正,处2万元以上5万元以下的罚款;逾期不改正的,责令停业整顿,对其主要负责人处5 000元以上1万元以下的罚款:

(1)屠宰生猪不符合国家规定的操作规程和技术要求的。

(2)未如实记录其屠宰的生猪来源和生猪产品流向的。

(3)未建立或者实施肉品品质检验制度的。

(4)对经肉品品质检验不合格的生猪产品未按照国家有关规定处理并如实记录处理情况的。

生猪定点屠宰厂(场)出厂(场)未经肉品品质检验或者经肉品品质检验不合格的生猪产品的,由主管部门责令停业整顿,没收生猪产品和违法所得,并处货值金额1倍以上3倍以下的罚款,对其主要负责人处1万元以上2万元以下的罚款;造成严重后果的,由设区的市级人民政府取消其生猪定点屠宰厂(场)资格;构成犯罪的,依法追究刑事责任。

生猪定点屠宰厂(场)、其他单位或者个人对生猪、生猪产品注水或者注入其他物质的,由主管部门没收注水或者注入其他物质的生猪、生猪产品、注水工具和设备以及违法所得,并处货值金额3倍以上5倍以下的罚款,对生猪定点屠宰厂(场)或者其他单位的主要负责人处1万元以上2万元以下的罚款;构成犯罪的,依法追究刑事责任。

从事生猪产品销售、肉食品生产加工的单位和个人以及餐饮服务经营者、集体伙食单位,销售、使用非生猪定点屠宰厂(场)屠宰的生猪产品、未经肉品品质检验或者经肉品品质检验不合格的生猪产品以及注水或者注入其他物质的生猪产品的,由工商、卫生、质检部门依据各自职责,没收尚未销售、使用的相关生猪产品以及违法所得,并处货值金额3倍以上5倍以下的罚款;情节严重的,由原发证(照)机关吊销有关证照;构成犯罪的,依法追究刑事责任。为未经定点违法从事生猪屠宰活动的单位或者个人提供生猪屠宰场所或者生猪产品储存设施,或者为对生猪、生猪产品注水或者注入其他物质的单位或者个人提供场所的,由农业主管部门责令改正,没收违法所得,对单位并处2万元以上5万元以下的罚款,对个人并处5 000元以上1万元以下的罚款。

主管部门和其他有关部门的工作人员在生猪屠宰监督管理工作中滥用职权、玩忽职守、徇私舞弊,构成犯罪的,依法追究刑事责任;尚不构成犯罪的,依法给予处分。

学习活动2　学习《乳品质量安全监督管理条例》

三鹿牌婴幼儿奶粉事件给婴幼儿的生命健康造成很大危害,给我国乳制品行业带来了严重影响。这一事件的发生,暴露出我国乳制品行业还存在一些比较突出的问题,如生产流通秩序混乱,一些企业诚信缺失,市场监管存在缺位,有关部门配合不够等。为了解决上述问题,需要进一步完善乳品质量安全管理制度,加强从奶畜养殖、生鲜乳收购到乳制品生产、乳制品销售等全过程的质量安全管理,加大对违法生产经营行为的处罚力度,加重监督管理部门不依法履行职责的法律责任。《乳品质量安全监督管理条例》,为确保乳品质量安全提供有效的法律制度保障。《乳品质量安全监督管理条例》(国务院令第536号)已经2008年10月6日国务院第28次常务会议通过,现予公布,自公布之日起施行。

1. 监管部门的职责和法律责任

(1)明确监管部门的职责分工,并对监管部门的监督检查职责提出严格要求。条例规定,畜牧兽医部门负责奶畜饲养以及生鲜乳生产环节、收购环节的监督管理。质量监督检验检疫部门负责乳制品生产环节和乳品进出口环节的监督管理。工商管理部门负责乳制品销售环节的监督管理。食品药品监督部门负责乳制品餐饮服务环节的监督管理。卫生部门负责乳品质量安全监督管理的综合协调,组织查处食品安全重大事故,组织制定乳品质量安全国家标准。条例规定,监管部门对乳品要定期监督抽查,公布举报方式和监管信息,并建立违法生产经营者"黑名单"制度。

(2)严格领导责任。发生乳品质量安全事故,造成严重后果或者恶劣影响的,对有关人民政府、有关部门负有领导责任的负责人依法追究责任。

(3)明确监管部门不履行职责的法律责任。监管部门不履行条例规定的职责、造成后果的,或者滥用职权、有其他渎职行为的,由监察机关或者任免机关对其主要负责人、直接负责的主管人员和其他直接责任人员给予记大过或者降级的处分;造成严重后果的,给予撤职或者开除的处分;构成犯罪的,依法追究刑事责任。

2. 条例对乳品质量安全国家标准的规定

(1)明确标准的制定部门。条例规定,生鲜乳和乳制品应当符合乳品质量安全国家标准。乳品质量安全国家标准由卫生部组织制定。

(2)对标准的及时完善、修订作了规范。条例规定,卫生部应当根据疾病信息和监督管理部门的监督管理信息等对发现添加或者可能添加到乳品中的非食品用化学物质和其他可能危害人体健康的物质,立即组织进行风险评估,采取相应的监测、检测和监督措施,并根据风险监测和风险评估的结果及时组织修订标准。

(3)规范标准的内容。条例规定,乳品质量安全国家标准应当包括乳品中的致病性微生物、农药残留、兽药残留、重金属以及其他危害人体健康物质的限量规定,乳品生产经营过程的卫生要求,通用的乳品检验方法与规程,与乳品安全有关的质量要求,以及其他需要制定为乳品质量安全国家标准的内容。

3. 条例禁止生产经营者的行为及违反后承担的法律责任

(1)禁止在生鲜乳收购、贮存、运输、销售过程中添加任何物质;禁止在乳制品生产过程中添加非食品用化学物质或者其他可能危害人体健康的物质。对在生鲜乳收购、乳制品生产过程中加入非食品用化学物质或者其他可能危害人体健康的物质的,依照《刑法》第一百四十四条的规定,构成犯罪的,依法追究刑事责任,并由发证机关吊销许可证照;尚不构成犯罪的,由监管部门依据各自职责没收违法所得和违法生产的乳品,以及相关的工具、设备等物品,并处违法乳品货值金额15倍以上30倍以下罚款,由发证机关吊销许可证照。在婴幼儿奶粉生产过程中,加入非食品用化学物质和其他可能危害人体健康的物质的,从重处罚。

(2)禁止在生产过程中使用不符合乳品质量安全国家标准的生鲜乳;禁止购进、销售过期、变质或者不符合乳品质量安全国家标准的乳制品。对生产、销售不符合乳品质量安全国家标准的乳制品,依照《刑法》第一百四十三条的规定,构成犯罪的,依法追究刑事责任,并由发证机关吊销许可证照;尚不构成犯罪的,由监管部门依据各自职责没收违法所得、违法乳制品和相关的工具、设备等物品,并处违法乳制品货值金额10倍以上20倍以下罚款,由发证机关吊销许可证照。生产、销售的婴幼儿奶粉营养成分不足、不符合国家乳品质量安全标准的，从重处罚。

(3)禁止不符合条例规定的单位或者个人开办生鲜乳收购站、收购生鲜乳；禁止收购不符合乳品质量安全国家标准的生鲜乳。违反上述规定，由畜牧兽医主管部门没收违法所得、违法收购的生鲜乳和相关的设备、设施等物品，并处违法乳品货值金额5倍以上10倍以下罚款；有许可证照的，由发证机关吊销许可证照。

(4)禁止未取得食品生产许可证的任何单位和个人从事乳制品生产；禁止购进、销售无质量合格证明、无标签或者标签残缺不清的乳制品；乳制品销售者不得伪造产地，不得伪造或者冒用他人的厂名、厂址，不得伪造或者冒用认证标志等质量标志。违反上述规定，乳制品生产企业和销售者未取得许可证，或者取得许可证后不按照法定条件、法定要求从事生产销售活动的，由质量监督部门、工商管理部门依照《国务院关于加强食品等产品安全监督管理的特别规定》等法律、行政法规的规定处罚。

4. 确保婴幼儿奶粉质量安全的规定

(1)对制定婴幼儿奶粉质量安全标准提出明确要求。条例规定，制定婴幼儿奶粉的质量安全国家标准，应当充分考虑婴幼儿身体特点和生长发育需要，保证婴幼儿生长发育所需的营养成分。

(2)加强对婴幼儿奶粉生产环节的监管。条例规定，生产婴幼儿奶粉的企业应当建立危害分析与关键控制点体系，提高质量安全管理水平；生产婴幼儿奶粉应当保证婴幼儿生长发育所需的营养成分，不得添加任何可能危害婴幼儿身体健康和生长发育的物质；婴幼儿奶粉出厂前应当检测营养成分，并详细标明使用方法和注意事项。

(3)规定婴幼儿奶粉召回、退市特别制度。条例规定，只要发现乳制品存在可能危害婴幼儿身体健康或者生长发育的，乳制品生产企业应当立即召回，销售者必须立即停止销售。

5. 条例在养殖、收购、生产和销售各环节规定的措施

条例对奶畜养殖环节作了以下三个方面的规定：

(1)建立奶业发展支持保护体系。条例规定，国务院畜牧兽医主管部门会同国务院发展改革、工业和信息化、商务等部门制定全国奶业发展规划，县级以上地方人民政府应当合理确定奶畜养殖规模，科学安排生鲜乳生产收购布局；国家建立奶畜政策性保险制度，省级以上财政应当安排支持奶业发展资金，并鼓励对奶畜养殖者、奶农专业生产合作社等给予信贷支持；畜牧兽医技术推广机构应当为奶畜养殖者提供养殖技术、疫病防治等方面的服务。

(2)对奶畜养殖场、养殖小区加强规范。条例规定，设立奶畜养殖场、养殖小区要符合规定条件，并向当地畜牧兽医主管部门备案；奶畜养殖场要建立养殖档案，如实记录奶畜品种、数量以及饲料、兽药使用情况，载明奶畜检疫、免疫和发病等情况。

(3)对生鲜乳生产加强质量安全管理。条例规定，养殖奶畜应当遵守生产技术规程，做好防疫工作，不得使用国家禁用的饲料、饲料添加剂、兽药以及其他对动物和人体具有直接或者潜在危害的物质，不得销售用药期、休药期内奶畜产的生鲜乳；奶畜应当接受强制免疫，符合健康标准；挤奶设施、生鲜乳贮存设施应当及时清洗、消毒；生鲜乳应当冷藏，超过2 h未冷藏的生鲜乳，不得销售。

条例对生鲜乳收购作的三个方面的规定：

(1)建立生鲜乳收购市场准入制度。条例规定，开办生鲜乳收购站应当取得畜牧兽医主管

部门的许可，符合建设规划布局，有必要的设备设施，达到相应的技术条件和管理要求；生鲜乳收购站应当由乳制品生产企业、奶畜养殖场或者奶农专业生产合作社开办，其他单位与个人不得从事生鲜乳收购。

（2）规范生鲜乳收购站的经营行为。条例规定，生鲜乳收购站应当按照乳品质量安全国家标准对生鲜乳进行常规检测，不得收购可能危害人体健康的生鲜乳，并建立、保存收购、销售及检测记录，保证生鲜乳质量；贮存、运输生鲜乳应当符合冷藏、卫生等方面的要求。

（3）加强对生鲜乳收购站的监督管理。条例规定，价格部门应当加强对生鲜乳价格的监控、通报，必要时县级以上地方人民政府可以组织有关部门、协会和奶农代表确定生鲜乳交易参考价格；畜牧兽医主管部门应当制定并组织实施生鲜乳质量安全监测计划，对生鲜乳进行监督抽查，并公布抽查结果。

条例对健全乳制品生产作的三个方面规定：

（1）强化乳制品生产企业的检验义务。在现行乳制品生产许可制度的基础上，条例进一步细化了相关条件和要求，并规定乳制品生产企业应当严格执行生鲜乳进货查验和乳制品出厂检验制度，对收购的生鲜乳和出厂的乳制品都必须实行逐批检验检测，不符合乳品质量安全国家标准的，一律不得购进、销售，并对检验检测情况和生鲜乳来源、乳制品流向等予以记录和保存。

（2）规范乳制品的生产、包装和标识。条例规定，乳制品生产企业应当符合良好生产规范要求，对乳制品生产从原料进厂到成品出厂实行全过程质量控制；生鲜乳、辅料、添加剂、包装、标签等必须符合乳品质量安全国家标准；使用复原乳生产液态奶的必须标明“复原乳”字样。

（3）建立健全不安全乳制品召回制度。条例规定，乳制品生产企业发现其生产的乳制品不符合乳品质量安全国家标准、存在危害人体健康和生命安全危险的，应当立即停止生产，报告有关主管部门，告知销售者、消费者，召回已经出厂、上市销售的乳制品；对召回的乳制品应当采取销毁、无害化处理等措施，防止其再次流入市场。质检、工商部门发现乳制品不安全的，应当责令并监督生产企业召回。

条例在销售环节的两个方面的规定：

（1）强化乳制品销售者的质量安全义务。条例规定，乳制品销售者应当建立进货查验制度，审验乳制品供货商经营资格和产品合格证明，建立进货台账；从事乳制品批发业务的销售企业还应当建立销售台账，如实记录批发的乳制品品种、规格、数量、流向等内容。乳制品销售者不得销售不合格乳制品，不得伪造、冒用质量标志。

（2）建立不合格乳制品退市制度。条例规定，乳制品不符合乳品质量安全国家标准、存在危害人体健康和生命安全危险的，其销售者应当立即停止销售，追回已经售出的乳制品；销售者发现乳制品不安全的，还应当立即报告有关主管部门，通知乳制品生产者。

学习活动3　学习国务院办公厅关于印发《国家食品安全监管体系“十二五”规划》的通知（国办发［2012］36号）

为进一步加强食品（包括食用农产品，下同）安全监管工作，不断完善国家食品安全监管体系，保障人民群众身体健康和生命安全，促进食品行业健康发展，根据《中华人民共和国食品安全法》、《中华人民共和国农产品质量安全法》、《中华人民共和国国民经济和社会发展第十二个五年规划纲要》和党中央、国务院有关决策部署，制定《国家食品安全监管体系“十二五”规划》（以下简称《规划》）。

1. 总体布局与主要任务

“十二五”期间，着力建成较为完善的法规标准、监测评估、检验检测、过程控制、进出口食品安全监管、应急管理、综合协调、科技支撑、食品安全诚信和宣教培训等10个体系。

(1)法规标准体系　加强食品安全法律法规体系建设。加快食品安全法和农产品质量安全法的配套法规、规章和规范性文件的制修订，促进法律法规有效衔接。推动食品安全地方立法，加快制定食品生产加工小作坊和食品摊贩管理等地方性法规。完善食品安全刑事侦查和立案标准等相关配套规定，提高刑事责任追究效率。

完善食品安全标准体系。加强食品安全标准制修订工作，尽快完成现行食用农产品质量安全、食品卫生、食品质量标准和食品行业标准中强制执行标准的清理整合工作，加快重点品种、领域的标准制修订工作，充实完善食品安全国家标准体系。各地要根据监管需要，及时制定食品安全地方标准。

(2)监测评估体系　完善风险监测体系。依据食品安全法，整合各部门监测资源，建立统一的国家食品安全风险监测体系，对食源性疾病、食品污染以及食品中的有害因素进行统一、有计划的监测。

(3)检验检测体系　完善食品安全检验检测体系。建立有效的食品安全检验检测机制，增强检验技术服务的独立性，使各类检验机构向所有食品安全监管部门提供同等检测服务。

(4)过程控制体系　加强食品产业链全过程的质量安全控制，提高各环节监管能力。

(5)进出口食品安全监管体系　加强进出口食品安全监管，完善进出口食品风险监测制度，强化进出口食品质量安全监测，保障进出口食品安全。

(6)应急管理体系　制定完善应急预案。地方各级人民政府、各食品安全监管部门要尽快制定并不断完善本地区、本部门的食品安全应急预案，严格落实预案规定的日常防控、舆情监测、隐患排查、紧急处置、事故调查、信息发布等制度措施，组织开展食品安全应急演练。

(7)综合协调体系　逐步完善食品安全监管体制，明晰各相关部门监管职责，消除职责交叉和监管空白；健全食品安全监管综合协调机制，加强综合协调能力建设，提高监管效能。

(8)科技支撑体系　完善我国食品安全科技支撑体系，加强科技支撑能力建设，提高科研水平，为食品安全科学监管提供理论指导和技术支撑。

(9)食品安全诚信体系　强化食品生产经营者第一责任人意识和诚信意识，督促食品生产经营者细化并落实主体责任。

(10)宣教培训体系　贯彻落实《食品安全宣传教育工作纲要(2011—2015年)》，建立比较完善的食品安全宣教工作机制。鼓励和支持社会监督。

2. 重点建设项目

“十二五”期间，针对食品安全监管体系的薄弱环节和突出问题，着力建设9个涉及全局、部门和地区难以独立解决的重点项目。

(1)食品安全国家标准建设。

(2)监测评估能力建设。

(3)检验检测能力建设。

(4)监管队伍装备标准化建设。

(5)食品安全追溯系统建设。

(6)国家食品安全信息平台建设。

(7)食品安全科技支撑能力建设。

(8)食品安全培训能力建设。

(9)食品安全科普宣传能力建设。

3.保障措施

(1)加强组织领导。

(2)保障经费投入。

(3)完善政策措施。

(4)强化指导衔接。

(5)严格督查评估。

相关学习链接

1.中华人民共和国国务院 http://www.gov.cn/guowuyuan/

2.中华人民共和国国家食品药品监督管理总局 http://www.sda.gov.cn/

3.中华人民共和国国家卫生和计划生育委员会 http://www.nhfpc.gov.cn/

4.中华人民共和国农业部 http://www.moa.gov.cn/

5.国家粮食局 http://www.chinagrain.gov.cn/n16/index.html

查一查

国务院、各部委、直属机构和部委管理的国家局等在食品安全监管的哪些方面制定了规范性文件?(查阅时注意法律法规的修订变化、规章、地方性法规和规范性文件的时效性)。

任务五 学习《国务院办公厅关于印发2013年食品安全重点工作安排的通知》(国办发[2013]25号)等行政性文件

◆ 任务目标

- 理解《国务院办公厅关于印发2013年食品安全重点工作安排的通知》制定的目的。
- 掌握《国务院办公厅关于印发2013年食品安全重点工作安排的通知》的主要内容。

◆ 案例导入

2012年食品安全事件列举:

(1)2012年3月雅培奶粉质量问题

(2)2012年3月麦当劳过期产品加工出售

(3)2012年4月毒胶囊事件

(4)2012年4月立顿"毒茶"

(5)2012 年 5 月双汇“蛆虫门”

(6)2012 年 6 月伊利奶粉“含汞门”

(7)2012 年 8 月古井贡酒“勾兑门”

(8)2012 年 8 月健康元地沟油事件

(9)2012 年 9 月光明牛奶“酸败门”

(10)2012 年 11 月酒鬼酒“塑化剂”

案例分析

结合表 3-5 所列的相关主题，分析讨论该类食品安全事件发生的原因及监管机构的治理工作。

表 3-5 事件的原因分析及监管机构的治理工作

分析主题	原因或监管范围
1. 事件发生的原因	
2. 监管机构的治理工作	

◈ 学习活动方案

学习活动 1 学习《国务院办公厅关于印发 2013 年食品安全重点工作安排的通知》制定的背景

2012 年，各地区、各有关部门按照国务院的部署，深入开展食品安全治理整顿，强化日常监管，严惩重处食品安全违法犯罪，消除了一大批食品安全隐患，保持了食品安全形势总体稳定向好。但制约我国食品安全的突出矛盾尚未根本解决，问题仍时有发生。为进一步提高食品安全保障水平，根据《国务院关于加强食品安全工作的决定》(国发[2012] 20 号)和国务院关于地方改革完善食品药品监督管理体制的有关精神，安排 2013 年食品安全重点工作。

学习活动 2 学习《国务院办公厅关于印发 2013 年食品安全重点工作安排的通知》的基本内容

1. 全面排查隐患，深化治理整顿

(1)深入开展风险隐患排查整治。各地区、各有关部门要集中力量全面组织开展食品安全风险隐患大排查大整治，在种植、养殖、屠宰、生产、流通、餐饮以及进出口等各环节广泛排查各类食品安全风险隐患，深挖带有行业共性的隐患和“潜规则”。重点排查列入《食品中可能违法添加的非食用物质和易滥用的食品添加剂名单》的物质。强化进口食品检验检疫和监督管理，坚决依法处理不合格食品，防止不合格食品进入流通和消费领域。在此基础上，建立风险隐患清单，实施整治督办制度，坚决清理整顿不符合食品安全条件的生产经营单位，坚决取缔“黑工厂”、“黑作坊”和“黑窝点”，切实净化食品市场和消费环境，有效防范系统性、区域性食品安全风险。

(2)开展饲料农药兽药专项整治。全面加强对饲料、农药和兽药生产经营企业的监管，严格执行许可准入制度。严厉打击在饲料中添加激素类药品或其他禁用药品、在农药兽药中添加违禁物质等违法生产销售行为。以蔬菜、水果、茶叶种植基地和畜禽、水产品养殖场(小区)为重点，严厉查处使用禁用农药兽药或其他违禁物质、超范围超剂量使用农药兽药、将人用药品用于动物、不执行休药期规定等违法违规行为。

(3)开展私屠滥宰和"注水肉"等违法违规行为专项整治。严格屠宰行业准入，加强定点屠宰企业资格证牌使用管理。规范屠宰检疫和肉品品质检验行为，落实"两章两证"(即肉品品质检验合格章、生猪检疫合格验讫章、肉品品质检验合格证、动物检疫合格证明)制度，严惩重处只收费不检疫等违法行为，严厉打击销售未经检疫检验或检疫检验不合格肉品的违法行为。坚决取缔私屠滥宰窝点。严惩收购加工病死畜禽、向畜禽注水或注入其他物质等违法违规行为。加强对农贸市场和超市等生鲜肉经营场所、肉制品加工企业和餐饮服务单位等生鲜肉采购单位的监督检查，督促落实进货查验、索证索票制度。

(4)开展保健食品专项整治。完善保健食品生产、经营行政许可制度，整顿、关闭不符合规定的保健食品生产经营单位。以减肥、辅助降血糖、缓解体力疲劳类保健食品为重点开展整治，对生产环节非法添加药物成分的，依法吊销相关批准证明文件；涉嫌犯罪的，依法移交公安机关立案侦查。严厉查处套用、冒用批准文号、违法发布广告等行为。

(5)开展食品标签标识问题专项整治。进一步细化完善食品标签标识管理规定，着力解决食品标签标识不规范问题。强化食品出厂检验、流通环节食品标签标识检查，严厉打击篡改生产日期、伪造产地、违法涂改标签、伪造冒用食品生产经营许可证及"三品一标"(即无公害农产品、绿色食品、有机农产品和农产品地理标志)标识等违法行为。

(6)切实巩固治理整顿成果。各地区、各有关部门要继续严厉打击食品非法添加和滥用食品添加剂行为，进一步深化乳制品、酒类、调味品、食品包装材料、"地沟油"等综合治理和专项整治。扩大食品安全监督检查、市场巡查、执法抽检的频次、范围，督促企业规范内部管理，切实巩固各项治理整顿成果。及时总结治理整顿经验，细化完善监管措施，健全长效机制。

2.严惩违法犯罪，加强应急处置

(1)进一步加大打击惩处力度。各级监管部门要认真履行职责，坚持重典治乱，切实提高对食品安全违法行为的惩处力度。公安机关要进一步巩固"打四黑除四害"专项行动成果，严厉打击在饲料、农药兽药、保健食品中非法添加违禁物质和为谋财有危害食品安全等违法犯罪行为，强化刑事责任追究。建立健全公安机关和监管部门之间案件移交、立案等衔接机制，提高办案效率。地方各级人民政府要积极支持公安机关明确机构和人员负责打击食品安全违法犯罪工作。地方各级食品安全综合协调机构要协调有关方面加快完善技术鉴定相关制度，明确技术鉴定机构，积极为公安机关提供技术支持并协调解决鉴定费用。

(2)强化食品安全应急处置。各地区、各有关部门要根据政府机构改革和职能转变要求，完善各级各类食品安全预案，建立各级人民政府及相关部门共同参与的协调联动工作平台，明确部门应急处置职责。制定食品安全事故调查处理办法，规范事故调查处理流程，提高事故查处效率。各地要积极组织开展应急演练，切实提高快速响应能力。发生食品安全事故后，及时启动应急预案，有序开展事故调查、危害控制、医疗救治、分析评估、信息发布等工作，确保食品安全事故在第一时间得到有效处置，最大限度地减少损失和危害。

(3)加强舆情监测和信息发布。各地区、各有关部门要全面建立食品安全舆情监测制度，密切监测舆情特别是网络舆情，强化信息通报。完善食品安全信息发布机制，加强信息发布前的相互沟通，确保信息的科学性、准确性和及时性，重大食品安全信息统一归口发布。针对人民群众关心的食品安全热点问题，及时、客观、准确发布权威信息，回应社会关注。

3.加强能力建设，夯实基层基础

(1)健全食品安全监管体制机制。要按照有关规定，加快改革完善食品安全监管体制，切实加强地方各级食品安全监管机构能力建设，确保职能、机构、队伍、装备及时划转到位，保障机构人员编制和工作经费，建立健全工作机制，提升工作水平。地方各级人民政府要切实负起责任，全面梳理查找监管漏洞和盲区，结合实际逐项明确细化监管分工和要求，特别是要针对群众反映强烈的监管职责不清问题，尽快明确监管责任主体和要求。建立健全部门间、区域间食品安全监管联动机制，强化跨部门、跨区域信息通报和案件协查，及时彻底查处不合格产品。全面落实食品安全有奖举报制度，完善投诉举报机制，充分发挥群众监督作用。

(2)健全基层食品安全监管体系。推进食品安全工作重心下移，力量配置下移，强化基层食品安全管理责任，确保县级人民政府食品安全监管责任到位，乡镇、街道食品安全管理责任到位。充分发挥基层派出机构及乡镇农产品质量安全监管公共服务机构的作用，加快构建覆盖社区(村)的协管员队伍。加强乡镇、街道与监管部门的沟通协作，密切协管员队伍与监管执法队伍的衔接配合，全面推行基层食品安全网格化监管，加快形成分区划片、包干负责的基层食品安全工作责任网。

(3)完善相关法律法规。推动食品安全法、保健食品监督管理条例、餐厨废弃物管理及资源化利用条例等法律法规的制修订，强化相关法律法规的衔接，完善监管执法依据，加大惩处力度。明确食品安全刑事案件侦办中的行为定性、案件管辖、证据规格等法律适用问题，特别是行政执法证据在刑事诉讼中的运用问题。推动地方加快畜禽屠宰、食品生产加工小作坊和食品摊贩管理等方面的立法工作。

(4)加快食品安全标准建设。健全标准审评程序和制度，增强标准制定的透明度。2013年底前，基本完成食品相关标准的清理，完善食品中致病微生物、食品添加剂使用、食品生产经营规范、农药兽药残留等方面的标准，制(修)订蜂蜜、食用植物油等产品标准和配套检验方法标准。各地要结合实际做好食品安全地方标准的制修订和企业标准的备案工作，省级人民政府有关部门依照规定向社会公布备案的食品安全企业标准。加强食品安全标准的宣传培训及跟踪评价，及时做好标准的解读工作。

(5)做好风险监测评估工作。组织实施国家食品安全风险监测计划，强化农产品质量安全例行监测，加强农产品产地环境监测。按照“统一计划实施、统一经费渠道、统一数据库、统一结果分析”的要求，建立统一的食品安全风险监测体系。逐步规范食源性疾病监测、报告工作，在优势农产品主产区建立食用农产品质量安全风险监测点，初步建成统一的风险监测数据库。加快国家食品安全风险评估中心建设，加强评估基础数据采集和相关研究，重点围绕食品安全突出问题开展风险评估。进一步完善《食品中可能违法添加的非食用物质和易滥用的食品添加剂名单》、《保健食品中可能非法添加的物质名单》、《饲料、养殖中禁用药物和物质清单》。

(6)加强检验检测能力建设。按照“提高现有能力水平、按责按需、填平补齐、避免重复建设、实现资源共享”的原则，统筹各级食品安全检验能力，特别是最急需、最薄弱环节以及中西部地区和基层的食品安全检验能力建设。组织开展县级食品检验资源整合试点，推动县域内食品安全检验人员和设备的统筹使用，检验经费的统一归口管理，检验建设项目的统筹规划安排，检验任务的统一部署实施，提高基层整体检验水平。支持农贸市场检验检测站建设，补助检验检测经费。严格检验机构管理，规范委托检验行为。规范食品快速检测试剂及设备的技术认定，明确生产资质要求。继续推动提升食品企业检测水平。

(7)推进食品安全监管信息化建设。根据国家重大信息化工程建设规划，充分利用现有信息化资源，按照统一的设计要求和技术标准，建设国家食品安全信息平台，2013年底前，完成主系统和子系统的总体规划和设计。统筹规划建设食品安全电子追溯体系，统一追溯编码，确保追溯链条的完整性和兼容性，重点加快婴幼儿配方乳粉和原料乳粉、肉类、蔬菜、酒类、保健食品电子追溯系统建设。

4. 加强诚信建设，落实主体责任

(1)督促企业强化内部管理。各级监管部门要严格督促食品生产经营单位强化内部管理，建立健全质量安全管理体系，保障食品安全投入，配备专、兼职安全管理人员，严格落实进货查验、出厂检验、食品安全事故报告等制度。强化农民合作社、农业产业化龙头企业、农产品批发市场等生产经营主体的农产品质量安全管理责任。2013年底前，督促所有规模以上食品生产企业和相应的经营单位设置食品安全管理机构，明确分管负责人。推进食品安全责任强制保险制度试点，开展食品生产企业首席质量官制度试点。

(2)加强食品安全诚信体系建设。制定进一步加强食品安全信用体系建设工作的指导意见，完善诚信信息共享机制和失信行为联合惩戒机制。建立实施"黑名单"制度，公布失信食品企业名单，促进行业自律。加快规模以上乳制品、肉类食品加工企业和酒类流通企业诚信管理体系建设。加强对食品相关行业协会的监督指导，充分发挥行业协会作用。

(3)大力开展食品安全宣传。将食品安全纳入公益性宣传范围，列入国民素质教育内容和中小学相关课程。打造一批精品科普栏目、节目、宣传片，利用报刊、广播、电影、电视、互联网、手机等各类媒介，深入宣传党和政府抓食品安全工作的决心、部署和成效，普及食品安全知识，提高全社会的食品安全意识、认知水平和应对风险能力。组织好2013年食品安全宣传周等重大宣传活动。支持新闻媒体开展舆论监督。加强对食品安全监管先进人物和诚信经营典型的宣传，发挥示范引导作用。

(4)强化食品安全培训。各级监管部门要制定年度培训计划，开展食品安全法律法规、业务技能、工作作风等方面的培训，提高监管人员的责任意识和业务素质。加强对协管员队伍的基础知识培训。强化对食品从业人员的职业道德和专业知识培训。各级食品安全监管人员、各类食品生产经营单位负责人、主要从业人员全年接受不少于40小时的食品安全集中培训。

5. 加强组织保障，严格责任追究

(1)加强组织领导。地方各级人民政府要进一步落实食品安全属地管理责任，切实加强对本地区食品安全工作的统一领导和组织协调，主要负责人要亲自抓，分管负责人要直接负责，逐级落实工作责任。建立稳定的食品安全资金投入保障机制，将食品安全监管人员经费及行政管理、风险监测、监督抽检、标准制修订、应急处置、科普宣教等各项工作经费纳入财政预算，强化对经费的统筹分配和使用，进一步向基层倾斜，提高资金使用效率。进一步加大食品安全科技研发投入，集中力量开展重大科技攻关。积极开展农产品质量安全监管示范县(市)等各类示范创建工作。

(2)强化协调配合。各地区、各有关部门要密切配合，通力协作，形成全程监管合力。各级监管部门要认真履行职责，切实提高执行力，确保监管到位，坚决杜绝有案不查、推诿扯皮等问题。各级食品安全综合协调机构要加强综合协调和监督指导，及时解决工作中的重点难点问题，开展督促检查，确保各项工作扎实推进。

(3)强化考核评价。进一步完善食品安全绩效评价指标体系，逐级健全督查考核制度，加强对地方政府、监管部门食品安全工作的考核。将信息通报、行政执法、违法行为处理等列入对监管部门履职情况考核的内容。将食品安全纳入社会管理综合治理考核、政府绩效考核内容。发生重大食品安全事故的地方在文明城市、卫生城市等评优创建活动中实行一票否决。

(4)严格责任追究。健全食品安全责任追究制，细化责任追究对象、方式、程序。县级以上地方各级政府要督促各监管部门建立具体到单位、人员、岗位的责任制。监察部门要依法依纪严肃追究重大食品安全事件中失职渎职责任。

相关学习链接

1.中华人民共和国国务院 http://www.gov.cn/guowuyuan/

2.中华人民共和国国家食品药品监督管理总局 http://www.sda.gov.cn/

3.中华人民共和国国家卫生和计划生育委员会 http://www.nhfpc.gov.cn/

4.中华人民共和国农业部 http://www.moa.gov.cn/

5.食品伙伴网 http://www.foodmate.net/

想一想

2013年食品安全重点工作包括哪些方面？

查一查

查阅不同年度国务院办公厅印发的食品安全重点工作安排的通知，比较其变化。查阅学习本年度国务院办公厅印发的食品安全重点工作安排。(查阅时注意法律法规的修订变化、规章、地方性法规和规范性文件的时效性)

学习单元4　学习国家质量监督检验检疫总局及其颁布文件

任务一　学习国家质量监督检验检疫总局在食品监管中的职责和权限

◈ 任务目标

- 了解国家质量监督检验检疫总局的机构设置。
- 掌握国家质量监督检验检疫总局在食品监管中的职责和权限。
- 掌握国家质量监督检验检疫总局在食品监管中的权限。

◈ 案例导入

近日，世界卫生组织国际食品安全网络通报，美国 Sunland Inc. 公司生产的坚果及含坚果成分的产品受到布雷得尼沙门氏菌污染，在美国已造成 20 个州 41 人患病，其中 10 人入院治疗。目前，该公司正在召回 200 多批产品，包括一些网络销售的产品。召回产品的保质期各不相同，最晚到 2013 年 10 月。为保护国内消费者健康，2012 年 11 月 23 日晚，国家质检总局发布公告，自即日起，暂停美国 Sunland 公司坚果及其含坚果成分的产品进口，并要求各出入境检验检疫机构加强对来自美国的坚果及其含坚果成分食品的检验检疫，合格后方可入境，加强对进境邮寄物、旅客携带物品的查验工作，禁止该公司相关产品通过邮寄、旅客携带方式进境。公告中还提醒消费者不要购买和食用该公司的相关产品。

案例分析

结合上述案例，分析查阅国家质量监督检验检疫总局在食品监管中的职责和权限，并尝试回答表 4-1 中的问题。

表 4-1　结合案例分析讨论

问题	讨论分析
1. 国家质检总局在食品监管中的职责	
2. 国家质检总局的机构设置	

◈ 学习活动方案

学习活动1 了解质量监督检验检疫总局机构设置

中华人民共和国国家质量监督检验检疫总局(General Administration of Quality Supervision, Inspection and Quarantine of the People′s Republic of China,英文简称 AQSIQ),是中华人民共和国国务院主管全国质量、计量、出入境商品检验、出入境卫生检疫、出入境动植物检疫、进出口食品安全和认证认可、标准化等工作,并行使行政执法职能的正部级国务院直属机构。

国家质检总局内设 19 个司(厅、局),即办公厅、法规司、质量管理司、计量司、通关业务司、卫生检疫监管司、动植物检疫监管司、检验监管司、进出口食品安全局、特种设备安全监察局、产品质量监督司、食品生产监管司、执法督查司(国家质检总局打假办公室)、国际合作司(WTO 办公室)、科技司、人事司、计划财务司、机关党委和离退休干部局,具体见图 4-1,另外,中共中央纪律检查委员会和国家监察部向国家质检总局派驻了纪律检查组和监察局。

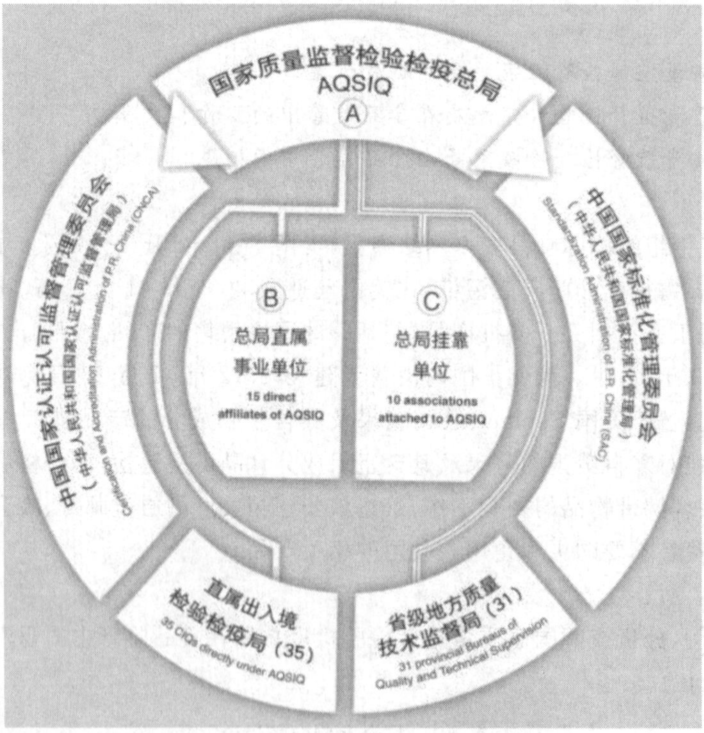

图 4-1 国家质检总局组织机构图

国家质检总局对中国国家认证认可监督管理委员会(中华人民共和国国家认证认可监督管理局)(简称国家认监委)和中国国家标准化管理委员会(中华人民共和国国家标准化管理局)(简称国家标准委)实施管理。国家认监委(副部级)是国务院授权的履行行政管理职能,统一管理、监督和综合协调全国认证认可工作的主管机构。国家标准委(副部级)是国务院授权的履行行政管理职能，统一管理全国标准化工作的主管机构。

国家质检总局下设15个直属事业单位，为质检决策和实施提供技术等方面的支持。另外，经国家民政部批准，10个行业学、协会挂靠在国家质检总局，如中国出入境检验检疫协会、中国国际旅行卫生保健协会、中国质量检验协会等。

为履行出入境检验检疫职能，国家质检总局在全国31省（自治区、直辖市）共设有35个直属出入境检验检疫局，海陆空口岸和货物集散地设有近300个分支局和200多个办事处，共有检验检疫人员3万余人。质检总局对出入境检验检疫机构实施垂直管理。

为履行质量技术监督职责，全国共设有31个省（自治区、直辖市）质量技术监督局，并下设2 800多个行政管理部门，共有质量技术监督人员18万余人。质检总局对省（自治区、直辖市）质量技术监督机构实行业务领导。

学习活动2　了解质量监督检验检疫总局在食品监管中的职责和权限

国家质量监督检验检疫总局主管全国质量、计量、出入境商品检验、出入境卫生检疫、出入境动植物检疫和认证认可、标准化等工作。按照国务院授权，质检总局认证认可和标准化行政管理职能，分别由国家质检总局管理的中国国家认证认可监督管理委员会（认监委）和中国国家标准化管理委员会（标准委）承担。

在食品监管工作上，国家质检总局的主要职责为：

1. 质量管理

根据《产品质量法》及其实施条例，国家质检总局组织实施国家关于质量振兴的政策措施，对全国质量管理工作进行宏观指导，组织实施国家质量奖励制度和推进“名牌战略”的工作，推广先进的质量管理经验和科学的质量管理方法，承办建立重大工程设备质量监理制度有关事宜，实施缺陷产品召回制度，推进开展“质量兴市”工作，组织国家宏观质量水平测评工作，组织建立企业质量信用制度，组织质量专业技术人员职业资格考试，组织重点产品质量事故的调查并提出整改意见，负责产品防伪的监督管理工作。

2. 产品质量监督管理

根据《产品质量法》及其实施条例，国家质检总局组织实施国家产品质量监督抽查。拟订国家重点监督的国内产品目录并组织实施监督。组织实施QS标志制度。管理和协调产品质量的行业监督、地方监督与专业质量监督。管理质量仲裁的检验和鉴定工作。监督管理产品质量检验机构，管理国家产品质量监督抽查免检工作；管理工业产品生产许可证的工作。

3. 食品生产监管

根据《产品质量法》、《食品卫生法》及其实施条例，国家质检总局组织实施国内食品生产加工环节质量安全卫生监督管理。组织实施国内食品生产许可、强制检验等食品质量安全准入制度。负责调查处理国内食品生产加工环节的食品安全重大事故。

4. 进出口商品检验管理

根据《进出口商品检验法》及其实施条例，国家质检总局对进出口商品及其包装和运载工具进行检验和监管。对列入《出入境检验检疫机构实施检验检疫的进出境商品目录》中的商品实施法定检验和监督管理;对《目录》外商品实施抽查;对涉及安全、卫生、健康、环保的重要进出口商品实施注册、登记或备案制度:对进口许可制度民用商品实施入境验证管理;对法定检验商品的免验进行审批;对一般包装、危险品包装实施检验;对运载工具和集装箱实施检验检疫;对进出口商品鉴定和外商投资财产价值鉴定进行监督管理;依法审批并监督管理从事进出口商品检验鉴定业务的机构。

5.进出口食品安全管理

根据《食品卫生法》和《进出口商品检验法》及相关规定,国家质检总局对进出口食品和化妆品安全、卫生、质量进行检验监督管理,组织实施对进出口食品和化妆品及其生产单位的日常监督管理。对进口食品(包括饮料、酒类、糖类)、食品添加剂、食品容器、包装材料、食品用工具及设备进行检验检疫和监督管理。建立出入境食品检验检疫风险预警和快速反应系统,对进出口食品中可能存在的风险或潜在危害采取预防性安全保障和处理措施。

6.认证认可监督管理

依据《中华人民共和国认证认可条例》,国家认监委负责制定、发布和执行国家认证认可、安全质量许可、卫生注册和合格评定方面的法律、法规和规章,协调并指导全国认证认可工作,负责监督管理认可机构和人员注册机构。

负责拟定国家实施强制性认证与安全质量许可制度的产品目录,制定并发布认证标志、合格评定程序和技术规则,组织实施强制性认证与安全质量许可工作。负责进出口食品和化妆品生产、加工单位的卫生注册登记的评审和注册工作,办理注册通报和向境外推荐事宜。

依法监督和规范认证市场,监督管理认证有关的中介服务和技术评价行为。负责认证有关机构的资质审核和监督,受理认证认可的投诉并组织查处。

负责管理相关校准、检测、检验实验室技术能力的评审和资格认定工作,组织实施实验室评审、计量认证、注册和资格认定工作。负责对承担强制性认证和安全质量许可的认证机构、检验机构和实验室的审批。

管理和协调以政府名义参加的认证认可国际合作活动,参加许多认证认可国际组织的活动,签署与合格评定有关的协议、协定和议定书。

7.执法督查管理

根据《产品质量法》、《标准化法》、《计量法》及其实施条例,国家质检总局组织查处违反质量、标准化和计量法律法规的行为。根据国务院授权,负责组织协调全国有关专项打假活动。组织本系统开展打击假冒伪劣产品的活动。负责组织协调跨省(自治区、直辖市)案件的查处和大案要案的督察督办工作。管理、指导质量技术监督行政执法机构和队伍建设。

8.与食品监管有关的其他职责

国家质检总局与食品监管有关的其他职责还包括国际合作、计量管理等,通过与许多国家和地区建立质量监督检验检疫方面的国际合作与交流,规范和监督商品量的计量行为等,保护消费者人体健康,促进食品产业的发展。

动态

据国家质量监督检验检疫总局网站统计数据，截至2012年12月30日，共有153 344家食品生产企业获得食品生产许可证。

相关学习链接

1. 国家质量监督检验检疫总局 http://www.aqsiq.gov.cn/
2. 国家质量监督检验检疫总局食品生产监管司 http://spscjgs.aqsiq.gov.cn/
3. 国家质量监督检验检疫总局进出口食品安全局 http://jckspaqj.aqsiq.gov.cn/

查一查

1. 国家质量监督检验检疫总局各部门的具体职能。
2. 国家质量监督检验检疫总局的发展历程。

任务二　学习《食品生产许可管理办法》(总局令第129号)

◈ 任务目标

- 了解食品生产许可各级实施部门的职责范围。
- 学习食品生产许可的要求、程序。
- 掌握食品企业生产许可证书与标识的管理要求。
- 明确《食品生产许可管理办法》颁发的意义。

◈ 案例导入

《中华人民共和国食品安全法》2009年6月1日正式实施，《中华人民共和国食品安全法实施条例》(国务院令第557号)2009年7月20日实施。明确了国家对食品生产实行许可制度。为落实食品安全法及其实施条例，国家质量监督检验检疫总局于2010年4月7日发布了《食品生产许可管理办法》(即国家质检总局2010年第129号令)，对食品生产许可的要求、程序以及食品企业生产许可标志管理做出了新的规定。

案例分析

结合上述案例，分析查阅《食品生产许可管理办法》相关信息，并尝试回答表4-2中的问题。

表4-2　结合案例分析讨论

问题	讨论分析
1.《食品生产许可管理办法》颁发的背景	
2. 食品生产许可各级实施部门	
3. 办理食品生产许可的要求、程序	

◆ 学习活动方案

学习活动1　了解食品生产许可各级实施部门的职责范围

1. 国家质量监督检验检疫总局的职责

国家质量监督检验检疫总局在职责范围内负责全国食品生产许可管理工作。

2. 县级以上质监局职责

(1)省级质量技术监督部门按照有关法律法规和国家质检总局有关规定要求,确定本行政区域内质量技术监督部门分别实施许可的品种范围。

(2)县级以上地方质量技术监督部门在职责范围内负责本行政区域内的食品生产许可管理工作。

(3)县级以上地方质量技术监督部门是食品生产许可的实施机关,但按照有关规定由国家质检总局实施的食品生产许可除外。

学习活动2　学习食品生产许可的要求、程序

1. 食品生产许可的申请

取得食品生产许可,应当符合食品安全标准,并符合下列要求:

(1)具有与申请生产许可的食品品种、数量相适应的食品原料处理和食品加工、包装、贮存等场所,保持该场所环境整洁,并与有毒、有害场所以及其他污染源保持规定的距离。

(2)具有与申请生产许可的食品品种、数量相适应的生产设备或者设施,有相应的消毒、更衣、盥洗、采光、照明、通风、防腐、防尘、防蝇、防鼠、防虫、洗涤以及处理废水、存放垃圾和废弃物的设备或者设施。

(3)具有与申请生产许可的食品品种、数量相适应的合理的设备布局、工艺流程,防止待加工食品与直接入口食品、原料与成品交叉污染,避免食品接触有毒物、不洁物。

(4)具有与申请生产许可的食品品种、数量相适应的食品安全专业技术人员和管理人员。

(5)具有与申请生产许可的食品品种、数量相适应的保证食品安全的培训、从业人员健康检查和健康档案等健康管理、进货查验记录、出厂检验记录、原料验收、生产过程等食品安全管理制度。

(6)法律法规和国家产业政策对生产食品有其他要求的,应当符合该要求。

拟设立食品生产企业申请食品生产许可的,应当向生产所在地质量技术监督部门(以下简称许可机关)提出,并提交下列材料:

(1)食品生产许可申请书。

(2)申请人的身份证(明)或资格证明复印件。

(3)拟设立食品生产企业的《名称预先核准通知书》。

(4)食品生产加工场所及其周围环境平面图和生产加工各功能区间布局平面图。

(5)食品生产设备、设施清单。

(6)食品生产工艺流程图和设备布局图。

(7)食品安全专业技术人员、管理人员名单。

(8)食品安全管理规章制度文本。

(9)产品执行的食品安全标准;执行企业标准的,须提供经卫生行政部门备案的企业标准。

(10)相关法律法规规定应当提交的其他证明材料。

申请食品生产许可所提交的材料,应当真实、合法、有效。申请人应在食品生产许可申请书等材料上签字确认。

2.食品生产许可的受理

许可机关对收到的申请,应当依照《中华人民共和国行政许可法》第三十二条等有关规定进行处理。对申请决定予以受理的,应当出具《受理决定书》。决定不予受理的,应当出具《不予受理决定书》,并说明不予受理的理由,告知申请人享有依法申请行政复议或者提起行政诉讼的权利。

许可机关受理申请后,应当依照有关规定组织对申请的资料和生产场所进行核查(以下简称现场核查)。现场核查应当由许可机关指派2～4名核查人员组成核查组并按照国家质检总局有关规定进行,企业应予以配合。

许可机关应当根据核查结果,在法律法规规定的期限内做出如下处理:

(1)经现场核查,生产条件符合要求的,依法做出准予生产的决定,向申请人发出《准予食品生产许可决定书》,并于做出决定之日起10日内颁发设立食品生产企业食品生产许可证书。

(2)经现场核查,生产条件不符合要求的,依法做出不予生产许可的决定,向申请人发出《不予食品生产许可决定书》,并说明理由。

(3)除不可抗力外,由于申请人的原因导致现场核查无法在规定期限内实施的,按现场核查不合格处理。

3.食品生产许可检验

拟设立的食品生产企业必须在取得食品生产许可证书并依法办理营业执照工商登记手续后,方可根据生产许可检验的需要组织试产食品。

新设立的食品生产企业应当按规定实施许可的食品品种申请生产许可检验。

许可机关接到生产许可检验申请后,应当及时按照有关规定抽取和封存样品,并告知申请企业在封样后7日内将样品送交具有相应资质的检验机构。

检验结论合格的,许可机关根据检验报告确定食品生产许可的品种范围,并在食品生产许可证副页中予以载明。在未经许可机关确定食品生产许可的品种范围之前,禁止出厂销售试产食品。

检验结论为不合格的,可以按照有关规定申请复检。部分食品品种复检不合格的,不予确定该类食品的生产许可范围,在食品生产许可证副页中不予载明;禁止出厂销售该类食品。全部食品品种复检不合格的,应当按照有关规定注销食品生产许可;禁止出厂销售全部品种的食品。

4.食品生产许可的管理

食品生产许可证有效期为三年。有效期届满,取得食品生产许可证的企业需要继续生产的,应当在食品生产许可证有效期届满六个月前,向原许可机关提出换证申请;准予换证的,食品生产许可证编号不变。期满未换证的,视为无证;拟继续生产食品的,应当重新申请,重新发证,重新编号,有效期自许可之日起重新计算。

食品生产许可证有效期内,有以下情形之一的,企业应当向原许可机关提出变更申请:

(1)企业名称发生变化的;
(2)住所、生产地址名称发生变化的;
(3)生产场所迁址的;
(4)生产场所周围环境发生变化的;
(5)设备布局和工艺流程发生变化的;
(6)生产设备、设施发生变化的;
(7)法律法规规定的应当申请变更的其他情形。

有下列情形之一的,原许可机关应当依法办理食品生产许可证书注销手续:
(1)生产许可被依法撤回、撤销,或者生产许可证书被依法吊销的;
(2)企业申请注销的或者生产许可证有效期满未换证的;
(3)企业依法终止的;
(4)因不可抗力导致生产许可事项无法实施的;
(5)法律法规规定的应当注销生产许可证书的其他情形。

学习活动3　掌握食品企业生产许可证书与标识的管理要求

《办法》中明确规定,食品生产许可证书分为正本和副本,证书及其副页式样由国家质检总局统一规定。企业应当妥善保管食品生产许可证书,并在生产场所显著位置予以悬挂或者摆放。食品生产许可证书遗失或者损毁的,企业应当及时在省级以上媒体声明,并及时申请补证。

《办法》要求,企业应当在其食品或者其包装上标注食品生产许可证编号和标志;没有食品生产许可证编号和标志的,不得出厂销售。食品生产许可证编号和标志均属企业获得食品生产许可的标识。食品生产许可证编号规则和标志式样由国家质检总局统一规定。企业不得出租、出借或者以其他形式转让食品生产许可证书和编号。禁止伪造、变造食品生产许可证书、食品生产许可证编号和食品生产许可证标志。

自2010年6月1日起,根据国家质检总局《关于使用企业食品生产许可证标志有关事项的公告》(总局2010年第34号公告),新获得食品生产许可的企业应使用企业食品生产许可证标志。之前取得食品生产许可的企业在2010年6月1日起18个月内可以继续使用原已印制的带有旧版生产许可证标志包装物,新旧版食品生产许可标志见图4-2。新发布的食品生产许可证标志仍为彩色QS图案,图中改用“生产许可”中文字样,不再使用“质量安全”中文字样。

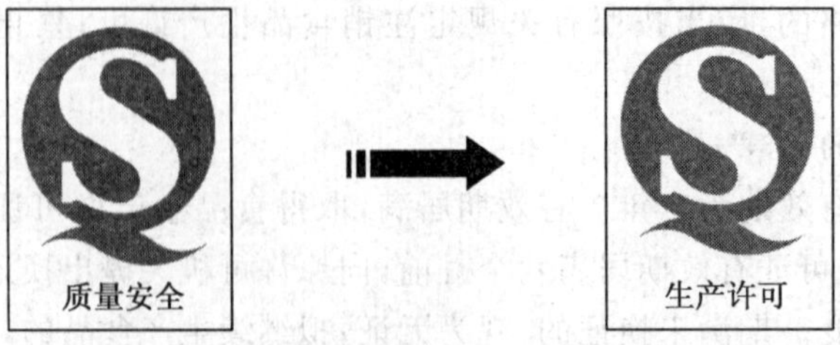

图4-2　新旧版食品生产许可标志

学习活动4 明确《食品生产许可管理办法》颁发的意义

(1)明确了发证范围。《办法》中明确规定,没有纳入生产许可目录及没有制定生产许可审查细则的加工食品,不实行生产许可管理。

(2)明确了申请者的资质,必须是企业组织形式,必须获得法人营业执照。

(3)企业申请的程序有所不同,现场核查申请和产品检验申请相分离。先提出现场核查申请,核查合格后获得准予生产许可决定书,凭决定书向工商部门申领企业法人营业执照,然后组织调试生产批量食品,递交生产许可检验申请,抽样送检合格后依照职责划分报省局或国家总局发证。

(4)有效期届满延续换证的程序有重大变化。获得食品生产许可证的企业规定条件没有发生重大变化的,质量技术监督部门应当根据对该企业建立的食品质量安全监管档案,决定是否准予延续。

(5)明确了八种必须要提出生产许可变更申请的情况及变更程序。

(6)对食品审查员的资格放宽。原先一般是不允许公务员取得审查员资格的,在此稿上则表述为"经培训考核合格,公务员可以取得审查员资格。""经资质认可的公务员参加现场核查工作。无审查员资格的县级质量技术监督部门公务员,可以参加现场核查,但不参与决定核查结论。"

相关学习链接

1. 国家质量监督检验检疫总局法规司 http://fgs.aqsiq.gov.cn/
2. 中华人民共和国国家食品药品监督管理总局 http://www.sda.gvv.cn

想一想

1. 违反《食品生产许可管理办法》需承担的法律责任。
2. 食品生产许可的实施单位有哪些?其各自职责范围是什么?

任务三 学习国家质量监督检验检疫总局的其他监管文件

◈ 任务目标

- 学习《食品生产许可审查通则》(国家质检总局2010年第88号公告)。
- 学习《进出口食品安全管理办法》(国家质检总局2011年第144号令)。
- 学习《食品标识管理规定》(国家质检总局2009年第123号令)。
- 学习《关于食品生产加工企业落实质量安全主体责任监督检查规定的公告》(国家质检总局2009年第119号公告)。
- 学习质检总局的其他监管文件。

◈ 案例导入

2012年10月12日,南山奶粉生产商湖南亚华乳业控股有限公司在湖南省质量技术监督局的产品抽检中被查出含有强致癌物黄曲霉毒素M1,初步调查产品检出黄曲霉毒素M1

的原因是由于奶牛喂养过程中食用了被黄曲霉毒素 B1 污染的饲料。湖南省质量技术监督局在其官方网站上发布《关于注销湖南亚华乳业控股有限公司婴幼儿配方乳粉生产许可证的公告》，称根据《中华人民共和国行政许可法》和国家质量监督检验检疫总局《工业产品生产许可证注销程序管理规定》、《食品生产许可管理办法》等，决定对湖南亚华乳业控股有限公司的婴幼儿配方乳粉生产许可证予以注销（名单见附件），被注销的证书和食品生产许可证编号停止使用。

案例分析

结合上述案例，分析查阅国家质量监督检验检疫总局的其他监管文件，并尝试回答表 4-3 中的问题。

表 4-3　结合案例分析讨论

问题	讨论分析
1. 食品企业应掌握的监管文件	
2. 违反行为的后果	

◈ 学习活动方案

学习活动 1　学习《食品生产许可审查通则》

1.《食品生产许可审查通则》的制定背景

2004 年，质检总局印发《食品质量安全市场准入审查通则》，并与《食品生产加工企业质量安全监督管理实施细则（试行）》（总局令第 79 号）相配套，对已经设立的食品生产企业有关生产许可的条件、程序、相关责任进行进一步规范。实践证明，制定 2004 版审查通则是必要的，对于规范事实上已经设立的食品企业的生产许可行为，督促其改善基本生产条件等发挥了重要作用。

为进一步规范食品生产许可工作，依据《中华人民共和国食品安全法》及其实施条例和《食品生产许可管理办法》（质检总局令第 129 号），国家质检总局组织修订了《食品生产许可审查通则》（2010 版），2010 年 8 月 23 日，质检总局颁布了《食品生产许可审查通则》（国家质检总局 2010 年第 88 号公告），原《食品质量安全市场准入审查通则（2004 版）》同时废止。

2.《食品生产许可审查通则》的适用范围和使用要求

《食品生产许可审查通则》适用于对申请人生产许可规定条件的审查工作，包括审核资料、核查现场和检验食品。

《通则》中明确提出，应与《食品生产许可管理办法》、相应食品生产许可审查细则结合使用。《食品生产许可管理办法》及《食品生产许可审查通则》涉及的相关责任主体，均应依照规定使用相应格式文书，不得缺失。

3. 审查工作程序

《食品生产许可审查通则》中规定，食品生产许可的审查工作过程包括申请受理、组成审查组、制定审查计划、审核申请资料、实施现场核查、形成初步审查意见和判定结果、与申请人交流沟通、形成审查结论、报告和通知、意见反馈等程序。

与2004版审查通则不同，审核资料在本次修订中单独作为一项工作内容，主要审核食品安全管理制度、审核岗位责任制度等，突出要求各项质量安全管理制度是否完备，文本内容是否符合要求，即制度的齐全合理。必要时审核申请材料可以与现场核查结合进行。

现场核查主要核查申请人生产现场实际具备的条件与申请材料的一致性，以及与申请生产的食品相关的卫生规范、条件及审查细则规定要求的合规性。包括核查厂区环境、生产车间、原辅料及成品库房、生产设备设施、检验条件、工艺流程以及相关技术人员的情况等。

对设立食品生产企业的申请人规定条件审查记录表中审查结论分为符合、基本符合、不符合。当全部项目的审查结论均为符合的，许可机关依法做出准予食品生产许可决定；当任何1～8个项目审查结论为基本符合的，申请人应对基本符合项进行整改，整改应在10日内完成，申请人认为整改到位的，由当地县局予以审查确认并签字，许可机关做出准予食品生产许可决定；当任何一个项目的审查结论为不符合或者8个以上项目为基本符合、预期未完成整改或整改不到位的，许可机关依法做出不予食品生产许可决定。

4.检验工作程序

《食品生产许可审查通则》中规定，生产许可检验工作程序包括通知检验事项、样品抽取、选择检验机构、样品送达、样品接收、实施检验、检验结果送达、许可检验复检、发放《食品生产许可证》等。

资料审核和现场核查结论符合规定条件要求的，许可机关向申请人送达准予生产许可决定书和食品生产许可证及副本，告知申请人批量食品抽样基数、检验项目等食品审查细则规定的事项。

检验结果不合格的，申请人可以在15日内向许可机关提出生产许可复检申请。

学习活动2 学习《进出口食品安全管理办法》

1.《进出口食品安全管理办法》的制定背景

近年来，我国进出口食品贸易发展迅速。2002年以来，进出口食品贸易额连续保持在10%以上的增长速度，在对外贸易中所占比重逐年增长。与此同时，国外特别是发达国家对食品的要求越来越高，形成非关税技术壁垒，对我国食品出口产生了重大影响；而逐年递增的进口食品，已越来越多地进入到消费者的日常生活。

但是，2009年我国颁布的《食品安全法》中对“进出口食品”却一直没有一部全面的配套规章。为了进一步贯彻落实《食品安全法》及其实施条例，统一对进出口食品进行规范管理，2010年7月22日，《进出口食品安全管理办法》(国家质检总局2011年142号令)经国家质量监督检验检疫总局局务会议审议通过，自2012年3月1日起正式施行。这标志着中国食品安全监管法律体系的进一步完善，对于中国加强进出口食品质量安全监管具有重要的意义。

2.《进出口食品安全管理办法》的适用范围和实施部门

《进出口食品安全管理办法》中明确提出，《办法》适用于进出口食品检验检疫及监督管理。进出口食品添加剂、食品相关产品、水果、食用活动物的安全管理依照有关规定执行。

国家质检总局主管全国进出口食品安全监督管理工作。国家质检总局设在各地的出入境检验检疫机构(以下简称检验检疫机构)在国家质检总局的统一领导下,依法做好进出口食品安全监督管理工作。

3.对进口食品的要求

国家质检总局对向中国境内出口食品的境外食品生产企业实施注册制度。向中国境内出口食品的出口商或者代理商应当向国家质检总局备案。注册和备案名单在总局网站公布。

进口食品应当符合中国食品安全国家标准和相关检验检疫要求。首次进口尚无食品安全国家标准的食品,进口商应当向检验检疫机构提交国务院卫生行政部门出具的许可证明文件,检验检疫机构应当按照国务院卫生行政部门的要求进行检验。

进口食品经检验检疫合格的,由检验检疫机构出具合格证明,准予销售、使用。不合格的,由检验检疫机构出具不合格证明。涉及安全、健康、环境保护项目不合格的,由检验检疫机构责令当事人销毁,或者出具退货处理通知单,由进口商办理退运手续。其他项目不合格的,可以在检验检疫机构的监督下进行技术处理,经重新检验合格后,方可销售、使用。

检验检疫机构发现不符合法定要求的进口食品时,可以将不符合法定要求的进口食品境外生产企业和出口商、国内进口商、报检人、代理人列入不良记录名单;对有违法行为并受到行政处罚的,可以将其列入违法企业名单并对外公布。

4.对出口食品的要求

国家质检总局对出口食品生产企业实施备案制度。出口食品生产企业应当建立完善的质量安全管理体系,检验检疫机构负责对辖区内出口食品生产企业质量安全管理体系运行情况进行监督管理。

国家质检总局对出口食品原料种植、养殖场实施备案管理。备案手续在所在地检验检疫机构办理。国家质检总局统一公布备案的原料种植、养殖场名单。

出口食品生产企业应建立原辅料、添加剂、包装材料容器等进货查验记录、生产记录、出厂检验记录,种养殖场应建立原料的生产记录制度。记录应真实,保存不得少于2年。

出口食品生产经营者应当保证其出口食品符合进口国家(地区)的标准或者合同要求。进口国家(地区)无相关标准且合同未有要求的,应当保证出口食品符合中国食品安全国家标准。

出口食品符合出口要求的,由检验检疫机构按照规定出具通关证明,并根据需要出具证书。不合格的,由检验检疫机构出具不合格证明。依法可以进行技术处理的,应当在检验检疫机构的监督下进行技术处理,合格后方准出口;依法不能进行技术处理或者经技术处理后仍不合格的,不准出口。

检验检疫机构发现不符合法定要求的出口食品时,可以将其生产经营者列入不良记录名单;对有违法行为并受到行政处罚的,可以将其列入违法企业名单并对外公布。

5.对进出口食品实施风险预警管理

国家质检总局和检验检疫机构建立进出口食品安全信息收集网络,收集和整理食品安全信息。检验检疫机构对经核准、整理的食品安全信息,按照规定的要求和程序向国家质检总局报告并向地方政府、有关部门通报。国家质检总局和直属检验检疫局根据食品安全风险信息的级别发布风险预警通报。进出口食品安全风险已不存在或者已降低到可接受的程度时,发布单位及时解除风险预警通报和风险预警通告及控制措施。

学习活动3 学习《食品标识管理规定》

食品标识是指粘贴、印刷、标记在食品或者其包装上，用以表示食品名称、质量等级、商品量、食用或者使用方法、生产者或者销售者等相关信息的文字、符号、数字、图案以及其他说明的总称。

2007 年 7 月 24 日，国家质检总局公布《食品标识管理规定》，自 2008 年 9 月 1 日起施行。原国家技术监督局公布的《查处食品标签违法行为规定》同时废止。2009 年 10 月，国家质检总局对《食品标识管理规定》进行部分修改后，公布《国家质量监督检验检疫总局关于修改〈食品标识管理规定〉的决定》（总局 2009 年第 123 号令），并即日施行。

1.《食品标识管理规定》的适用范围和实施部门

该规定适用于在中华人民共和国境内生产（含分装）、销售的食品的标识标注和管理。

国家质量监督检验检疫总局（以下简称国家质检总局）在其职权范围内负责组织全国食品标识的监督管理工作。县级以上地方质量技术监督部门在其职权范围内负责本行政区域内食品标识的监督管理工作。

2. 食品标识的标注内容

《食品标识管理规定》中规定，食品或者其包装上应当附加标识，但是按法律、行政法规规定可以不附加标识的食品除外。标识内容应真实准确、通俗易懂、科学合法。

食品标识应标注食品名称、产地、生产者的名称、地址和联系方式以及生产日期、保质期、净含量、食品成分、所执行的产品标准代号等。

实施生产许可证管理的食品，食品标识应当标注食品生产许可证编号及 QS 标志。

食品有以下情形之一的，应当在其标识上标注中文说明：①医学临床证明对特殊群体易造成危害的；②经过电离辐射或者电离能量处理过的；③属于转基因食品或者含法定转基因原料的；④按照法律、法规和国家标准等规定，应当标注其他中文说明的。

食品标识不得标注下列内容：①明示或者暗示具有预防、治疗疾病作用的；②非保健食品明示或者暗示具有保健作用的；③以欺骗或者误导的方式描述或者介绍食品的；④附加的产品说明无法证实其依据的；⑤文字或者图案不尊重民族习俗，带有歧视性描述的；⑥使用国旗、国徽或者人民币等进行标注的；⑦其他法律、法规和标准禁止标注的内容。

禁止下列食品标识违法行为：①伪造或者虚假标注生产日期和保质期；②伪造食品产地，伪造或者冒用其他生产者的名称、地址；③伪造、冒用、变造生产许可证标志及编号；④法律、法规禁止的其他行为。

3. 食品标识的标注形式

《食品标识管理规定》中规定，食品标识应当直接标注在最小销售单元的食品或者其包装上，且不得与食品或者其包装分离。所用文字应当为规范的中文，但注册商标除外。

在一个销售单元的包装中含有不同品种、多个独立包装的食品，每件独立包装的食品标识应当按照本规定进行标注。

食品或者其包装最大表面面积大于 20 cm^2 时，食品标识中强制标注内容的文字、符号、数字的高度不得小于 1.8 mm。小于 10 cm^2 时，其标识可以仅标注食品名称、生产者名称和地址、净含量以及生产日期和保质期。但是，法律、行政法规规定应当标注的，依照其规定。

违反本规定，按照本规定、《中华人民共和国食品安全法》及其实施条例等相关条款予以处罚。

学习活动4 学习质检总局的其他监管文件

1.《关于食品生产加工企业落实质量安全主体责任监督检查规定》(国家质检总局2009年第119号公告)

该公告由国家质检总局制定并颁发，于2010年3月1日起执行。

《规定》中所指的企业是指依据《中华人民共和国食品安全法》等法律规定取得食品生产许可的食品生产者。

《规定》对企业质量安全主体责任做出了明确的要求，规定食品生产加工企业应保持资质的一致性，应建立进货查验记录、生产过程控制、出厂检验记录、消费者投诉受理、不合格品管理制度等，要求食品生产加工企业的从业人员健康和培训应符合相关法律法规规定，并建立相关档案记录。要求企业应主动收集企业内部发现的和国家发布的与企业相关的食品安全风险监测和评估信息，并做出反应，同时应建立和保存相关记录。对食品安全事故，企业应按规定妥善处置。

《规定》对监督检查程序做出了明确规定。国家质检总局负责制(修)订企业落实质量安全主体责任监督检查规定，并对省级质量技术监督部门依据本规定实施监督检查的情况进行指导和检查。县级以上地方质量技术监督部门在其职权范围内负责本辖区企业的监督检查工作，上级部门应对下级部门依据本规定实施监督检查的情况进行指导和检查。县级以上地方质量技术监督部门应当为企业落实质量安全主体责任监督检查工作提供保障。企业落实质量安全主体责任监督检查分为特别监督检查和常规监督检查，发现企业违反有关法律法规规定的，应当依照有关法律法规规定予以处理。

对于未依照《规定》履行食品质量安全监督检查职责或滥用职权、玩忽职守的，《规定》中制定了明确的处罚条款。

2.《食品添加剂生产监督管理规定》(总局令第127号)

《食品添加剂生产监督管理规定》于2010年3月10日由国家质检总局公布，自2010年6月1日起施行。适用于在我国境内食品添加剂的生产、生产许可和监督管理。

《规定》中明确提出，生产者必须在取得生产许可后，方可从事食品添加剂的生产。

食品添加剂生产许可证有效期为五年。有效期届满，生产者需要继续生产的，应当在生产许可证有效期届满六个月前向原许可机关提出换证申请。

《规定》中明确提出生产者的质量义务。要求生产者应当建立原材料采购、生产过程控制、产品出厂检验和销售等质量管理制度，应对出厂销售的食品添加剂进行出厂检验，检验合格后方可销售。食品添加剂应当有标签、说明书，并在标签上载明“食品添加剂”字样。

要求质量技术监督部门建立本行政区域内获得生产许可的食品添加剂生产者档案，详细记录生产许可或者监督检查结果、违法行为查处等情况，并根据监督管理工作计划，对本行政区域内食品添加剂生产者进行监督检查，并按照规定做好记录。

违反本规定的行为，将依法追究相关法律责任。

3.《出口食品生产企业备案管理规定》(总局令第142号)

《出口食品生产企业备案管理规定》于2011年6月21日国家质检总局公布，自2011年10月1日起施行。原国家质检总局2002年4月19日公布的《出口食品生产企业卫生注册登记管理规定》同时废止。

《规定》中明确了我国实行出口食品生产企业备案管理制度。国家质检总局统一管理全国出口食品生产企业备案工作。国家认监委组织实施全国出口食品生产企业备案管理工作。各地出入境检验检疫机构具体实施所辖区域内出口食品生产企业备案和监督检查工作。

《规定》要求出口食品生产企业应当建立和实施以危害分析和预防控制措施为核心的食品安全卫生控制体系，并保证体系有效运行，确保出口食品生产、加工、储存过程持续符合我国有关法定要求和相关进口国(地区)的法律法规要求以及出口食品生产企业安全卫生要求。《规定》中对出口食品生产企业备案内容、程序及管理作了明确要求，对违反《规定》的企业或行为将依法追究刑事责任。

相关学习链接

国家质量监督检验检疫总局法规司：http://fgs.aqsiq.gov.cn/

想一想

1.质检总局颁布的其他监管法规还有哪些?

2.食品生产企业违反法律法规应承担的法律责任。

任务四　学习查看国家质量监督检验检疫总局公告的方法

◈ 任务目标

- *了解并掌握查看总局公告的方法。*

◈ 案例导入

食品生产企业应了解国际法规要求，并关注国家法规变化，如何在质检总局的官方网站上查询相关信息?

案例分析

如果你是一家奶制品生产企业的管理者，要建立企业的法律法规档案，如何在网站上查询相关信息?

◈ 学习活动方案

学习活动1　查看质检总局公告的方法

国家质检总局发布的信息、公告在国家质量监督检验检疫总局网站上均有显示。查看文件的途径是：

(1)登录国家质量监督检验检疫总局网站(网址:http:// www. aqsiq. gov. cn/)。

(2)点击总局网站左上角“信息公开”。

(3)进入“政府信息公开”界面后,在此界面的中部“局令公告”部分很容易可以找到总局令、总局公告、产品质量抽查公告等链接。

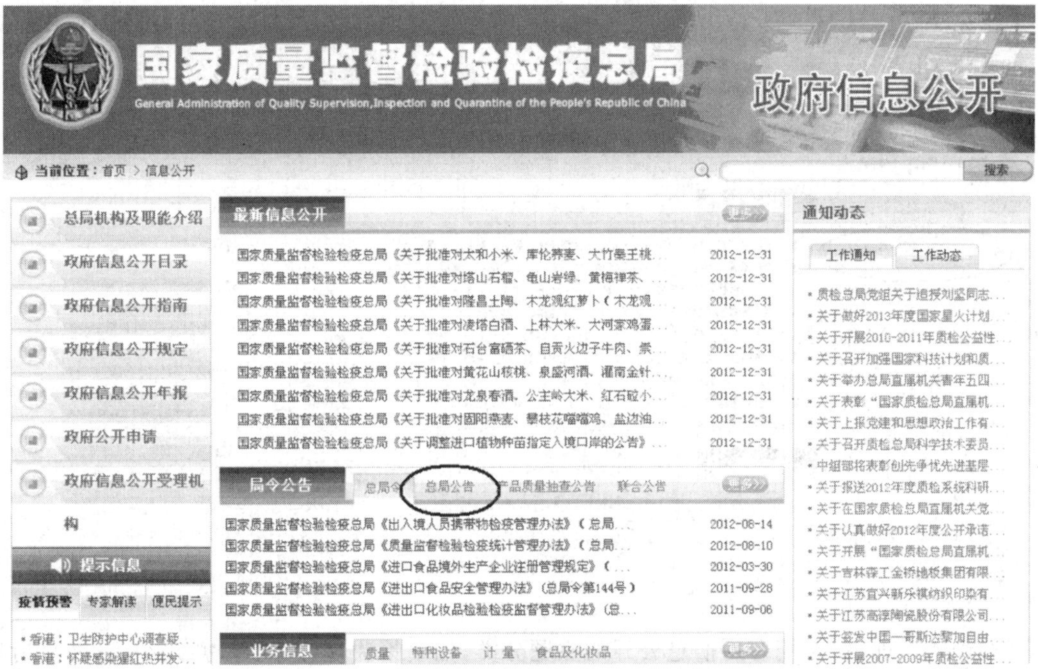

（4）点击“总局公告”链接，即可进入“总局公告”界面，在此界面上即可查找自1999—2012年每年的公告目录及内容。

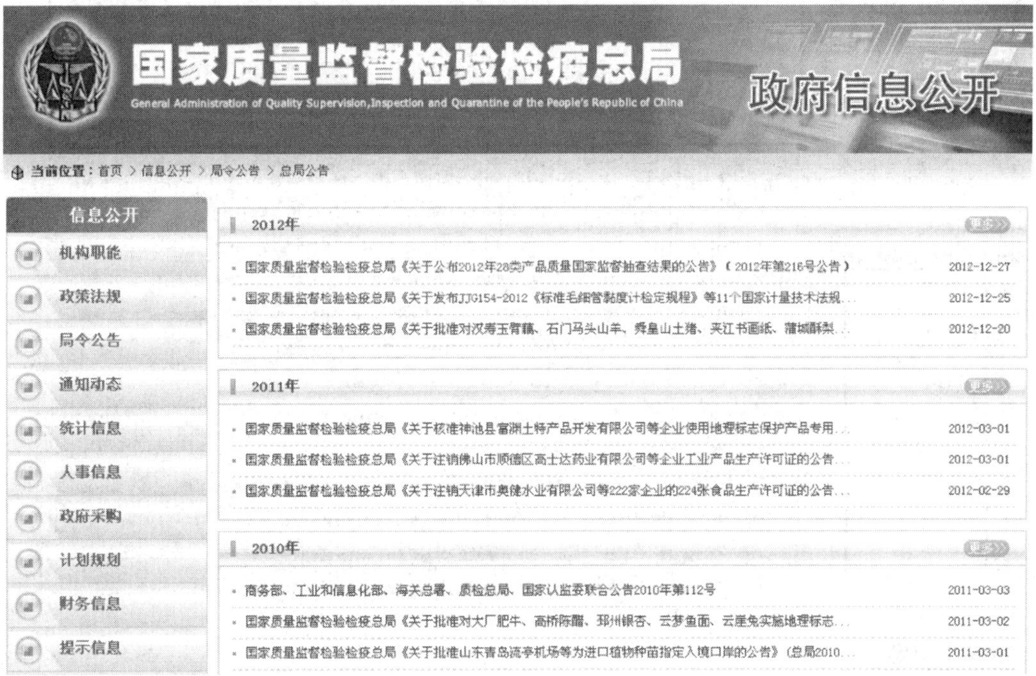

在总局网站上还可以实现对发布文件的检索功能，具体检索途径如下：

（1）在“信息公开”界面上，左上部有“政府信息公开目录”链接。点击此链接，即可进入界面。

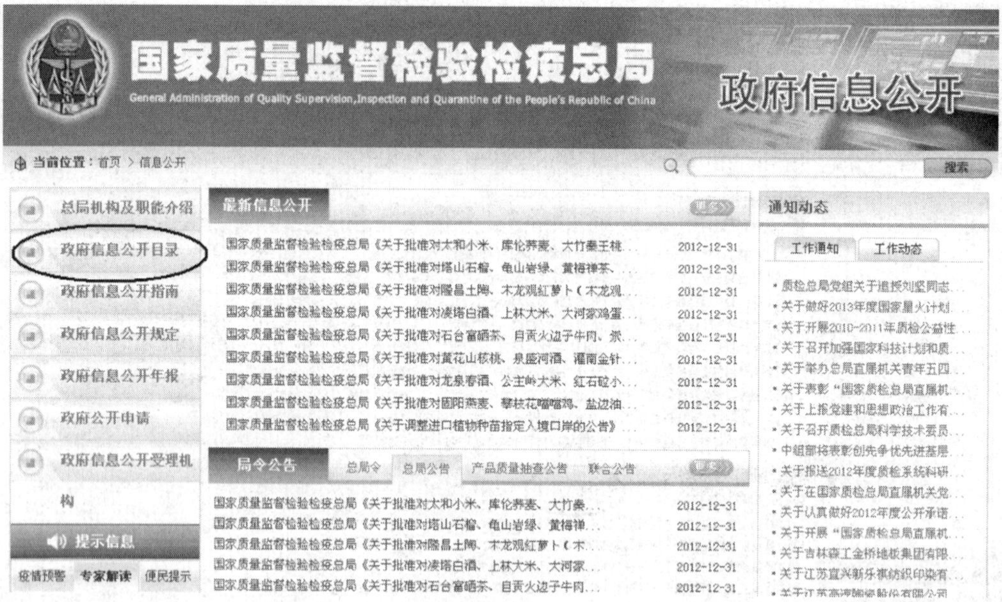

(2)进入界面后，左侧有列信息公开的主题分类，如政策法规、总局令、总局公告、产品质量抽查公告以及统计信息等。界面上方检索区可选择检索方式，如全文检索或根据标题、索引号、发布机构、公开日期等信息进行检索，可实现信息的快速查询。

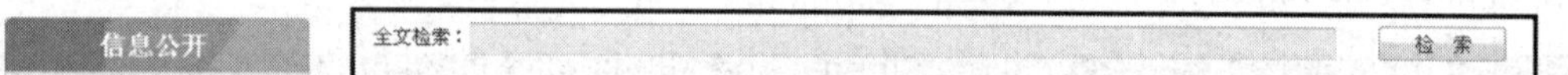

相关学习链接

国家质量监督检验检疫总局信息公开网 http://www.aqsiq.gov.cn/xxgk_13386/

想一想

利用总局本章中学习的查询方法，查询整理有关于奶制品的法律法规、规章和规范性文件。

学习单元5　学习中华人民共和国国家卫生和计划生育委员会及其颁布文件

任务一　学习中华人民共和国国家卫生和计划生育委员会在食品监管中的职责和权限

◆ 任务目标

- 掌握卫计委职责和权限。

◆ 案例导入

小王所在乳品厂，风味发酵乳中生乳比例为79%，被所在区食品药品监督管理局处罚。

案例分析

请问原因是什么？（提示：查询发酵乳国家标准）

◆ 学习活动方案

学习活动1　学习中华人民共和国国家卫生和计划生育委员会的机构概况

根据第十二届全国人民代表大会第一次会议审议批准的《国务院机构改革和职能转变方案》和《国务院关于机构设置的通知》（国发[2013] 14号），将原国家卫生部和国家人口和计划生育委员会整合，设立中华人民共和国国家卫生和计划生育委员会（以下简称国家卫生计生委），为国务院组成部门。

一、主要职责

(1)负责起草卫生和计划生育、中医药事业发展的法律法规草案，拟订政策规划，制定部门规章、标准和技术规范。负责协调推进医药卫生体制改革和医疗保障，统筹规划卫生和计划生育服务资源配置，指导区域卫生和计划生育规划的编制和实施。

(2)负责制定疾病预防控制规划、国家免疫规划、严重危害人民健康的公共卫生问题的干预措施并组织落实，制定检疫传染病和监测传染病目录、卫生应急和紧急医学救援预案、突发公共卫生事件监测和风险评估计划，组织和指导突发公共卫生事件预防控制和各类突发公共事件的医疗卫生救援，发布法定报告传染病疫情信息、突发公共卫生事件应急处置信息。

(3)负责制定职责范围内的职业卫生、放射卫生、环境卫生、学校卫生、公共场所卫生、饮用水卫生管理规范、标准和政策措施,组织开展相关监测、调查、评估和监督,负责传染病防治监督。组织开展食品安全风险监测、评估,依法制定并公布食品安全标准,负责食品、食品添加剂及相关产品新原料、新品种的安全性审查。

(4)负责组织拟订并实施基层卫生和计划生育服务、妇幼卫生发展规划和政策措施,指导全国基层卫生和计划生育、妇幼卫生服务体系建设,推进基本公共卫生和计划生育服务均等化,完善基层运行新机制和乡村医生管理制度。

(5)负责制定医疗机构和医疗服务全行业管理办法并监督实施。制定医疗机构及其医疗服务、医疗技术、医疗质量、医疗安全以及采供血机构管理的规范、标准并组织实施,会同有关部门制定和实施卫生专业技术人员准入、资格标准,制定和实施卫生专业技术人员执业规则和服务规范,建立医疗服务评价和监督管理体系。

(6)负责组织推进公立医院改革,建立公益性为导向的绩效考核和评价运行机制,建设和谐医患关系,提出医疗服务和药品价格政策的建议。

(7)负责组织制定国家药物政策和国家基本药物制度,组织制定国家基本药物目录,拟订国家基本药物采购、配送、使用的管理制度,会同有关部门提出国家基本药物目录内药品生产的鼓励扶持政策建议,提出国家基本药物价格政策的建议,参与制定药品法典。

(8)负责完善生育政策,组织实施促进出生人口性别平衡的政策措施,组织监测计划生育发展动态,提出发布计划生育安全预警预报信息建议。制定计划生育技术服务管理制度并监督实施。制定优生优育和提高出生人口素质的政策措施并组织实施,推动实施计划生育生殖健康促进计划,降低出生缺陷人口数量。

(9)组织建立计划生育利益导向、计划生育特殊困难家庭扶助和促进计划生育家庭发展等机制。负责协调推进有关部门、群众团体履行计划生育工作相关职责,建立与经济社会发展政策的衔接机制,提出稳定低生育水平政策措施。

(10)制定流动人口计划生育服务管理制度并组织落实,推动建立流动人口卫生和计划生育信息共享和公共服务工作机制。

(11)组织拟订国家卫生和计划生育人才发展规划,指导卫生和计划生育人才队伍建设。加强全科医生等急需紧缺专业人才培养,建立完善住院医师和专科医师规范化培训制度并指导实施。

(12)组织拟订卫生和计划生育科技发展规划,组织实施卫生和计划生育相关科研项目。参与制定医学教育发展规划,协同指导院校医学教育和计划生育教育,组织实施毕业后医学教育和继续医学教育。

(13)指导地方卫生和计划生育工作,完善综合监督执法体系,规范执法行为,监督检查法律法规和政策措施的落实,组织查处重大违法行为。监督落实计划生育一票否决制。

(14)负责卫生和计划生育宣传、健康教育、健康促进和信息化建设等工作,依法组织实施统计调查,参与国家人口基础信息库建设。组织指导国际交流合作与援外工作,开展与港澳台的交流与合作。

(15)指导制定中医药中长期发展规划,并纳入卫生和计划生育事业发展总体规划和战略目标。

(16)负责中央保健对象的医疗保健工作,负责中央部门有关干部医疗管理工作,负责国家重要会议与重大活动的医疗卫生保障工作。

(17)承担全国爱国卫生运动委员会、国务院深化医药卫生体制改革领导小组和国务院防治艾滋病工作委员会的日常工作。

(18)承办国务院交办的其他事项。

二、内设机构

根据上述职责，国家卫生计生委设21个内设机构。

1.办公厅

负责文电、会务、机要、档案、督查等机关日常运转工作，承担重大问题调研、重要文稿起草、政务公开、安全保密和信访等工作。

2.人事司

拟订卫生和计划生育人才发展政策，承担机关和直属单位的人事管理、机构编制和队伍建设等工作，拟订各类卫生专业技术人员资格标准并组织实施，组织指导卫生和计划生育管理干部岗位培训工作。

3.规划与信息司

拟订卫生和计划生育事业中长期发展规划，承担统筹规划与协调优化全国卫生和计划生育服务资源配置工作，指导区域卫生和计划生育规划的编制和实施，指导卫生和计划生育公共服务体系建设，拟订大型医用装备配置管理办法和标准并组织实施，承担卫生和计划生育的信息化建设和统计工作，参与国家人口基础信息库建设工作。

4.财务司

承担机关和预算管理单位预决算、财务、资产管理和内部审计工作，拟订药品和医疗器械采购相关规范，提出医疗服务和药品价格政策的建议，指导和监督社会抚养费管理。

5.法制司

拟订卫生和计划生育政策和标准，组织起草法律法规草案和规章，承担规范性文件的合法性审核工作，承担行政复议、行政应诉等工作。

6.体制改革司(国务院深化医药卫生体制改革领导小组办公室)

承办国务院深化医药卫生体制改革领导小组及其办公室的具体工作，研究提出深化医药卫生体制改革重大方针、政策、措施的建议，督促落实领导小组会议议定事项。承担组织推进公立医院改革工作。

7.卫生应急办公室(突发公共卫生事件应急指挥中心)

拟订卫生应急和紧急医学救援政策、制度、规划、预案和规范措施，指导全国卫生应急体系和能力建设，指导、协调突发公共卫生事件的预防准备、监测预警、处置救援、总结评估等工作，协调指导突发公共卫生事件和其他突发事件预防控制和紧急医学救援工作，组织实施对突发急性传染病防控和应急措施，对重大灾害、恐怖、中毒事件及核事故、辐射事故等组织实施紧急医学救援，发布突发公共卫生事件应急处置信息。

8.疾病预防控制局(全国爱国卫生运动委员会办公室)

拟订全国重大疾病防治规划、国家免疫规划、严重危害人民健康的公共卫生问题的干预措施并组织实施，完善疾病预防控制体系，防止和控制疾病发生和疫情蔓延，承担发布法定报告传染病疫情信息工作。承办全国爱国卫生运动委员会、国务院防治艾滋病工作委员会的具体工作。

9. 医政医管局

拟订医疗机构、医疗技术应用、医疗质量、医疗安全、医疗服务、采供血机构管理等有关政策规范、标准并组织实施，拟订医务人员执业标准和服务规范，拟订医疗机构和医疗服务全行业管理办法并监督实施，指导医院药事、临床实验室管理等工作，参与药品、医疗器械临床试验管理工作。监督指导全国医疗机构评审评价，拟订公立医院运行监管、绩效评价和考核制度。

10. 基层卫生司

拟订农村卫生和社区卫生政策、规划、规范并组织实施，指导全国基层卫生服务体系建设和乡村医生相关管理工作，监督指导基层卫生政策的落实。

11. 妇幼健康服务司

拟订妇幼卫生和计划生育技术服务政策、规划、技术标准和规范，推进妇幼卫生和计划生育技术服务体系建设，指导妇幼卫生、出生缺陷防治、人类辅助生殖技术管理和计划生育技术服务工作，依法规范计划生育药具管理工作。

12. 食品安全标准与监测评估司

组织拟订食品安全标准，组织开展食品安全风险监测、评估和交流，承担新食品原料、食品添加剂新品种、食品相关产品新品种的安全性审查，参与拟订食品安全检验机构资质认定的条件和检验规范。

13. 综合监督局

承担公共卫生、医疗卫生、计划生育综合监督，按照职责分工承担职业卫生、放射卫生、环境卫生、学校卫生和计划生育的监督管理，组织开展公共场所、饮用水安全、传染病防治监督检查，整顿和规范医疗服务市场，组织查处违法行为，督办重大医疗卫生违法案件，指导规范综合监督执法行为。

14. 药物政策与基本药物制度司

组织拟订国家药物政策，完善国家基本药物制度，组织拟订国家基本药物目录以及国家基本药物采购、配送、使用的管理措施，提出国家基本药物目录内药品生产的鼓励扶持政策和国家基本药物价格政策的建议，参与拟订药品法典。

15. 计划生育基层指导司

指导和督促基层加强计划生育基础管理和服务工作，完善计划生育政策并组织实施，推进基层计划生育工作网络建设，指导地方实施计划生育一票否决制。

16. 计划生育家庭发展司

研究提出促进计划生育家庭发展的政策建议，建立和完善计划生育利益导向机制及特殊困难家庭扶助制度，拟订计划生育奖励扶助政策，承担出生人口性别比综合治理工作。

17. 流动人口计划生育服务管理司

拟订流动人口计划生育服务管理工作规划、政策，指导地方建立流动人口卫生和计划生育信息共享和公共服务工作机制。

18. 宣传司

拟订卫生和计划生育宣传、公众健康教育、健康促进的目标、规划、政策和规范，承担卫生和计划生育科学普及、新闻和信息发布。

19.科技教育司

拟订卫生和计划生育科技发展规划及相关政策，组织实施相关科研项目、新技术评估管理、科研基地建设，负责实验室生物安全监督。组织实施毕业后医学教育和继续医学教育，参与拟订医学教育发展规划，协同指导医学院校教育，建立住院医师规范化培训制度和专科医师培训制度。

20.国际合作司(港澳台办公室)

组织指导卫生和计划生育工作领域的国际交流与合作、对外宣传、援外工作，开展与港澳台地区的交流与合作。

21.保健局

负责中央保健对象的医疗保健工作、中央部门有关干部医疗管理工作，以及国家重要会议与重大活动的医疗卫生保障工作。

机关党委负责机关和在京直属单位的党群工作。

离退休干部局负责机关离退休干部工作，指导直属单位的离退休干部工作。

学习活动2 中华人民共和国国家卫生和计划生育委员会在食品安全监管中的职责与权限

一、我国食品安全监管体制的历史演变

第一阶段:2003年以前，以原卫生部门为主监管

第一时期:20世纪50～60年代

1953年政务院批准建立各级卫生防疫站，各级卫生行政部门在防疫站内设立食品卫生监督机构，负责食品卫生监督管理工作。

1953年原卫生部颁布《清凉饮食物管理暂行办法》。

1964年国务院转发了原卫生部、商业部等五部委制定的《食品卫生管理试行条例》。

第二时期:20世纪70～80年代

1978年国务院批准由原卫生部牵头，会同其他有关部门组成“全国食品卫生领导小组”。

1979年国务院正式颁发《中华人民共和国食品卫生管理条例》。

1982年第五届全国人大常委会第25次会议审议通过《中华人民共和国食品卫生法(试行)》。

第三时期:20世纪90年代至2003年

1993年国务院机构改革撤销了轻工部，食品企业在体制上正式与轻工业主管部门分离，食品生产经营方式发生了较大变化。

1995年第八届人大常委会第16次会议审议通过了《中华人民共和国食品卫生法》。

《食品卫生法》确定了原卫生部门食品卫生执法主体地位，废除了原有政企合一体制下主管部门的管理职权，明确规定国家实行食品卫生监督制度。

第二阶段:2003年以后，分段监管与综合协调相结合

第一时期:2003—2008年，由原食品药品监管局负责综合协调

2003年，国务院机构改革在原国家药品监督管理局基础上组建了国家食品药品监督管理

局(图 5-1)。

2004 年 9 月,国务院印发《关于进一步加强食品安全工作的决定》(国发[2004] 23 号),启动修订《食品卫生法》。

2004 年 12 月中央编办印发《关于进一步明确食品安全部门职责分工有关问题的通知》(中央编办发[2004] 35 号)。

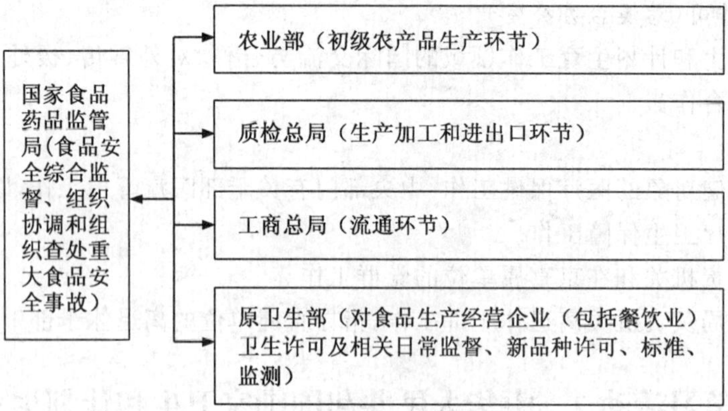

图 5-1　国家食品药品监管局各部门职责

第二时期:2008—2010 年,由原卫生部负责综合协调

2008 年,国务院机构改革将食品安全综合协调和组织查处重大食品安全事故职责由国家食品药品监管局划入原卫生部,并将该局调整为原卫生部管理的国家局,具体见图 5-2。

2009 年 2 月,《食品安全法》发布,从法律上明确了分段监管和综合协调相结合的体制,并规定国务院成立食品安全委员会作为高层次议事协调机构。

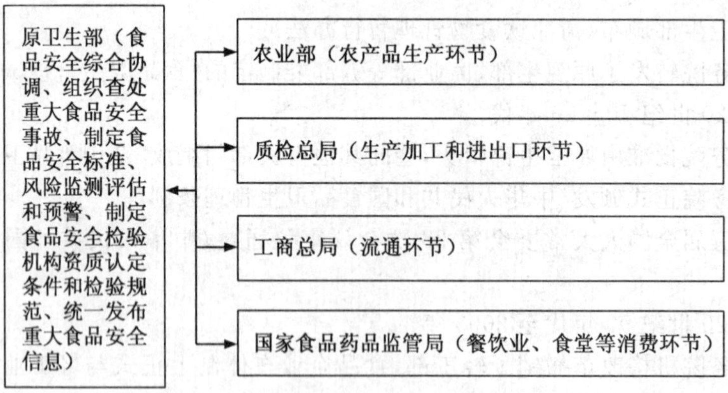

图 5-2　原卫生部各部门职责

第三时期:2010—2011 年,食品安全办承办国务院食品安全委员会交办的综合协调任务

2010 年 2 月 6 日,国务院印发《关于设立国务院食品安全委员会的通知》(国发[2010] 6 号)。

2010 年 12 月 6 日,中央编办印发《关于国务院食品安全委员会办公室机构设置的通知》

（中央编办发[2010] 202 号）。

食安委定位为国务院食品安全的高层次议事协调机构，有 19 个部门参加。主要职责为，分析食品安全形势，研究部署、统筹指导食品安全工作，提出食品安全监管的重大政策措施，督促落实食品安全监管责任，具体见图 5-3 和表 5-1。

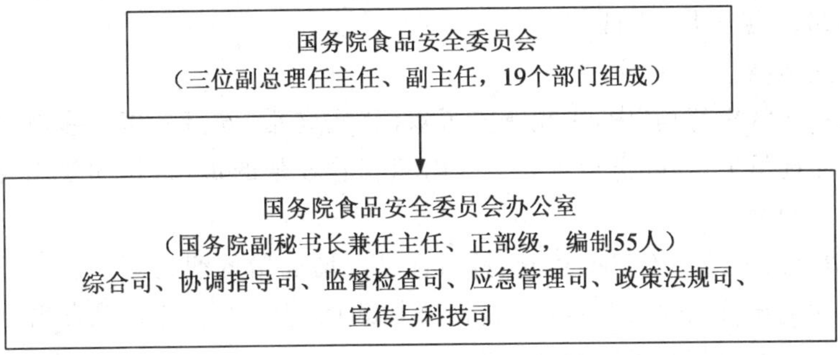

图 5-3 国务院食品安全委员会框架图

表 5-1 食品安全委员会成员单位

中央宣传部	商务部
中央政法委	卫生部
发展改革委	海关总署
科技部	工商总局
工业和信息化部	质检总局
公安部	法制办
监察部	新闻办
财政部	粮食局
环境保护部	食品药品监管局
农业部	

第四时期：从 2011 年 12 月至 2013 年 3 月，将综合协调、牵头组织食品安全重大事故调查、统一发布重大食品安全信息职责划入国务院食品安全办。

2011 年 11 月 9 日，中央编办印发《关于国务院食品安全委员会办公室机构编制和职责调整有关问题的批复》（中央编办复字[2011] 216 号）决定将原卫生部的综合协调、牵头组织食品安全重大事故调查、统一发布重大食品安全信息职责划入国务院食品安全办。

三项职能划归食安委后，原卫生部保留三项职能，食品安全标准的制定、食品安全风险检测评估、对检验机构资质条件的认定。原卫生部承担的各项食品安全职责是食品安全的基础性工作，是食品安全监管的重要技术依据。

第五时期：从 2013 年 3 月至今，食品药品监督管理的具体工作由新组建的国家食品药品监督管理总局来施行。

2013 年 3 月，中国“两会”召开，新一届政府将原国家卫生部和国家人口和计划生育委员会整合，设立中华人民共和国国家卫生和计划生育委员会，保留了国务院食品安全委员会，食品药品监督管理的具体工作则由新组建的国家食品药品监督管理总局（同时加挂国务院食品安全委员会办公室的牌子）来施行。国家卫生和计划生育委员会负责食品安全风险监测、评估和食品安全标准制定，参与制定食品安全检验机构资质认定的条件和检验规范，负责食品、食品添加剂及相关产品新原料、新品种的安全性审查。

这样的机构改革将分散的食品安全监管职能进行了整合，从而使食品安全监管的权力更加集中，监管力度更加强化。

二、当前我国食品安全监管体制的现状

(一)2011—2013年两年我国发生的几例食品安全相关事件

1. 双汇瘦肉精事件

曝光时间:2011年3月15日

罪魁祸首:瘦肉精

2011年"3·15特别行动"中,央视曝光了双汇"瘦肉精"养猪一事。瘦肉精可以增加动物的瘦肉量,使肉品提早上市、降低成本。但瘦肉精有着较强的毒性,长期使用有可能导致染色体畸变,诱发恶性肿瘤。

添加瘦肉精喂出来的猪不仅颜色光亮,而且可以增加猪的瘦肉率,现在人们都关注身材,不吃肥腻的肉,这也导致饮食习惯吃瘦肉,而添加瘦肉精的猪肉正好符合当今人们的饮食习惯,瘦肉精事件一出大家都在徘徊这肉还吃不吃?

2. 染色馒头事件

曝光时间:2011年4月11日

罪魁祸首:防腐剂,甜蜜素

2011年4月11日,央视"消费主张"曝光上海华联等超市多年销售"染色馒头"其生产日期随便改,防腐剂、甜蜜素齐上阵,采访中,一生产馒头的工人称"这些馒头打死我都不会吃"。不禁令消费者咋舌。

3. 多地曝用牛肉膏让猪肉变牛肉多吃致癌

曝光时间:2011年4月13日

罪魁祸首:牛肉膏

2011年4月,合肥、南京等多地的一些熟食店、面馆为牟利而用牛肉膏将猪肉变牛肉。专家指出,食品添加剂在一定安全剂量内食用,并无危害,但若违规超量和长期食用,则对人体有危害,甚至可能致癌。近期在安徽查获一种名为"牛肉膏"的添加剂,经过腌制,可让猪肉在90分钟内迅速变身"牛肉",猪肉冒充牛肉,可以节省大量成本,而食用者在外观上也几乎分辨不出来,业内人士透露,这早已不是什么秘密了,在冷冻食品以及烧烤类食品中,这种牛肉膏早就是造假的手段之一,据悉,牛肉膏中含有的各种氨基酸、I+G、味精、水解蛋白等。其实是复合添加剂,是食用香精的一种,用量应有限制,吃多了则可能致癌。

4. 毒豆芽事件

曝光时间:2011年4月17日

罪魁祸首:各种添加剂

毒豆芽是一种对人体有害的豆芽,它外表看似新鲜,但是至少含4种违法添加剂,尿素超标27倍。2011年4月17日,沈阳有关部门端掉一黑豆芽加工点,老板称这种豆芽"旺季每天可售出2 000斤"。沈阳市农委法规处工作人员介绍:"生产豆芽过程中是不允许使用任何添加剂的。而该黑加工点使用了至少4种添加剂,其中尿素严重超标,恩诺沙星是一种兽用药,6-苄氨基腺嘌呤是一种激素。加入尿素和6-苄氨基腺嘌呤可使豆芽长得又粗又长,而且可以缩短生产周期,增加黄豆的发芽率。但是人食入后,会在体内产生亚硝酸盐,长期食用可致癌。"

5. 塑化剂事件

曝光时间:2011 年 4 月

罪魁祸首:塑化剂

2011 年 4 月,台湾岛内卫生部门例行抽验食品时,在一款“净元益生菌”粉末中发现,里面含有 DEHP,浓度高达 600 ppm(百万分之一)。追查发现,DEHP 来自昱伸香料公司所供应的起云剂内。此次污染事件规模之大为历年罕见,在台湾引起轩然大波。连日来,台湾岛内多家媒体均对此事进行报道,相关机构仍在持续追查相关食品业者。台湾日前出现在食品添加物起云剂中加入有害健康的塑化剂“邻苯二甲酸(2-乙基己基)酯”(DEHP)事件。截至 6 月 6 日,受事件牵连的厂商已经达到 278 家,可能受污染产品为 938 项。截至 6 月 12 日,内地 4 家企业 8 个样品中检出塑化剂类物质,其余样品未检出。另外,抽检的 140 多份方便面样品,未发现人为添加塑化剂的情况。

6. 速冻水饺被曝细菌超标

曝光时间:2011 年 10 月

罪魁祸首:金黄色葡萄球菌

截至 2011 年 11 月中旬,思念、三全、湾仔码头,国内速冻食品三大品牌均陷入“细菌门”。

据了解,金黄色葡萄球菌属于高致病菌,人体感染后可引起局部化脓,也可引起肺炎、伪膜性肠炎、心包炎等,甚至败血症、脓毒症等全身感染。按照我国现行食品安全相关规定,金黄色葡萄球菌在食品安全检查中为不得检出物质。需加热 30 分钟才可杀灭。

7. 天津王顶堤水产批发市场“注胶虾事件”

曝光时间:2012 年 2 月 16 日

罪魁祸首:胶

冷冻虾解冻后会变得瘦小干瘪,分量也会减轻。所以现在比较流行的做法就是往虾头、虾的腹部注射明胶。这样既能增加虾的重量,还可以避免虾头出现凹陷、塌瘪等现象。

目前胶的种类比较多,有硅胶类的、琼脂类的、明胶类的,还分工业用的和食用的。若是添加工业用胶,就可能含有重金属和致癌物。

8. “立顿”茶叶事件

曝光时间:2012 年 3 月

罪魁祸首:17 种残余农药超标

国际环保组织绿色和平于 2012 年 3 月在北京随机购买了四份“立顿”牌袋泡茶,品种分别为红茶、绿茶、茉莉花茶和铁观音。具有国家资质的、独立的第三方实验室进行农药残留检测。检测结果显示:“立顿”绿茶、茉莉花茶和铁观音样本均含有农业部明令禁止在茶树上使用的高毒农药灭多威。此外,“立顿”铁观音被发现含有早在 2002 年农业部就禁止使用在茶树上的三氯杀螨醇,而“立顿”绿茶则含有国家规定不得在茶树上使用的硫丹。

9. 云南绿 A、汤臣倍健、清华紫光等保健食品企业“螺旋藻铅超标事件”

曝光时间:2012 年 3 月 28 日

罪魁祸首:铅超标

铅超标危害:铅中毒对机体的影响是多器官、多系统、全身性的,临床表现复杂,且缺乏特异性。神经系统最易受铅的损害。铅可以使形象化智力、视觉运动功能、记忆、反应时间受损、语言和空间抽象能力、感觉和行为功能改变,出现疲劳、失眠、烦躁、头痛及多动等症状。铅可以抑制血红素的合成与铁、锌、钙等元素拮抗，诱发贫血，并随铅中毒程度加重而加重。铅中毒时，能导致细胞内钙离子的过量聚集，使血管平滑肌的紧张性和张力增加引起高血压与心律失常。长期接触可致儿童及成人慢性肾炎，由于肾脏代偿功能大，因此对铅的肾脏毒性作用常估计不足，铅使肾脏清除作用降低，进而加重铅在肾脏及其他组织中潴留。铅能结合抗体，饮水中铅含量增加使循环抗体降低。铅可作用于淋巴细胞，使补体滴度下降，使机体对内毒素的易感性增加，抵抗力降低，常引起呼吸道、肠道反复感染。铅可抑制维生素 D 活化酶、肾上腺皮质激素与生长激素的分泌，导致儿童体格发育障碍。血铅水平每上升 100 μg/L，其身高少 1～3 cm。

10. 香港雅培的“喜康宝”事件

曝光时间：2012 年 3 月 22 日

罪魁祸首：配方奶粉中乳清蛋白与酪蛋白的最低比例低于 6∶4

中国的新国标要求婴幼儿配方奶粉中乳清蛋白与酪蛋白的最低比例不能低于 6∶4，而雅培的喜康宝一段完全没有达到这个标准，相差甚远。新生婴儿食用过多的酪蛋白被证实会导致肠道出血，营养不良，腹泻，及对肾脏功能造成很大的压力。

11. 浙江“地沟油”

曝光时间：2012 年 4 月初

罪魁祸首：变质的动物内脏

这种以变质的动物内脏提炼的地沟油，居然被查扣出的就有 3 200 余吨，摧毁 13 处黑窝点。“地沟油”通常会再勾兑一些新油之后流入食品、餐饮行业。据实验测定，长期摄入“地沟油”将会对人体造成伤害，如发育障碍、易患肠炎，并有肝、心和肾肿大以及脂肪肝等病变。此外，“地沟油”受污染产生的黄曲霉毒性不仅易使人发生肝癌，也有可能引发其他部位癌变，如胃腺、肾、直肠及乳腺、卵巢、小肠等部位癌变。

12. 浙江“皮鞋酸奶果冻”

曝光时间：2012 年 4 月初

罪魁祸首：皮革废料

用皮革废料制作的工业明胶，作为食用明胶加入酸奶和果冻中。中国农业大学教授陈敏称，制革厂在鞣制皮革时，要使用一些含有金属元素铬的化学制剂。鞣制、整理后才舍弃一些碎皮，这些碎皮就含有对人体有害的金属铬。金属铬会破坏人体骨骼以及造血干细胞，长期食用会导致骨质疏松，严重的会患上癌症。铬对人体健康的这种危害是一个缓慢的过程，一般在 2 年以上才会显现出来。

13. 杭州毒蜜饯

曝光时间：2012 年 4 月 24 日

罪魁祸首：食品添加剂

央视二台《消费主张》记者调查显示：“有毒蜜饯”添加剂超标 3 倍多，过量食用将会致癌。甜蜜素为白色结晶或结晶性粉末，无臭、味甜，研究表明甜蜜素在生物体内可转化为毒性强的环己基氨，有致癌性。二氧化硫用作漂白剂、防腐剂、抗氧化剂，二氧化硫可与血中硫胺素结合，长期可致脑、肝、脾等退行性病变。苋菜红为红棕色至暗红色粉末或颗粒，它在胃肠道还原物为亚胺类致癌物。柠檬黄为橙黄色粉末或颗粒，其主要问题是致敏性，过敏症状包括风疹、哮喘和血管浮肿等。

北京大学公共卫生学院教授、博士生导师李可基分析称："日落黄、苋菜红等色素，如超量、超范围长期食用存在隐患，可能会对肝脏肾脏增加负担，对敏感的人存在一些危害"、"甜蜜素是代替糖，过量也可以引起健康隐患，目前在美国不许用，糖精在非常大的使用量的情况下曾经观察到，在动物身上引起睾丸癌等变化，日常使用量范围内担心可以免除。"

二氧化硫主要用于漂白剂，它容易引起食物造假，把本来劣质的食物经过漂白，变成好的食物；二氧化硫可能会对人的呼吸道、口腔有些刺激作用。

14. 酒鬼酒深陷"塑化门"

曝光时间：2012 年 11 月

罪魁祸首：塑化剂

2012 年 11 月，号称天下第一酒的酒鬼酒被媒体曝出，其产品检测出塑化剂，超标高达 247%，毒性为三聚氰胺的 20 倍，这无疑为白酒行业埋下重大隐患。不仅如此，此事还令整个白酒行业陷入了危机，行业龙头茅台酒目前也陷在塑化剂检测的泥潭里。

15. 抽检炒瓜子均含铝，大量吸收将损害大脑

曝光时间：2013 年 2 月

罪魁祸首：明矾

苏州的检测人员对来自超市、食品店的 7 种散装瓜子、本地及外地产西瓜籽、葵花籽等逐一检测，结果 7 个批次瓜子中均检出了铝含量，铝含量偏高。

中国农业大学食品学院营养与食品安全系副教授范志红表示，铝含量偏高显示添加明矾，口感是好了，随之而来的是健康风险——明矾中的铝被人体大量吸收后很难排出，会损害大脑及神经细胞，导致记忆力衰退，严重的还会引起痴呆等症状。

16. 广州大米抽检四成镉超标

曝光时间：2013 年 5 月

罪魁祸首：镉

广州对餐饮环节食品抽检，四成五的大米和米制品被检出镉超标。广州市食品药品监管局发布 2013 年第一季度餐饮环节食品及相关产品检测结果，总体合格率为 92.92%，其中米及米制品的合格率最低，仅为 55.56%，不合格项目即是"镉"。但不便透露被检出镉超标大米的品牌，此举立即引发质疑。

镉污染对人类造成危害，最早在日本被发现。中毒者全身骨质疏松严重，极易骨折，情况最严重者，身上曾同时出现 100 多处骨折。

17. 鲜红枸杞系硫黄熏制，长期服用可致肝脏受损

曝光时间：2013 年 8 月

罪魁祸首：二氧化硫

有媒体在节目中针对枸杞做了一番调查，采访人员分别在药店、土特产铺、食品公司以及多个药材交易摊点上购买了枸杞。经过检验中心检测以后发现，药房购买的枸杞硫黄含量在规定范围内，而药材交易中心的枸杞基本都有不同程度的超标，而从一男子手中购买的枸杞，二氧化硫含量更是超标约 100 倍。

枸杞用硫黄熏制以后不但能够防虫，延长保质期，还能够提亮药材外观，使其看上去"卖相"更好。二氧化硫残留过量以后将会损伤人体内黏膜，并且破坏人体的肝肾功能。

(二)我国食品安全领域现状

食品安全(food safety)是指食品无毒、无害,符合应当有的营养要求,对人体健康不造成任何急性、亚急性或者慢性危害。俗话说"民以食为天,食以安为先",而近年来层出不穷的食品安全问题,真让老百姓担心起这片"天"。近年来从"瘦肉精"到"染色馒头",从"毒豆芽"到"地沟油"等,已经极大地影响了公众对于食品安全的信心,这种现状主要集中体现在以下三个方面:

其一,食品安全事件频发,严重损害社会公共利益。日常生活中,每个人都是消费者,都无法摆脱食品安全问题的阴影。坊间流传着这么一种说法:生产加工那类食品的人绝对不吃某类食品。层出不穷的食品安全事件,严重降低了人们对食品安全的信任,对于外出就餐,甚至是家庭餐桌都存在着不信任感。食品安全本应是食品生产加工领域最低限度的保证,但是事实正好相反,食品生产加工行业难以保证最基本的食品安全,直接损害了社会公共利益。

其二,食品加工行业危机四伏,形成企业乃至行业株连的情形。近几年的食品安全问题一旦曝光,不仅危及出问题的企业自身,还直接危及整个行业。食品安全问题一经查出,往往并非是一个企业的违规操作,而几乎是该行业所有企业都在刀尖上起舞,并且集体讳莫如深。近几年的食品安全问题已经变成了十分敏感的问题,只要曝光一例,必然产生波及效应,严重地影响整个行业。所造成的直接恶果是伤害消费信心,消费者陷入了整体失望,觉得只要涉及食品安全领域,什么都无法信任,也不值得信任。食品安全领域的问题似乎已经达到一发不可收拾的地步,很难让消费者去相信无良企业家,而且并非只是少数人缺乏最基本的良知,而是几乎整个行业的人,无人去找回自己的良知。

其三,食品安全监管体制不完善。食品安全的监管应当是一种全方位、多角度的监管,既包括事前的监管,也包括事后的监管。但是我国目前的食品监管却体现出一种强烈的无力感,往往是食品安全事件曝光后,才会溯及食品监管的追责。不论是事前的防范还是事后的追责,都暴露出我国食品安全监管体制的诸多不足。食品安全领域中政府监管无力及缺位现象直接引发了食品安全领域诸多问题的发生,且一旦查出便是整个行业的大问题,加剧了人们对于食品安全的不信任感。

(三)当前我国食品安全监管体制的现状

根据食品安全法规定,当前我国的食品安全监管实行部门分段监管和综合协调相结合的体制。

(1)在国务院层面,实行国家食品药品监督管理总局指挥协调下的分段监管和综合协调相结合体制。

为加强食品药品监督管理,提高食品药品安全质量水平,将国务院食品安全委员会办公室的职责、国家食品药品监督管理局的职责、国家质量监督检验检疫总局的生产环节食品安全监督管理职责、国家工商行政管理总局的流通环节食品安全监督管理职责整合,组建国家食品药品监督管理总局。主要职责是,对生产、流通、消费环节的食品安全和药品的安全性、有效性实施统一监督管理等。将工商行政管理、质量技术监督部门相应的食品安全监督管理队伍和检验检测机构划转食品药品监督管理部门。

目前,在国家食品药品监督管理总局领导下,采取了部门会商、联合发文、应急集中办公、现场督办、邀请地方汇报等手段，建立了牵头组织协调、及时分析研判形势、提出工作思路和措施、由各部门依法依职责抓好落实的工作模式，形成了部门之间、中央与地方之间较为协调、顺畅的工作机制，从制度机制上防止推诿扯皮，形成监管合力。

(2)在地方政府层面，实行地方政府负总责下的部门分段监管和综合协调相结合体制。

县级以上地方人民政府依据食品安全法，统一负责、领导、组织、协调本行政区域的食品安全监督管理工作，建立健全食品安全全程监督管理的工作机制；统一领导、指挥食品安全突发事件应对工作；完善、落实食品安全监督管理责任制，对食品安全监督管理部门进行评议、考核；加强食品安全监督管理能力建设，为食品安全监督管理工作提供保障；建立健全食品安全监督管理部门的协调配合机制，整合、完善食品安全信息网络，实现食品安全信息共享和食品检验等技术资源的共享；依照食品安全法和国务院的规定确定本级卫生行政、农业行政、质检、工商行政管理、食品药品监督管理部门的食品安全监督管理职责。有关部门在各自职责范围内负责本行政区域的食品安全监督管理工作。上级人民政府所属部门在下级行政区域设置的机构应当在所在地人民政府的统一组织、协调下，依法做好食品安全监督管理工作。

学习活动3　食品安全风险监测与评估

一、食品安全风险监测

(一)食品安全风险监测的概念

根据《食品安全法》、《食品安全风险监测管理规定(试行)》规定，食品安全风险监测，是通过系统和持续地收集食源性疾病、食品污染以及食品中有害因素的监测数据及相关信息，并进行综合分析和及时通报的活动。食品安全风险监测制度是《食品安全法》确立的一项重要法律制度。《食品安全法》及其实施条例分别对食品安全风险监测制度的目的和要求做出了具体规定。《中华人民共和国食品安全法》第二章第十一条规定：国家建立食品安全风险监测制度，对食源性疾病、食品污染以及食品中的有害因素进行监测。

根据《食品安全法》和国务院“三定”规定，国家卫生计生委牵头组织开展国家食品安全风险监测工作，会同国务院有关部门制定和实施国家食品安全风险监测计划，省级卫生计生行政部门牵头在本辖区组织实施。《国务院关于加强食品安全工作的决定》和《国家食品安全监管体系“十二五”规划》提出要健全国家食品安全风险监测体系，要求到2015年末，我国食品安全风险监测覆盖全部县级行政区域，并逐步延伸到社区、乡村，覆盖从农田到餐桌全过程。

食品安全风险监测的主要目的不是针对某一个执法，而是为了掌握较为全面的食品安全状况，以便有针对性地对食品安全进行监管，并将监测与风险评估的结果作为制定食品安全标准、确定检查对象和检查频率的科学依据。食品安全风险监测是政府实施食品安全监督管理的重要手段，承担着为政府提供技术决策、技术服务和技术咨询的重要职能。

食品风险监测制度在美国、欧盟、日本等发达国家和地区已经实践多年，并被纳入到国家的财政预算。尽快建立与国际接轨的食品安全风险监测制度，能够有利于及早发现食品安全风险，积累食品安全管理经验，较好地起到防范食品安全事故的作用，为进一步的食品安全风险评估和食品安全标准的制定等提供科学依据和实践经验，对于提高我国的食品安全水平、保证食品安全、保障公众的生命健康权利能够发挥重大作用。

(二)食品安全风险监测的内容

依据《食品安全法》规定,国家建立食品安全风险监测制度,主要对以下三类内容进行监测。

1.食源性疾病

食源性疾病是指通过摄食而进入人体的有毒有害物质(包括生物性病原体)等致病因子所造成的疾病。一般可分为感染性和中毒性,包括常见的食物中毒、肠道传染病、人畜共患传染病、寄生虫病以及化学性有毒有害物质所引起的疾病。1984 年 WHO 将"食源性疾病"(food-borne diseases)一词作为正式的专业术语,以代替历史上使用的"食物中毒"一词,并将食源性疾病定义为"通过摄食方式进入人体内的各种致病因子引起的通常具有感染或中毒性质的一类疾病"。食源性疾病可以有不同的病原体,也可以有不同的病理和临床表现。但是,这类疾患有一个共同的特征,即致病因素通过食物消化进入人体,因此,每个人都存在着罹患食源性疾病的危险。食源性疾患的发病率居各类疾病总发病率的前列,是当前世界上最突出的食品安全和公共卫生问题。

食源性疾病监测分为常规监测和主动监测。常规监测主要由临床病例报告、实验室监测报告和暴发事件调查报告等 3 个互为联系又相对独立的监测系统组成;主动监测网络主要由实验室确诊病例调查、实验室基本情况调查、内科医生调查、人群调查和流行病学研究 5 大部分组成。除此之外,国际上食源性疾病监测系统包括病原菌监测网、病原菌耐药性监测网以及食源性疾病暴发事件监测在扩大和加强,如世界卫生组织沙门氏菌全球监测网(WHO-CSS)是对沙门氏菌及其耐药性以及沙门菌感染进行监测的全球性网络和数据库。目前多数发达国家建立了食源性疾病监测系统,但未能涵盖所有的食源性病原体,而多数发展中国家食源性疾病的监测系统尚未建立或有效运作。我国目前主要是常规监测报告系统,对散发病例一般不做深入调查,仅仅对暴发事件进行调查,所以对疾病的监测能力有限;2002 年初步建立了与国际接轨的食品污染物监测网和食源性疾病监测网,部分成果已成为制定国家食品安全控制措施或参与国际食品法典委员会的重要技术依据,随着食品污染物和食源性疾病监测网络的扩大和完善,对有潜在危害的化学污染物、食物病原菌以及一些添加剂的监测和危险性评估也取得显著进展。

2.食品污染

食品污染是指食品及其原料在生产和加工过程中,因农药、废水、污水各种食品添加剂及病虫害和家畜疫病所引起的污染,以及霉菌毒素引起的食品霉变,运输、包装材料中有毒物质和多氯联苯、苯并芘所造成的污染的总称。食品污染分为生物性、化学性及物理性污染三类。生物性污染是指有害的病毒、细菌、真菌以及寄生虫等对食品造成的污染;化学污染是由有害的化学物质对食品造成的污染。食品一旦受污染,就极有可能危害公众的身体健康和生命安全。

3.食品中的有害因素

食品中有害因素是指在食品生产、流通、餐饮服务等环节,除了食品污染以外的其他可能途径进入食品的有害因素,包括食品中自然存在的有害物、违法添加的非食用物质、超范围或者超限量使用的食物添加剂以及被作为食品添加剂使用的有害物质。食品中可能存在的有害因素按来源可分为 4 类:①食品污染物。在生产、加工、储存、运输、销售等过程中混入食品中的物质，生物性有害因素（如细菌、病毒等）和放射性核素一般也包括在内。②食品添加剂。③食品中天然存在的有害物质，如大豆中存在的蛋白酶抑制剂。④食品加工、保藏过程中产生的有害物质，如酿酒过程中产生的甲醇、杂醇油等有害成分。有害因素按性质可分为：①生物性因素，如微生物、寄生虫、昆虫。②化学性因素，如重金属、农药兽药等。③物理性因素，如放射性物质、异物（石头、木片等）。需要注意的是，食品中可能存在有害因素，但是其性质、作用各不相同，在食品中所允许的含量水平不同，进行食品安全风险监测的研究方法也大不相同。

（三）食品安全风险监测计划的制定

国家食品安全风险监测计划是由国家卫生计生委会同国务院质检总局、工商总局和国家食品药品监督管理总局以及国务院商务、工业和信息化等部门，根据食品安全风险评估、食品安全标准制定与修订、食品安全监督管理等工作的需要制定。省、自治区、直辖市人民政府卫生行政部门应当组织同级质检、工商行政管理、食品药品监督管理、商务、工业和信息化等部门，依照食品安全法的相关规定，制定本行政区的食品安全风险监测方案，报国家卫生计生委备案。国家卫生计生委应当将备案情况向国务院质检总局、工商总局和国家食品药品监督管理总局以及国务院商务、工业和信息化等部门通报。国家卫生计生委会同有关部门除依照《食品安全法》第 12 条的规定对国家食品安全监测计划做出调整外，必要时，还应当依据医疗机构报告的有关疾病信息调整国家食品安全风险监测计划。国家食品安全风险监测计划做出调整后，省、自治区、直辖市人民政府卫生行政部门应当结合本行政区域的具体情况，对本行政区域的食品安全风险监测方案做出相应调整。

需要注意，食品安全风险监测计划与食品安全监测方案是不同的，表现为以下两个方面。

第一，要从一般意义上认识到"计划"与"方案"的不同。虽然方案也属于计划系列，与计划在内容对象、目标效用等方面有一致性，但它毕竟不是计划，两者有着明显的区别。例如：①在内容对象上的区别。计划一般是针对以后一段时期、一定范围内的全面工作。方案则针对一定时期内某一项、某一方面的重要工作、重大活动。②在表达手法和表现形式上的区别。虽然计划和方案在写法上都比较灵活，可要点式，可条款式，但因其自身内容和功能的差异，计划毕竟以条款、表格式居多，且条款表述比较原则和模糊，而方案多数是条款、纲目式的，条文表述明确、具体而且详尽。③在数量上的区别。同一部门、同一单位的工作在一定时期只有一个计划。方案则可以根据需要和可能制定数个，这样才能有比较和选择的余地。④在效能特点上的区别。计划制定的是以后工作的目标、任务、方向、原则和措施办法，更重指导性。方案拟订的则是以后工作的蓝图和细则，更重可操作性。尽管两者可操作性都很强，但相比之下方案的可操作性一般比计划会更强一些。这样自然而然就能理解，食品安全风险监测计划和食品安全风险监测方案绝不仅仅是名字不同。

第二，要注意到食品安全风险监测计划和食品安全监测方案制定和实施的主体不同。国家食品安全风险监测计划是由国家卫生计生委会同国务院有关部门（如国务院质检总局、工商总局和国家食品药品监督管理总局以及国务院工业和信息化等部门）制定、实施，这是根据食品安全风险管理工作的需要制定。省、自治区、直辖市人民政府卫生行政部门政府根据国家食品安全风险监测计划，结合本行政区域的具体情况组织制定、实施本行政区域的食品安全监测方案。省、自治区、直辖市人民政府卫生行政部门应当将组织所在地同级质检、工商行政管理、食品药品监督管理以及商务和粮食等其他部门，依照《食品安全法》第十一条的规定，制定本行政区域的食品安全风险监测方案，并报国家卫生计生委备案。国家卫生计生委应当将备案情况向国务院质检总局、工商总局和国家食品药品监督管理总局以及国务院商务、工业和信息化等部门通报。

食品安全风险监测计划分为常规监测计划和临时监测计划。常规监测计划是指为掌握我国食品安全总体情况而进行的系统、持续的监测活动，一般以年度为一个监测时段。临时监测计划是指针对食源性疾病信息、食品安全热点问题和新发现的食品安全风险而制定和实施的食品安全风险监测计划。临时监测计划由国家卫生计生委负责制定及实施。食品安全风险监测计划包括监测目标、监测范围、工作要求、组织保障措施和考核等内容。另外，国家食品安全风险评估专家委员会在起草国家食品安全风险监测计划时，应该对需要列入监测范围的食源性疾病、食品污染物和食品中有害因素名单进行补充或修改。

为了保证监测计划的正常实施，监测计划的制定必须达到一定要求，具体如下：①承担监测任务和技术机构（包括采样机构、检验机构、结果汇总等）；②各监测机构所承担的具体监测内容（样品种类、来源、数量、检验项目）；③样品的封装、传递及保存条件；④采样方法、检验方法及依据；⑤结果汇总及报送机构；⑥监测完成时间及结果报送日期。

国家食品安全风险监测应遵循优先选择原则，兼顾覆盖的范围和年度重点，并优先考虑以下品种：①婴幼儿或者儿童食品；②容易反应食品安全状况的食品；③消费者关注的食品安全风险和热点问题；④使用范围广、消费量大的食品。食品安全风险监测应优先选择毒性作用和健康影响较大、风险较高以及污染水平呈上升趋势风险因素。

（四）监测计划的实施

食品安全风险监测工作由技术机构承担，技术机构由省级以上人民政府卫生行政部门及同级质检、工商行政管理、食品药品监督管理等部门共同确定。承担食品安全风险监测工作的技术机构应当根据食品安全监测计划和方案开展监测工作，保证监测数据真实、准确，并按照食品安全风险监测计划和监测方案的要求，及时将监测数据和分析结果报送省级以上人民政府卫生行政部门和下达监测任务的部门。食品安全风险监测工作人员可以进入相关食用农产品种植养殖、食品生产、食品流通或者餐饮服务场所采集样品、收集相关数据。如果需要采集样品，工作人员应按照市场价格支付一定的费用。工作人员采用的检测方法应经方法学研究确认可行，并遵循先进技术手段与成熟技术相结合的原则。另外，技术机构还应承担国家卫生计生委交付的食品安全隐患检查任务，及时报送结果，并根据检验结果向国家卫生计生委提出是否需要进行风险监测、评估、检验和管理的建议。

经技术机构监测，分析结果表明可能存在食品安全隐患的，省、自治区、直辖市人民政府卫生行政部门应当及时将相关信息通报本行政区域设区的市级和县级人民政府及其卫生行政部门。国家卫生计生委应当定期收集、汇总食品安全风险监测数据和分析结果，并向国务院质检总局、工商总局和国家食品药品监督管理总局以及国务院商务、工业和信息化等部门通报。

为了保证食品安全风险监测质量，国家卫生计生委或其委托的机构应制定监测质量控制方案并组织实施。质量控制方案的内容包括考核范围、考核项目、评价标准等。承担食品安全风险监测任务的技术机构也应当加强监测工作的管理，不断提高监测工作质量，对出具的检验结果负责。

二、食品安全风险评估

(一)食品安全风险评估的概念及内容

食品安全风险评估是指对食品、食品添加剂中生物性、化学性和物理性危害对人体健康可能造成的不良影响所进行的科学评估,包括危害识别、危害特征描述、暴露评估、风险特征描述四个明显不同的阶段(图5-4)。这四个部分是一个体系。没有识别危害以前,不可能进行危害特征的描述。

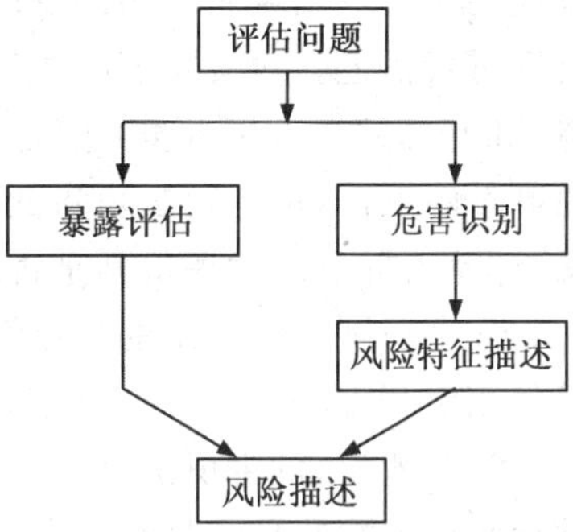

图 5-4　风险评估的过程图

危害是指食品中所含有的对健康有潜在不良影响的生物、化学、物理因素或食品存在状况。危害识别是指根据流行病学、动物试验、体外试验、结构-活性关系等科学数据和文献信息确定人体暴露于某种危害后是否会对健康造成不良影响、造成不良影响的可能性,以及可能处于风险之中的人群和范围。危害识别目的在于确定人体摄入某种化学物的潜在不良作用,这种不良作用产生的可能性,以及产生这种不良作用的确定性和不确定性。危害识别不是对暴露人群的危险性进行定量的外推,而是对暴露人群发生不良作用的可能性作定性的评价。由于往往是资料不足,因此,进行危害识别的最好方法是证据加权。此法需要对来源于适当的数据库、经同行专家评审的文献及诸如企业界未发表的研究报告的科学资料进行充分的评议。此方法对不同研究的重视程序如下顺序:流行病学研究、动物毒理学研究、体外试验以及最后的定量结构-反应关系。危害确定,主要是识别存在的危害物并确定其毒性,在可能时对危害物导致不良效果的固有性质进行鉴定,判定某种因素与一定的健康效应(如致癌、中毒等)是否存在因果联系。确定危害有两种方法,一是确定暴露于某种物质下是否具有产生不良健康效应的潜在危险;二是调查一种不良的健康后果是否由某种物质所引起。

危害特征描述是指对与危害相关的不良健康作用进行定性或定量描述。可以利用动物试验、临床研究以及流行病学研究确定危害与各种不良健康作用之间的剂量-反应关系、作用机制等。如果可能,对于毒性作用有阈值的危害应建立人体安全摄入量水平。危害特征描述主要内容是研究剂量反应关系,是定性或定量地评价危害对健康产生副作用及其性质的过程,对由剂量反应或已有资料确定的危害从生物学、毒理学、剂量反应关系进行审慎的阐释。对新研制的食品添加剂或农药,没有现成的流行病数据可加利用,可依靠动物安全性评估研究进行风险评估。通常需要把动物实验中或高职业病暴露的流行病学研究数据外推到一般人群,计算人体的每日允许摄入量(ADI值)或暂定每日耐受摄入量,当前普遍采用的外推方法分两类,即安全系数法和数学模型法。安全系数法用来估计不致病上限,即可接受的暴露量,即以最敏感实验动物种类表现出的最敏感毒理学效应,先确定其未出现不良效应水平(NOAEL),再在NOAEL上乘以一个安全系数,而得到可接受的日摄入量(ADI),这种方法多年来一直被联合国粮农组织(FAO)和世界卫生组织(WHO)等机构采用。

暴露评估是指描述危害进入人体的途径,估算不同人群摄入危害的水平。暴露评估,主要根据危害在膳食中的水平和人群膳食消费量,初步估算危害的膳食总摄入量,同时考虑其他非膳食进入人体的途径,估算人体总摄入量并与安全摄入量进行比较。短期急性暴露和长期慢性暴露是不同的,对急性暴露,如病原菌,需要评估引起敏感人群疾病的病原菌水平,对慢性、引起积累损害的，需要评估寿命平均暴露。

风险特征描述是指在危害识别、危害特征描述和暴露评估的基础上，综合分析危害对人群健康产生不良作用的风险及其程度，同时应当描述和解释风险评估过程中的不确定性。风险特征描述，是危害确定、危害描述和暴露评估的综合结果，是整个风险评估的核心步骤。风险特征描述除对发生副作用的可能性及其严重性进行定量、定性描述，也对评估本身相关的不确定性进行描述。对有阈值的危害因素进行风险描述，可以采取直接比较方法，如将人群的风险与 ADI(每日允许摄入量)比较，如果摄入量低于 ADI，则对人体健康产生的不良作用的可能性可忽略不计，反之则必须降低摄入量；对没有阈值的，则要对摄入量和危害强度进行综合考虑，计算人群危险性评价其是否可以接受(不构成危险)或不可以接受(构成危险)。

危害识别一般采用的是定性方法，危害描述、暴露评估、风险描述可以采用定性方法，但最好采用定量方法。

简单地说，危害识别就是确定化学物质、微生物甚至寄生虫可能对人体健康造成危害。通过食品确定这些危害是否存在。危害确定以后要进一步进行特征描述，知道它怎么危害，它的性质，它在多大量的时候产生什么样的危害，这是极为重要的。现在广大消费者在食品安全方面的误区就是，只要说这个东西是有毒有害的那就是有毒有害的，而不考虑它的量的问题。危害特征描述的关键就是要作它的剂量-反应关系。之后，我们就知道什么样的剂量是有害的，什么样的剂量是安全的，这是危害特征描述最需要得出的结论。在危害确立以后，我们要知道到底每人每天吃进去多少就会产生危害，这就是所谓的暴露评估。如前所述，每人每天吃多少是安全的这一风险评估结果是通用的，作为我们这样一个发展中国家，不可能去重复制定国际上已经有的标准。但是，暴露评估每个国家必须自己做，不能把美国人的糖精摄入量拿来作为中国人的糖精摄入量。所以，我们必须要作暴露评估，发展中国家必须重视开展暴露评估研究。只有做了暴露评估，才能够和每人每天安全摄入量进行对比，这才是我们制定标准的基础。风险特征描述就是拿人体的暴露量和安全摄入量来进行对比，根据以上多方面信息估计在某种暴露条件下对人群健康产生不良效应的可能性。假如暴露量超过了安全摄入量，政府就应该马上采取措施，已经有的限量标准要迅速降下来；假如暴露量低于安全摄入量，就可以放心消费。一般意义上讲，风险评估可以被描述为这样一个科学过程，即“对已知危害的科学了解，以及它们将怎样发生和如果发生，后果将会如何。”

(二)食品安全评估的范围

根据《食品安全法实施条例》的相关规定，在发现以下情形时，国家卫生计生委应当组织食品安全风险评估工作：①为制定或者修订食品安全国家标准提供科学依据需要进行风险评估的；②为确定监督管理的重点领域、重点品种需要进行风险评估的；③发现新的可能危害食品安全的因素的；④需要判断某一因素是否构成食品安全隐患的；⑤国家卫生计生委认为需要进行风险评估的其他情形。

根据相关规定，对于一些特殊情形，国家卫生计生委可以不予以评估，如食品生产经营过程存在违法行为，通过依法采取控制措施可以解决的；食品安全风险较低或者可以通过简单的风险管理措施解决的而缺乏评估必要性的；国际已有风险评估结论且适于我国膳食暴露模式的等。

《食品安全法》还明确规定，国家卫生计生委通过食品安全风险监测或者接到举报发现食品可能存在的安全隐患的，应当立即组织进行检验和食品安全风险评估。其他相关规定也指出，对于以下紧急情况，国家卫生计生委可以要求国家食品安全风险评估专家委员会立即研究分析，对需要开展风险评估的事项，应当立即成立临时工作组，制定应急评估方案：①处理重大食品安全事故需要的；②公众高度关注的食品安全问题需要尽快解答的；③国务院有关部门监督管理工作需要并提出应急评估建议的；④处理与食品安全相关的国际贸易争端需要的；⑤其他需要通过风险评估解决的食品安全事件。

(三)风险评估的基本模式

风险评估按危害物的性质可分为化学危害物、生物危害物和物理危害物三类基本模式，通过使用毒理数据、污染物残留数据分析、统计手段、接触量及相关参数的评估等系统科学的步骤，对影响食品安全卫生质量的各种化学、物理和生物危害进行评估，定性或定量的描述风险的特征，提出安全限值。对于不同类型危害所采用的风险评估方法不尽相同，取决于现有可用的方法和信息。例如，对化学危害通常用完全定量的方法，对食品中的病原微生物危害因其在整个暴露评估中是动态变化的，所以通常是在进行定性分析的基础上，逐步对生物性危害产生的不良作用进行半定量、定量评估，重点放在进行人群暴露与健康效应的定量评估以及涉及食品安全突发性事件的安全评估。

国家建立食品安全风险评估制度，对食品、食品添加剂中生物性、化学性和物理性危害进行风险评估。按照食品安全法的定义，食品是指各种供人食用或者饮用的成品和原料以及按照传统既是食品又是药品的物品，但是不包括以治疗为目的的物品。食品添加剂是指为改善食品品质和色、香、味以及为防腐、保鲜盒加工工艺的需要而加入食品中的人工合成或者天然物质。食品、食品添加剂中“生物性、化学性和物理性危害”就是食品安全风险评估的内容，基本上可以囊括所有对食品安全构成危害的因素。例如致病性细菌、真菌、病毒、寄生虫等生物因子对食品安全产生的危害，就是生物性危害；食品添加剂中的化学成分、农药和兽药残留等化学因素对食品安全造成的危害，就是化学性危害；高温、冰冻等物理条件或者掺入金属碎屑等物理杂质对食品安全造成的危害，就是物理性危害。在食品生产、加工、贮藏、运输、销售和消费各个环节，都有可能发生生物性危害、化学性危害或者物理性危害。区分到底属于“生物性”、“化学性”还是“物理性”危害对于我们普通人来讲可能并无用处，但是对于进行食品安全风险评估的机构来讲却是属于“危害识别”的重要阶段，对于顺利进行食品安全风险评估能够发挥很大作用。如果能够做出清楚的界定，就比较容易判断出食品安全的危害性质和危害程度，进而选择恰当的食品安全风险评估手段。就像生物性危害往往具有较大的不确定性，控制难度很大，有些可以通过预防控制，而大多数则需要通过采取综合治理措施。而且对于生物性危害而言，目前世界上尚未有一套较为统一的、科学的食品安全风险评估方法，在实践中我国还需要进一步加强探索。

(四)食品安全评估的实施

1. 法律基础

根据《食品安全法》的规定，国家卫生计生委负责组织食品安全风险评估工作，成立由医学、农业、食品、营养等方面专家组成的食品安全风险评估专家委员会进行食品安全风险评估。对农药、肥料、生长调节剂、兽药、饲料和饲料添加剂等的安全性评估，应当有食品安全风险评估专家委员会的专家参加。食品安全风险评估应当运用科学方法，根据食品安全风险监测信息、科学数据以及其他有关信息进行。

《食品安全法》还规定，国务院农业行政、质检总局、工商总局和国家食品药品监督管理总局等有关部门应当向国家卫生计生委提出食品安全风险评估建议，并提供有关信息和资料。在《食品安全法实施条例》中，对相关信息和资料做出了明确规定，包括如下内容：①风险的来源与性质；②相关检验数据和结论；③风险涉及范围；④其他有关信息和资料。

2. 食品安全风险评估的步骤

根据有关规定，食品安全风险评估应按以下步骤进行：

第一，国家卫生计生委向提出建议的部门收集以下信息：危害的性质、涉及的食品种类、食品数量和分布范围；危害进入食品的途径和含量；危害可能引起的健康危害；危害涉及的人群和数量；国内外现有的监督管理措施；其他与风险评估相关的信息。

第二，国家卫生计生委以《风险评估任务书》的形式向国家食品安全风险评估专家委员会下达风险评估任务。《风险评估任务书》应包括风险评估的目的、需要解决的问题和结果产出形式等内容。

第三，制定评估方案。国家食品安全风险评估专家委员会应根据评估任务提出风险评估实施方案，报国家卫生计生委备案。对于需要进一步补充信息的，可向国家卫生计生委提出数据和信息采集方案的建议。

第四，国家食品安全风险评估专家委员会按照评估方案，遵循危害识别、危害描述、暴露评估和风险描述的结构化程序开展风险评估。在评估过程中，评估机构应根据国家食品安全风险评估专家委员会、国家卫生计生委的需要，及时提交工作进展情况的报告。对于风险评估过程中需要进一步补充数据才能进行的，国家食品安全风险评估专家委员会应向国家卫生计生委做出报告和工作建议。

第五，结果上报。受国家食品安全风险评估委员会委托承担具体评估任务的评估机构应当在国家食品安全风险评估专家委员会要求的时限内提交风险评估结果，经国家食品安全风险评估专家委员会审议通过后上报国家卫生计生委，并由国家卫生计生委向社会公布评估结果。

《食品安全法》规定，食品安全风险评估结果是制定、修订食品安全标准和对食品安全实施监督管理的科学依据。食品安全风险评估结果得出食品不安全结论的，国务院质检总局、工商总局和国家食品药品监督管理总局应当依据各自职责立即采取相应措施，确保该食品停止生产经营，并告知消费者停止食用；需要制定、修订相关食品安全国家标准的，国家卫生计生委应当立即制定、修订。国家卫生计生委应当会同国务院有关部门，根据食品安全风险评估结果、食品安全监督管理信息，对食品安全状况进行综合分析。对经综合分析表明可能具有较高程度安全风险的食品，国家卫生计生委应当及时提出食品安全风险警示，并予以公布。

（五）建立食品安全风险评估制度的意义

(1)开展食品安全风险评估是国际通行做法，也是应对日益严峻的食品安全形势的重要经验。目前，在欧盟食品安全风险分析机构主要有欧盟委员会健康和消费者保护总署（DGSANCO）、欧盟食品与兽药办公室（FVO）和欧盟食品安全局（EFSA）。美国农业部（USDA）在原有风险评估工作的基础上，在 2003 年成立了食品安全风险评估委员会，加强各机构之间风险评估计划和行动的合作与交流，为管理和决策提供统一的科学依据。日本也在 2003 年颁布了《食品安全基本法》，成立了食品安全委员会，专门从事食品安全风险评估和风险交流工作。

(2)食品安全风险评估可以为国家卫生计生委和国务院有关食品安全监管部门提供科学

的决策依据。

(3)食品安全风险评估制度的建立对于开展国际食品贸易具有重大意义。

(4)食品安全风险评估是进行食品安全管理的重要技术基础,有利于提升公众的食品安全信心。

总之,食品安全风险监测与评估对于做好食品安全工作具有非常重要的意义,为制定及修改食品安全食品安全标准、完善食品安全监督管理提供了科学的依据。因此,国家卫生计生委及其他相关部门应积极配合、团结协作、共同努力,力争在我国建立优质的食品安全风险监测与评价体系,从而缓解目前食品安全问题的严重形势。

学习活动4　国家和地方食品安全标准

一、食品安全标准的含义和内容

食品安全标准是指为了对食品生产、加工、流通和消费(即"从农田到餐桌")食品链全过程中影响食品安全和质量的各种要素以及各关键环节进行控制和管理,经协商一致制定并由公认机构批准,共同使用的和充分使用的一种规范性文件。食品安全标准具有强制性,分为食品安全国家标准、食品安全地方标准、食品安全企业标准三种类型。

《食品安全法》明确规定,食品安全标准的内容包括:①食品、食品相关产品中的致病菌微生物、农药残留、兽药残留、重金属、污染物质以及其他危害人体健康物质的限量规定;②食品添加剂的品种、使用范围、用量;③专供婴幼儿和其他特定人群的主辅食品的营养成分要求;④对与食品安全、营养有关的标签、标识、说明书的要求;⑤食品生产经营过程的卫生要求;⑥与食品安全有关的质量要求;⑦食品检验方法与规程;⑧其他需要制定为食品安全标准的内容。

二、食品安全标准的制定

食品安全标准是食品安全监管的技术依据。《食品安全法》规定,食品安全标准由国家卫生计生委统一制定、公布。国家卫生计生委将对现行的食用农产品质量安全标准、食品卫生标准、食品质量标准和有关食品的行业标准中强制执行的标准进行整合,统一为食品安全国家标准。其他部门不再制定相关食品标准,在国家食品安全标准为制定前,原有的食品相关标准继续有效。没有国家统一标准的,省级卫生行政部门可以制定地方标准,并报国家卫生计生委备案。企业制定的企业标准,应到省级卫生行政部门备案。制定、修订食品安全标准,要严格遵循食品安全法规定的程序,确保标准内容科学、合理。食品安全标准应当公开,供公众免费查阅。各级卫生、农业、质检、工商行政管理、食品药品监督管理等部门要做好食品安全标准的宣传贯彻工作。各监管部门依据统一的食品安全标准实施食品安全监管。

三、食品安全标准制定的原则

食品安全标准是指为了保证食品安全,对食品生产经营过程中影响食品安全的各种要素以及各关键环节所规定的统一技术要求。食品安全标准是保证食品安全,保障公众身体健康的重要技术支撑。目前,我国的食品安全标准仍然存在标准总体指标水平偏低、部分标准之间不协调、重要标准短缺等问题。为适应社会不断提高的食品安全要求,食品安全标准的制定应当坚持保障公众身体健康的宗旨，不断提高科学性和安全性。为此，在食品安全法草案审议过程中，一些常委会组成人员建议规定制定食品安全标准的基本要求，确保食品安全标准科学合理、安全可靠。

1. 保障公众身体健康是制定食品安全标准的宗旨

保障公众身体健康是制定食品安全法的根本目的。目前我国的食品安全总体状况良好，但仍存在不少问题。在农产品生产环节，存在农药、兽药、化肥、生长激素过量使用的现象。食用农产品中的有害物质残留随食物进入人体，危害人体健康。在食品生产加工环节，企业的质量安全控制与管理技术仍然较为落后，食品易受微生物等的污染，同时存在增色剂、调味剂、防腐剂等食品添加剂超量使用以及添加违禁物质等问题。这种状况使中国的食品安全标准面临挑战。针对我国的具体国情，制定科学合理、安全可靠的食品安全标准，保障公众身体健康，是食品安全标准制定工作的首要目标。

制定食品安全标准应当以保障公众身体健康为宗旨。危害物质的限量值、食品添加剂的品种与用量、食品标签和说明书、检验方法与规程等一切食品安全标准的制定都要围绕这一宗旨，实现这一宗旨。

2. 食品安全标准应当做到科学合理

只有制定和实施科学合理的食品安全标准，才能实现对食品安全的有效监控，提升食品安全整体水平。目前，我国食品安全标准体系逐步形成和完善，但是食品安全标准的科学性仍然有待提高。首先，不同部门制定的标准之间不协调，存在交叉，甚至互相矛盾等问题。其次，标准的前期研究薄弱。某些有毒有害物质，如农药残留、重金属限量等方面的标准缺乏基础性研究，许多限量标准尚未考虑总暴露量在各类食品中的分配状况。

提高食品安全标准的科学性，首先要统一食品安全标准，整合有关食品安全的各种标准，加强部门协调配合，避免各自为政、各立标准，消除不同标准之间的重复和冲突。其次要加强标准的基础性研究，开展食品安全风险监测和评估，提高标准的科学性和合理性。提高食品安全标准的科学性还要创新标准制定工作机制。要提高标准制定工作的透明度和公众的参与程度，吸收有条件的社团、企业和专家参加标准的制定、修订工作，对于重要标准要充分听取社会各方面的意见。食品安全标准的立项、起草、审查等全过程要公开透明，接受社会监督。

3. 食品安全标准应当做到安全可靠

目前，我国的食品安全标准总体水平偏低，安全性有待提高。某些标准的限量指标与国际标准中的限量指标相比，差距较大，指标水平偏低。某些重要领域至今尚未制定国家标准。

为此，我国要加快食品安全标准的制定和修订速度，提高食品安全标准的指标水平，保证食品安全标准的安全可靠。首先要根据我国目前的膳食、地理、环境、加工等影响因素和相关监测数据，在进行食品安全风险评估的基础上及时更新和补充食品相关标准，完善我国的食品安全标准体系。同时，要借鉴国际经验，加强对国际标准和国外先进标准的跟踪、研究。

四、食品安全标准的分类

按照食品安全标准适用范围，可分为产品标准、基础标准、生产企业规范及检验方法标准等。

1. 产品标准

《食品安全法》覆盖了从农田到餐桌的全过程管理。供食用的源于农业的初级产品的质量安全管理，应当遵守《中华人民共和国农产品质量安全法》的规定。但是，规定有关食用农产品的质量安全标准应当遵守《食品安全法》的有关规定。对农药、肥料、生长调节剂、兽药、饲料和饲料添加剂等的安全性评估，应当有食品安全风险评估专家委员会的专家参与。根据产品特性、生产工艺以及风险评估结果，产品标准一般要控制生物性、化学性和物理性的危害。可以说，食品及其产品的标准涵盖了食品安全标准的8个方面。

2. 基础标准

基础标准是对各类食品及食品相关产品中影响人体健康的致病性微生物、农药残留、兽药残留、重金属、污染物质以及其他危害人体健康物质的限量规定。食品添加剂的品种、使用范围、用量以及与食品安全、营养有关的标签、标识、说明书也属于基础标准范畴。

3. 生产企业规范

生产企业规范是对食品生产企业生产加工过程和与加工有关的环境、场所、设施、布局、人员等进行规定的技术标准。食品生产经营应该符合食品生产经营过程的卫生要求。

4. 检验方法标准

食品检验方法与规程作为基础标准、产品标准等的配套和补充，规定了微生物、农药残留、兽药残留、重金属、污染物质的检测方法、毒理学检验方法和食源性疾病判定标准等，食品企业及食品检测机构检测食品时必须执行。

五、我国的食品标准体系

(一)我国现有的食品安全标准体系

1. 标准体系

标准为产品、服务、相关体系、生产过程及相关材料等提供了相应的技术规范和质量要求。就其重要性来讲，我国食品标准体系建设是推进食品产业结构调整和推动科技进步的需要，是促进食品贸易和规范市场经济秩序的需要，是保障食品消费安全和提高食品市场竞争的需要。

我国食品安全标准经过50多年的发展，目前已初步建立起包括国家标准、行业标准、地方标准和企业标准四个层次标准在内的结构相对合理、具有一定配套的体系。据国家标准化管理委员会的数据统计，食品行业标准2 892项，其中强制性标准634项，推荐性标准1 331项，行业标准3 178条，地方标准近万项，企业标准几十万项，标准内容涵盖了六大类：食品加工品及农副产品标准、食品工业基础相关标准（包括食品标签通用标准、各类食品工业技术用语、果蔬储藏技术等）、食品检验方法标准、食品加工产品卫生标准（包括各类食品卫生标准、农兽药残留量标准等）、食品包装材料及容器标准、食品添加剂标准等，初步形成了门类齐全、机构相对合理、具有一定配套性的完整性的食品质量安全标准体系，近年来，还加快了食品中残留物质和有害元素安全限量标准和检验方法标准的制定。但食品生产环境、加工、包装、运输、储存、残留物质、安全限量以及检验方法方面的标准与我国的食品数量相比，还存在着数量少、不配套问题，同时技术水平低的问题仍很突出，并且我国食品业还存在标准采标率低、标准设置不合理的问题。因此，我国政府已明确提出要加强食品标准体系的建设，用最短的时间，按照食品质量安全“从农田到餐桌”全过程监督管理的需要，基本建立一套既符合中国国情又与国际接轨的食品质量安全标准体系，积极采用国际标准，理清不适应的食品标准，重点加快食品产地环境、生产技术规程和蔬菜、水果、茶叶、肉、蛋、奶、水产品等产品中农（兽）药残留及有毒有害物质限量及方法的制定，完善动植物病虫害防疫和检疫等方面的标准。

2009年12月23日国家标准化管理委员会依据《中华人民共和国国家标准批准发布公

告》，公布最新食品行业相关国家标准2009年第10号（总第150号），涉及21类食品。详见国家标准化管理委员会官方网站。

2. 检验检测体系

我国的食品质量安全监测体系，是依照国家法律、法规和有效标准，对食品质量安全实施的重要技术执法体系、食品质量安全评价、依法行政、市场秩序监管和促进食品贸易方面担负着重要职责，对农业和食品产业结构调整、食品质量升级、消费安全和提高市场竞争力等方面具有重要的地位和作用。

我国政府一直高度重视食品安全质量安全监测体系的建设。以食品的主要原料农产品为例，自1985年国务院颁布《产品质量监管试行办法》以后，为了有效地加强对农产品质量安全的监督，农业部分别于1988年、1991年和1998年分三批，在与农业有关的科研、教学和专业检验检测机构中择优组建了国家的产品质检中心13个，还规划建设了179个部级农产品质检中心，已有164个部级农产品质检中心通过了国家计量认证和机构授权认可。在食品监测方面，初步形成了“国家级检验机构为龙头，省级和部门食品检验机构为主体，市、县级食品检验机构为补充”的食品安全检验检测体系。在出入境食品监管方面，检验检疫系统作为负责进出口食品监管的部门，已拥有国家级重点实验室198个，区域性实验室318个，建立健全了进出口食品安全技术体系。经过十多年的建设，目前，农业部所属的国家级、部级检测中心的管理水平明显加强，执法地位逐步树立，检测范围不断扩大，检测条件有了一定的改善，从事农产品质量安全检测的人员数量有了明显的增加，人员素质有了明显提高，具备对我国重点行业和重点产品的现有国家、行业标准所规定的各项指标要求的检测能力。这些质检机构寓监督于服务之中，集质量评价、市场信息、技术服务和人才培训于一体，在促进食品质量安全水平的全面提高、保证人体和动植物健康安全、提高食品市场竞争力、维护市场秩序等方面，发挥了重要作用。

（二）我国现有食品标准体系存在的问题

目前，我国涉及食品安全的国家标准有1 965项，其中强制性标准634项，推荐性标准1 331项，食品行业标准2 892项，包括食品污染物和农药与兽药残留限量标准、食品、食品包装材料、食品添加剂标准等。但由于我国的食品卫生标准化工作始于20世纪60年代，标准体系、标准的制定原则和方法以及技术内容都与WTO有关协定和CAC标准存在较大差别，主要表现在以下几方面。

(1)许多标准标龄过长。国际组织和发达国家的标准一般以5年为周期，进行标准的制定和修订，而我国许多标准在制定以后10年，甚至20年都还未进行修订，这与我国的经济和社会的发展是极不协调的。

(2)标准的技术指标与国际标准存在一定差距。如农业部发布了140多种兽药的最高残留限量规定，但目前仅发布了其中50多种兽药残留的检测方法，并且绝大多数尚未进行全面的危险性评估。

(3)对国际上关注的新污染物限量标准缺乏深入研究。如二噁英、多氯联苯、致泻性贝类毒素、麻痹性贝类毒素、展青霉素、DON、棕曲霉毒素、T2的限量指标等。

(4)我国目前还没有一套较完整的，既符合中国国情又能与国际接轨的食品安全标准体系，还有一些食品处于无标生产、无标上市、无标流通的混乱局面，不能满足当前规范市场流通、加强食品安全监控和提高安全质量的需要。另外，由于缺乏标准，有些产品优质不能优价，制约了食品质量的提高。

从我国目前的食品安全标准体系来看，强制性标准与推荐性标准相结合，国家标准、行业标准、地方标准和企业标准相配套，形成了一个较为完整的标准体系，基本满足了食品安全控制与管理的目标和要求。但也存在着：标准总体水平偏低；部分标准之间不协调，存在交叉，甚至互相矛盾；重要标准短缺；部分标准的实施状况较差，甚至强制性标准也未得到很好的实施。因此，尽快建立科学、统一、权威的食品安全标准体系就已提上日程。制定系统、科学、合理且可行的食品安全标准，以解决当前我国食品标准多头重复，互相矛盾，造成食品生产流通领域秩序混乱的状况。为此，《食品安全法》规定食品安全标准是强制执行的标准。凡是有食品安全国家标准，必须按照标准执行；国家没有食品安全标准的，可以制定地方标准；以上两项都没有的，企业可以制定企业标准。

(三)我国在食品标准方面的最新进展

2009年《食品安全法》发布后，国家卫生计生委(原卫生部)会同相关部门加快了食品安全标准的清理完善工作：一是发布了《食品安全国家标准管理办法》、《食品安全地方标准管理办法》、《食品安全企业标准备案办法》等法规。2010年4月30日颁布的我国《食品安全国家标准管理办法(草案)》规定，制定食品安全国家标准应当以保障公众健康为宗旨，以食品安全风险评估结果为依据，做到科学合理、安全可靠，国家卫生计生委将统一批准发布食品安全国家标准。二是组建了由多个领域的350名权威专家担任委员的食品安全国家标准审评委员会，部署开展200余项(类)食品卫生标准清理工作，并加快食品中污染物、真菌毒素限量、食品添加剂、致病微生物等基础标准制订、修订工作。从2009年到2011年4月，已经公布新的食品安全国家标准176项，包括68项乳品安全国家标准和食品添加剂、真菌毒素限量、预包装食品标签等基础标准。基础标准几乎涵盖食品中所有重要安全限量规定，如食品添加剂使用标准规定了16大类食品中23类2 314种添加剂的使用范围、使用量，食品中污染物限量中规定了铅、镉、砷、汞等13种重要污染物在22大类食品中的限量。同时还公布了102项食品添加剂产品标准和《蜂蜜》标准，完成指定食品添加剂产品标准58项。国家卫生计生委会同农业部发布2项(含66中农药)农药残留限量标准，废止了食品中锌、铜、铁限量标准，取消了食品污染物限量标准中的硒指标。依据食品工艺必要性和安全性审查情况，调整允许使用的食品添加剂品种，撤销了溴酸钾、过氧化苯甲酰、过氧化钙等食品添加剂品种。三是清理整合现行食品标准。会同农业部门制定了清理整合现行标准的工作方案，部署开展202项食品标准清理整合工作，加快推进食品添加剂产品标准、食品包装材料标准等标准清理整合工作。2011年4月颁布并执行的食品添加剂使用标准(GB 2760—2011)，全面规范食品添加剂的使用。四是对新公布的食品安全国家标准进行跟踪评价，及时掌握标准的实施情况，同时继续加强国际食品添加剂法典委员会主持国工作，并派员参加国际法典委员会会议，及时了解国家食品标准工作进展，完善我国食品安全标准体系。2013年中国完成了近5 000个食品标准的清理，目前正在抓紧开展食品安全国家标准整合工作，到2015年底基本形成中国食品安全标准体系。

当然，食品安全标准需要根据实际情况不断修订。例如，风险分析的最终目的就是要确定有害残留物的限量值，而残留限量值的确定主要依据动物毒性反应试验，但是由于食品毒性学存在诸多难点和不足，所以，至今残留限量值的确定仍存在诸多有待探索的不确定性；又如，由动物毒性试验结果推论到人时，由于动物与人的种属、个体之间的生物学差异，因此需要根据受试物的理化性质、毒性大小、体重大小、代谢特点，接触人群范围和人的可能摄入量以及食品中使用量和使用范围等因素，综合考虑增大或者减少安全系数；另外，食品安全标准中还涉及食品生产、经营等过程中的卫生要求，包括包装、运输、储存等也都存在不确定性。因此，食品安全标准中的许多问题有待持续地深入研究。国家卫生计生委表示，将继续加强食品安全标准工作，加大对国际食品法典和发达国家食品安全标准追踪和研究，借鉴国际食品安全风险评估结果和食品安全标准，广泛听取各监管部门、行业协会、生产经营单位和消费者意见，坚持标准制定工作的公开、透明，提高标准的科学性和实用性。

同时，近年来，一些国际组织也在致力于推动全球食品安全标准的趋同，我国的大型食品生产流通企业也尽力参与其中，以共同维护和提高我国的食品安全水平。如 2011 年 2 月 13～18 日，中粮集团相关领导赴英国伦敦参加主题为“如何推动全球多个食品安全标准之间的趋同，提高‘GFSI 食品安全标准体系’的国家认可度，以降低食品安全风险，提高食品供应链的成本效率”的全球食品安全会议。中粮集团作为中国最大的食品制造及服务供应商，肩负着保障食品安全的社会责任。同时，集团提出的“打造粮油食品全产业链战略”与 GFSI 的使命高度符合，也可以借此平台在食品安全标准管理领域与国际接轨，并与麦德龙、沃尔玛、可口可乐、卡夫等国际知名零售商、食品制造及服务商进行有关食品安全认证、标准体系的知识交流与经验分享。

学习活动 5　国家卫生计生委(原卫生部)制定公布《食品检验机构资质认定条件》和《食品检验工作规范》

食品检验工作是加强食品安全监管，保证消费者食用安全的关键环节。食品检验既是对市场销售食品实施安全监控的重要手段，也对食品原料及加工过程进行安全控制、确保合格产品进入市场的必不可少的重要措施。有效的食品安全监管工作依赖于公正、客观的食品检验结果，科学、严谨的食品检验工作是整个食品安全监管体系的基础。

2009 年 2 月 28 日颁布实施的《中华人民共和国食品安全法》第 57 条明确规定，食品检验机构资质认定条件和检验规范由国务院卫生行政部门负责制定。法律在第五章对食品检验工作进行了详细、具体的规定，提出对食品检验机构实施资质认定制度。随后，国务院办公厅印发的《全国食品安全专项整顿工作方案》和《关于认真贯彻实施食品安全法的通知》以及同年 7 月 20 日公布的《中华人民共和国食品安全法实施条例》均对食品检验工作提出了要求。

根据以上规定，我国国家卫生计生委会同教育部、科技部、工业和信息化部、农业部、工商总局、质检总局、国家认监委、食品药品监管总局、国家卫生计生委卫生监督中心、中国疾病预防控制中心等 11 个部门，推荐专家组成专家组，通过调查分析现行食品卫生标准及检验方法(包括食品卫生标准、食品营养标签管理办法以及其他涉及食品安全的标准)对食品安全检验的要求，研究比对国外对食品安全检验机构进行资质认定和监督管理的模式和方法，历时 1 年的时间，制定了《食品检验机构资质认定条件》和《食品检验工作规范》(以下简称《认定条件》和《检验规范》)，经公开向社会征求意见，并按照国际贸易原则向 WTO 各成员进行通报，并予以公布。

《认定条件》和《检验规范》建立在现有检验机构管理体系基础上，体现了食品检验的特殊性，具有一定的针对性、规范性和通用性，充分考虑了食品安全监管工作中各分段政府主管部门的实际监管工作的需求，力图做到既适合我国食品安全监管工作实际，又能与国际接轨，并解决当前食品安全检验存在的主要问题。

《认定条件》共八章二十八条，是从事食品检验的机构“入门”条件，规定了食品检验机构在组织机构、检验能力、质量管理、人员、设施和环境、仪器设备和标准物质等方面应当达到的基本要求。其重点在于推动食品检验机构及其检验人员提高技术能力，规范检验工作行为，保证检验的诚信和公正性。对于使用非标准检验方法开展食品中非法添加物和违禁使用化学物质检验的食品检验机构的认定条件，专家组认为在《认定条件》中进行规定暂时还不符合目前食品检验机构的工作现状，因此将实施研制和使用食品检验非标准检验方法的人员条件(人员数量、职称、专业背景等)仅在《检验工作规范》进行了规定。

《检验规范》共二十九条，重点围绕检验人的道德素质、技术素养和其承担的法律责任，食品检验工作中尤其是食品安全突发事件时非标方法的建立和使用，检验数据和检验报告的管理，食品检验中计算机系统的功能要求，以及检验机构怎样为各级食品安全政府监管部门提供更好的技术支持等方面提出相关要求。另外，为及时发现食品安全隐患，制定和调整食品安全风险评估和监测方案，根据《食品安全法》的规定，《检验规范》明确了检验机构在食品检验中发现非食用物质时，应当及时向食品检验机构所在辖区县级以上食品安全综合协调部门报告，并保留书面报告的复印件、检验报告和原始记录。

我国国家卫生计生委发文要求，各有关单位应当认真学习《食品安全法》及其实施条例，细致研究《认定条件》和《检验规范》，深刻领会立法精神，准确把握法律法规对食品检验工作的具体要求，进一步规范食品检验机构的资质条件和检验工作，提高食品检验的能力和水平，为服务于食品安全监管和保障公众健康发挥应有的作用。

相关学习链接

中华人民共和国国家卫生和计划生育委员会 http://www.nhfpc.gov.cn

想一想

中国哪个监管部门制定食品标准?

任务二 学习查看中华人民共和国国家卫生和计划生育委员会的通知公告及其他文件的方法

◈ 任务目标

- 掌握卫计委通知公告查询方法。

◈ 案例导入

小刘由于未能跟踪卫计委最新通知公告，2014 年公司累计损失人民币 12 万元。

案例分析

请讨论卫计委最新通知公告对于食品企业食品安全管理的价值。

◈ 学习活动方案

学习活动 1 介绍几个可以查询国家卫生计生委文件、通知和公告的网站

1. 中华人民共和国国家卫生和计划生育委员会网址 http://www.nhfpc.gov.cn

在查询处输入想要查询信息的关键词，如“食品安全”点击🔍，如下图。

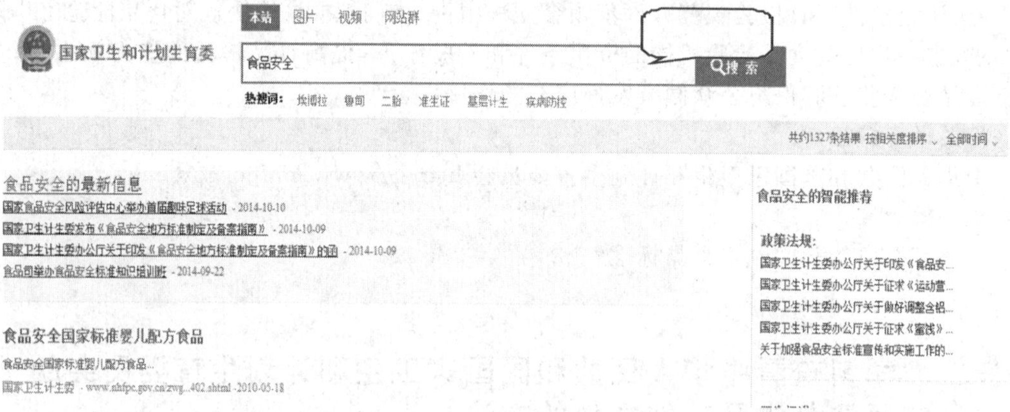

如查询与“食品安全”有关的文件、通知或公告也可在国家卫生计生委网站首页点击“业务频道”中的“食品安全”，会转入国家卫生计生委食品安全标准与检测评估司。

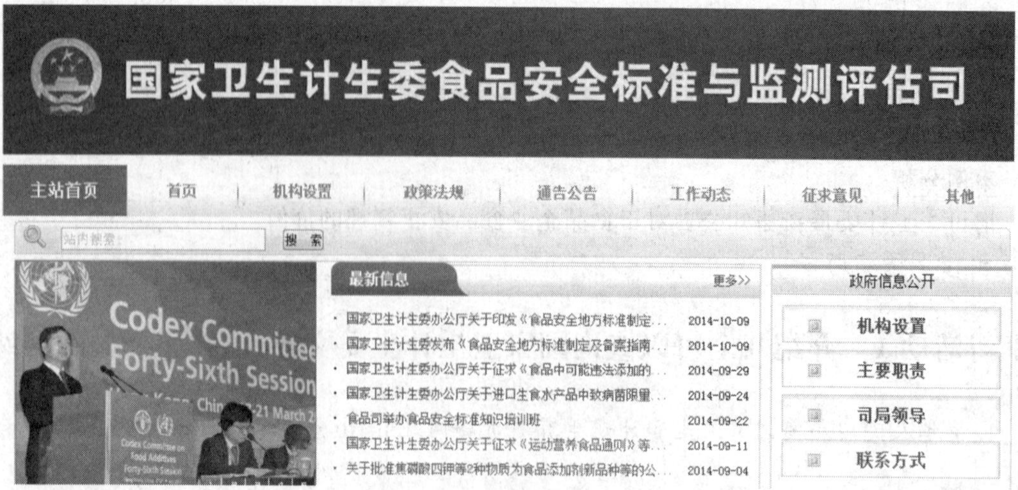

2. 国家食品药品监督管理总局网址 http://www.sda.gov.cn/WS01/CL0001/

也可点击国家卫生计生委网站首页左侧“国务院部门网站”下的“国家食品药品监督管理总局”，进入其网站。

在站内文章检索中输入想要查询的信息关键词，要想对查询的内容有所限制，也可点击“高级搜索”来查询。查询的内容自动按时间顺序排列。或者直接点击右侧“食品”即可显示与食品有关的信息。

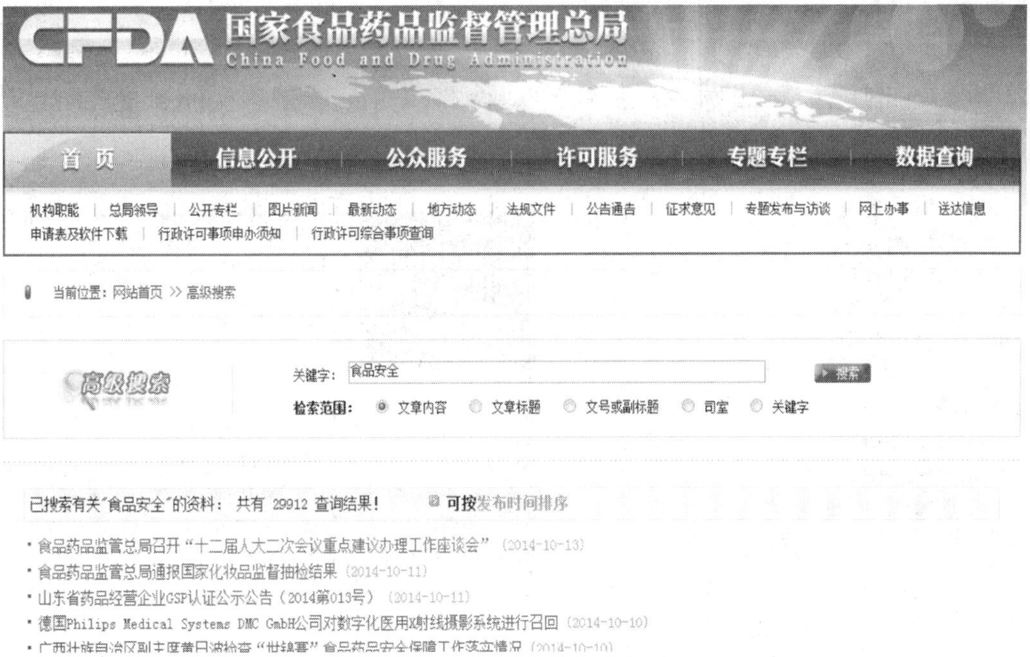

3. 其他可以查看查询国家卫生计生委发布的文件、通知和公告的网站

(1)中央政府门户网站 http://www.gov.cn

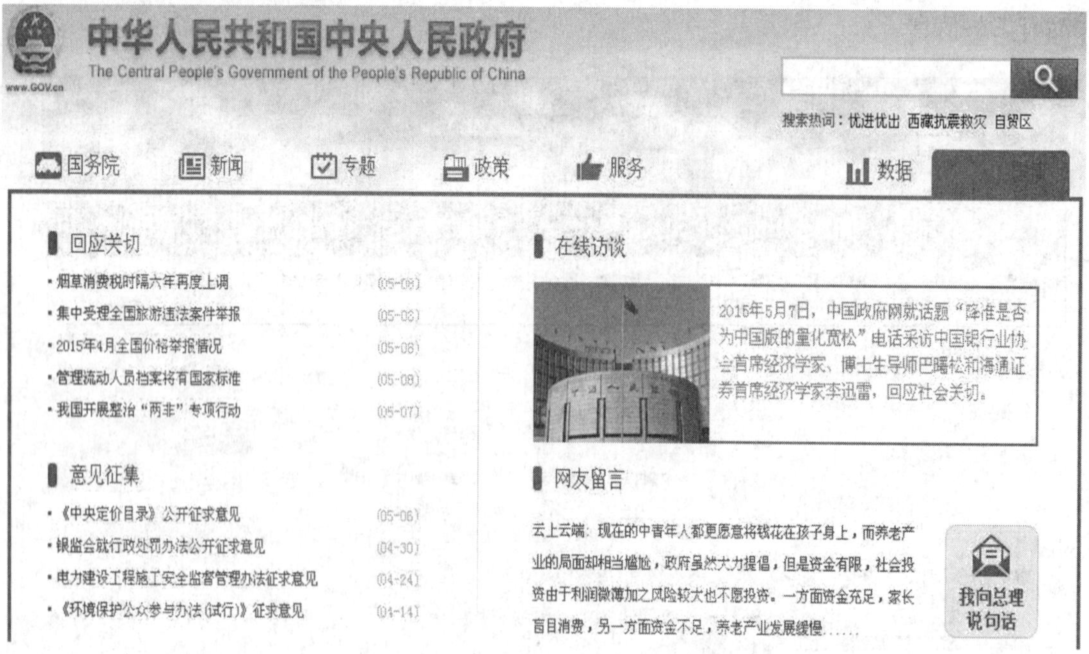

(2)中国卫生政策研究门户 http://www.healthpolicy.cn

(3)中国发展门户网 http://cn.chinagate.cn

(4)食品伙伴网 http://www.foodmate.net

(5)中国食品报网 http://www.cnfood.cn/

相关学习链接

中华人民共和国国家卫生和计划生育委员会 http://www.nhfpc.gov.cn。

查一查

请查阅卫计委最新公告。

学习单元6　学习中华人民共和国国家工商行政总局及其颁布文件

任务一　学习中华人民共和国国家工商行政总局在食品监管中的职责和权限

◆ 任务目标

- 理解中华人民共和国工商行政管理总局的内设机构。
- 掌握中华人民共和国国家工商行政总局在食品监管中的职责和权限。

◆ 案例导入

一个超市正常运行，超市的经理需要对工商管理局的机构进行了解吗？

案例分析

假如您是这个超市的经理，请试着掌握中华人民共和国工商行政管理总局的内设机构，并填入表6-1。

表6-1　国家工商行政管理总局的内设机构

序号	机构名称	职责
1		
2		
3		
4		
5		
6		
7		
8		

◆ 学习活动方案

学习活动1　中华人民共和国国家工商行政管理总局概述

中华人民共和国国家工商行政管理总局(State Administration for Industry and Commerce of the People's Republic of China,SAIC)(简称国家工商总局)是中华人民共和国国务院主管市场监督管理和有关行政执法工作的正部级国务院直属机构，由原中华人民共和国国家工商行政管理局升格而来。

主要负责市场监督管理和行政执法的有关工作，起草有关法律法规草案，制定工商行政管理规章和政策，负责各类企业、农民专业合作社和从事经营活动的单位、个人以及外国（地区）企业常驻代表机构等市场主体的登记注册并监督管理，承担依法查处取缔无照经营的责任，承担依法规范和维护各类市场经营秩序的责任，负责监督管理市场交易行为和网络商品交易及有关服务的行为的一个机构。国家工商行政管理总局设有的13个内设机构是：

1. 办公厅

负责机关文电、信息、统计、保密、保卫、信访等工作；承担机关财务、资产管理、政务公开、新闻发布等工作。

2. 法规司

组织起草有关法律法规草案和规章；组织开展工商行政执法监督和听证工作，承担或参与有关行政复议、行政应诉和赔偿工作；承担指导本系统行政执法行为监督工作。

3. 反垄断与反不正当竞争执法局

拟订有关反垄断、反不正当竞争的具体措施、办法；承担有关反垄断执法工作；查处市场中的不正当竞争、商业贿赂、走私贩私及其他经济违法案件，督查督办大案要案和典型案件。

4. 直销监督管理局

拟订直销监督管理和禁止传销的具体措施、办法；承担监督管理直销企业和直销员及其直销活动工作；查处违法直销和传销大案要案；承担协调相关方面开展打击传销联合行动工作。

5. 消费者权益保护局

拟订保护消费者权益的具体措施、办法；承担流通领域商品质量监督管理工作；开展有关服务领域消费维权工作；查处假冒伪劣等违法行为；承担指导消费者咨询、申诉、举报受理、处理和网络体系建设工作。

6. 市场规范管理司

拟订规范市场秩序的具体措施、办法；承担规范维护各类市场经营秩序工作；承担监督管理网络商品交易及有关服务的行为工作；组织实施合同行政监督管理；承担管理动产抵押物登记、经纪人、拍卖行为工作；查处合同欺诈等违法行为；组织指导商品交易市场信用分类管理工作；组织指导市场专项治理工作。

7. 食品流通监督管理司

拟订流通环节食品安全监督管理的具体措施、办法；组织实施流通环节食品安全监督检查、质量监测及相关市场准入制度；承担流通环节食品安全重大突发事件应对处置和重大食品安全案件查处工作。

8. 企业注册局

拟订企业登记注册管理的具体措施、办法；组织指导企业登记注册管理工作；承担规定范围内的企业登记注册工作，并监督检查其登记注册行为；组织指导企业信用分类管理；承担全国企业登记管理信息库的建立、维护和内资企业登记注册信息的分析、公开工作。

9. 外商投资企业注册局

拟订外商投资企业登记注册管理的具体措施、办法；承担外商投资企业、外国（地区）企业常驻代表机构登记注册工作，并监督检查其登记注册行为；承担外商投资企业登记注册信息的分析、公开工作。

10. 广告监督管理司

拟订广告业发展规划、政策措施并组织实施；拟订广告监督管理的具体措施、办法；组织、指导监督管理广告活动；组织监测各类媒介广告发布情况；查处虚假广告等违法行为；指导广告审查机构和广告行业组织的工作。

11. 个体私营经济监督管理司

调查研究个体、私营经济发展与管理情况，拟订监督管理的具体措施、办法；指导个体工商户、私营企业、农民专业合作社的登记注册与监督管理工作；组织指导个体工商户信用分类管理工作；查处取缔无照经营；指导个体劳动者协会、私营企业协会的工作。

12. 人事司

负责机关和直属单位的人事管理、机构编制、队伍建设等工作；承办省、自治区、直辖市工商行政管理部门领导班子双重管理的有关事项；指导本系统队伍建设的有关工作。

13. 国际合作司(港澳台办公室)

开展工商行政管理方面的国际合作。

学习活动2　国家工商行政管理总局在食品监管中的职责和权限

根据国务院批准的《国家工商行政管理总局主要职责内设机构和人员编制规定》，国家工商行政管理总局在食品监管中的职责和权限是：

(1)负责市场监督管理和行政执法的有关工作，起草有关法律法规草案，制定工商行政管理规章和政策。

国家工商行政管理总局在实施流通领域商品质量监督管理中查出的属于生产环节引起的产品质量问题，移交国家质量监督检验检疫总局处理。

国家工商行政管理总局不再重新组建检测检验机构。按照不同分工，两部门要密切配合，对同一问题不能重复检查、重复处理。

国务院要求国家工商行政管理总局加强流通环节食品安全监督管理，服务经济社会发展与保护经营者、消费者合法权益，监测、预警和信息引导的职责。加强和完善工商行政执法，构建市场监督管理长效机制。

(2)负责各类企业、农民专业合作社和从事经营活动的单位、个人以及外国(地区)企业常驻代表机构等市场主体的登记注册并监督管理，承担依法查处取缔无照经营的责任。

(3)承担依法规范和维护各类市场经营秩序的责任，负责监督管理市场交易行为和网络商品交易及有关服务的行为。

(4)承担监督管理流通领域商品质量和流通环节食品安全的责任，组织开展有关服务领域消费维权工作，按分工查处假冒伪劣等违法行为，指导消费者咨询、申诉、举报受理、处理和网络体系建设等工作，保护经营者、消费者合法权益。

(5)承担查处违法直销和传销案件的责任，依法监督管理直销企业和直销员及其直销活动。

(6)负责垄断协议、滥用市场支配地位、滥用行政权力排除限制竞争方面的反垄断执法工作(价格垄断行为除外)。依法查处不正当竞争、商业贿赂、走私贩私等经济违法行为。

(7)负责依法监督管理经纪人、经纪机构及经纪活动。

相关学习链接

1. 中华人民共和国中央人民政府 http://www.gov.cn
2. 中华人民共和国国家工商行政管理总局 http://www.saic.gov.cn
3. 食品伙伴网 http://www.foodmate.net
4. 国家质量监督检验检疫总局 http://www.aqsiq.gov.cn
5. 中华人民共和国卫生部 http://www.moh.gov.cn

想一想

1. 国家工商行政管理总局食品流通监督管理司的职责是什么？
2. 国家工商行政管理总局在食品监管中的职责和权限？

任务二　学习查看中华人民共和国国家工商行政总局通知公告

◈ 任务目标

- 掌握食品流通许可证的申办流程。
- 掌握食品流通许可证的管理办法。
- 掌握流通环节食品安全监督管理的办法。
- 掌握流通领域商品质量检测办法。

◈ 案例导入

2011年11月10日，周某在没有依法取得《食品流通经营许可证》的情况下，从黑河市购进了无中文标签的俄罗斯巧克力、咖啡、酒等食品，在其经营的工艺品商店进行销售。货值金额共计4 618元，违法所得共计523元。市工商局南岗分局依据相关规定，对当事人责令改正，没收违法所得523元，罚款30 000元。

案例分析

当事人违反了流通环节食品安全监督管理办法的哪些内容？该如何处罚（表6-2）？

表6-2　事件的违法原因及处罚条例分析

违法原因	处罚

◈ 学习活动方案

学习活动1　食品流通许可证的办理

国家工商行政管理总局令第44号发布实施了《食品流通许可证管理办法》，规定在流通环节从事食品经营的，应当依法取得食品流通许可。并规定取得食品生产许可的食品生产者在其生产场所销售其生产的食品，不需要取得食品流通的许可；取得餐饮服务许可的餐饮服务提供者在其餐饮服务场所出售其制作加工的食品，不需要取得食品流通的许可。

食品经营者应当在依法取得《食品流通许可证》后，向有登记管辖权的工商行政管理机关申请办理工商登记。未取得《食品流通许可证》和营业执照，不得从事食品经营。

食品经营者的经营条件发生变化，不符合食品经营要求的，食品经营者应当立即采取整改措施；有发生食品安全事故的潜在风险的，应当立即停止食品经营活动，并向所在地县级工商行政管理机关报告；需要重新办理许可手续的，应当依法办理。县级及其以上地方工商行政管理机关应当加强对食品经营者经营活动的日常监督检查；发现不符合食品经营要求情形的，应当责令立即纠正，并依法予以处理；不再符合食品流通许可条件的，应当依法撤销食品流通许可。

一、食品流通许可证申请流程(图 6-1)

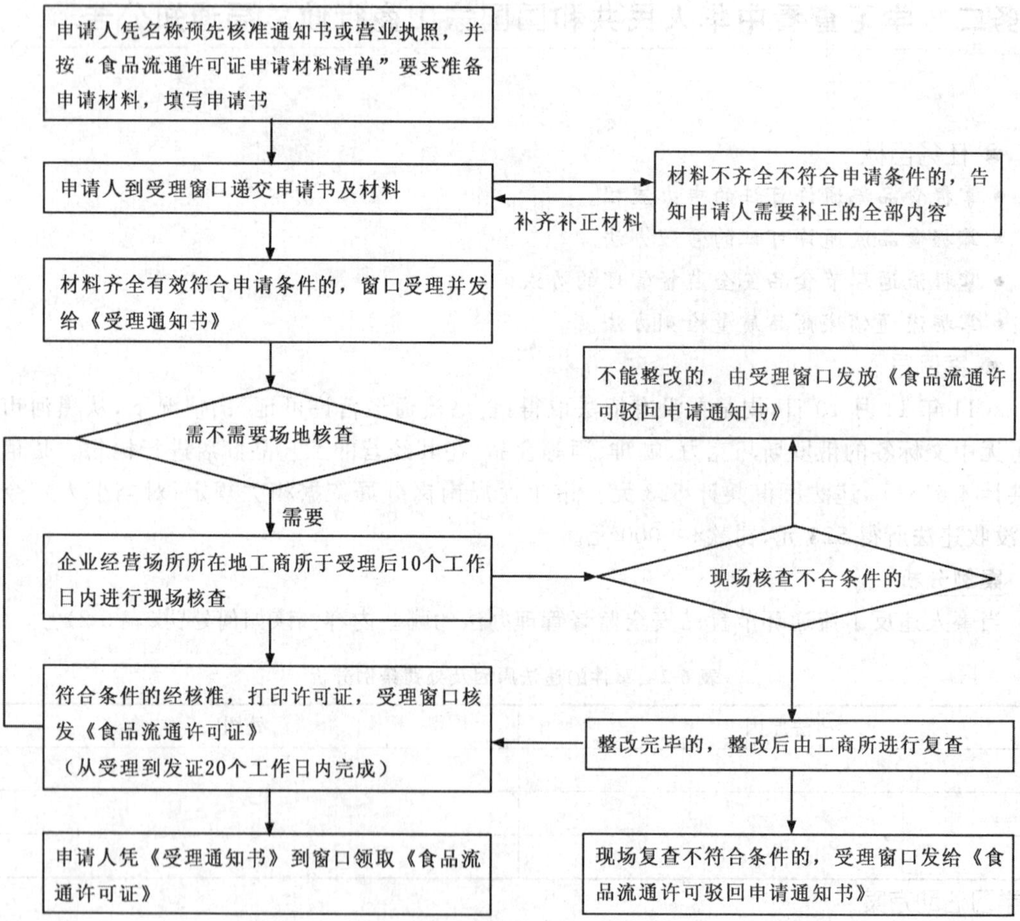

图 6-1 食品流通许可证申请流程

二、《食品流通许可证》申请与受理

(1)申请领取《食品流通许可证》，应当符合食品安全标准，并符合下列要求：

①具有与经营的食品品种、数量相适应的食品原料处理和食品加工、包装、贮存等场所，保

持该场所环境整洁,并与有毒、有害场所以及其他污染源保持规定的距离。

②具有与经营的食品品种、数量相适应的设备或者设施,有相应的消毒、更衣、盥洗、采光、照明、通风、防腐、防尘、防蝇、防鼠、防虫、洗涤以及处理废水、存放垃圾和废弃物的设备或者设施。

③有食品安全专业技术人员、管理人员和保证食品安全的规章制度。

④具有合理的设备布局和工艺流程,防止待加工食品与直接入口食品、原料与成品交叉污染,避免食品接触有毒物、不洁物。

(2)申请领取《食品流通许可证》,应当提交下列材料:

①《食品流通许可申请书》(表6-3)。

表6-3 《食品流通许可申请书》

名　称				
经营场所	______省(区、市)______市(地、区)______县______			
负责人			联系电话	固定电话
				手机
主体类型				
经营面积	$\times\times m^2$	正本数量	1(份)	
传真电话	××××	副本数量	××(份)	
E-mail			邮政编码	
许可范围	经营方式: 1.批发　☐ 2.零售　☐ 3.批发兼零售　☐ 经营项目: 1.预包装食品　☐ 2.散装食品　☐			

本单位(本人)承诺申请流通许可证所提交材料真实有效。谨此对真实性承担责任。

申请人签字(盖章):　　　　指定代表或委托代理人签字:

年　月　日　　　　年　月　日

②《名称预先核准通知书》复印件。

企业名称预先核准通知书

(　　)名称预核　　字[　]第　号

根据《企业名称登记管理规定》和《企业名称登记管理实施办法》,同意预先核准下列____个投资人出资,注册资本(金)____万元(币种____),住所设在____的企业名称为:____。

该预先核准的企业名称保留至____________。在保留期内,不得用于经营活动,不得转让。

投资人名单及投资额、投资比例:____________。

年　　月　　日

③与食品经营相适应的经营场所的使用证明(表 6-4)。

表 6-4 经营场所的使用证明

<table>
<tr><td>名　称</td><td colspan="4">××××有限公司</td></tr>
<tr><td rowspan="4">经营场所</td><td colspan="4">______省(区、市)______市(地、区)______县______</td></tr>
<tr><td>面积</td><td>______ m²</td><td>使用期限</td><td></td></tr>
<tr><td>产权人</td><td colspan="3"></td></tr>
<tr><td>使用方式</td><td colspan="3">自有 □　　租赁 □　　无偿使用 □</td></tr>
<tr><td>住　所</td><td colspan="4">______省(区、市)______市(地、区)______县______</td></tr>
</table>

《中华人民共和国物权法》第七十七条规定:“业主不得违反法律、法规以及管理规约,将住宅改变为经营性用房。业主将住宅改变为经营性用房的,除遵守法律、法规以及管理规约外,应当经有利害关系的业主同意。”

本单位(本人)将住宅改变为经营性用房,做出如下承诺:

知悉《中华人民共和国物权法》的相关规定;

遵守有关房屋管理的法律、法规以及管理规约的规定;

已经有利害关系的业主同意。

申请人:

年　月　日

④负责人信息(表 6-5)。

表 6-5 负责人信息

姓　名		联系电话	
职　务		任免单位	
身份证件类型			
身份证件号码			

(身份证件复印件粘贴处)

负责人签字:______年　月　日

备注:食品经营单位负责人应当履行以下承诺(声明),并签字加盖单位公章。

负责人承诺(声明):

本人向许可机关郑重声明:过去五年内,本人担任主管人员所在的食品生产经营单位,不存在被吊销食品生产、流通或者餐饮服务许可证的情形。同时,本单位将严格遵守《食品安全法》第九十二条第二款的规定。

谨此承诺,本表所填内容不含虚假成分,现亲笔签字(盖章)确认。

签字(盖章):

年　月　日

⑤食品安全专业技术人员、食品安全管理人员信息(表 6-6)。

表 6-6　食品安全专业技术人员、食品安全管理人员信息

人员分类	姓名	性别	民族	户籍登记住址	身份证件名称及号码	职务	
食品安全专业技术人员							
	姓名	性别	民族	户籍登记住址	身份证件名称及号码	职务	联系电话
食品安全管理人员							
备注	食品安全管理人员承诺(声明)：						
	本人向许可机关郑重声明：过去五年内，本人担任主管人员所在的食品生产经营单位，不存在被吊销食品生产、流通或者餐饮服务许可证的情形。 谨此承诺，本表所填内容不含虚假成分，现亲笔签字(盖章)确认。 签字(盖章)： 年　　月　　日						

注：①指定(委托)人是指申请人。申请人是法人或经济组织的由其盖章；申请人是自然人的由其本人签字或盖章。②委托事项及权限，由指定(委托)人选择“同意”或“不同意”，并在“□”中打√；第 5 项按授权内容自行填写。

⑥与食品经营相适应的经营设备、工具清单。

⑦与食品经营相适应的经营设施空间布局和操作流程的文件。

⑧食品安全管理制度文本。

⑨省、自治区、直辖市工商行政管理局规定的其他材料。

申请人委托他人提出许可申请的，委托代理人应当提交委托书以及委托代理人或者指定代表的身份证明。

指定(委托)书

兹指定(委托)____________(代表或代理人姓名)向工商行政管理机关办理________(名称)的食品流通许可申请相关手续。

委托事项及权限：

①□ 同意 □ 不同意核对申请材料中的复印件并签署核对意见；

②□ 同意 □ 不同意修改自备材料中的填写错误；

③□ 同意 □ 不同意修改有关表格的填写错误；

④□ 同意 □ 不同意领取《食品流通许可证》和有关文书；

⑤其他委托事项及权限(请详细注明)：____________________。

指定或者委托的期限：自____年____月____日至____年____月____日

指定代表或委托代理人签字：____________________

指定代表或委托代理人联系方式：固定电话____________

移动电话____________

(指定代表或委托代理人身份证明复印件粘贴处)

指定(委托)人签字或加盖公章:

年 月 日

已经具有合法主体资格的经营者在经营范围中申请增加食品经营项目的,还需提交营业执照等主体资格证明材料,不需提交《名称预先核准通知书》复印件。

新设食品经营企业申请食品流通许可,该企业的投资人为许可申请人;已经具有主体资格的企业申请食品流通许可,该企业为许可申请人;企业分支机构申请食品流通许可,设立该分支机构的企业为许可申请人;个人新设申请或者个体工商户申请食品流通许可,业主为许可申请人。申请人应当在申请书等材料上签字盖章。

(3)申请《食品流通许可证》所提交的材料,应当真实、合法、有效,符合相关法律、法规的规定。申请人应当对其提交材料的合法性、真实性、有效性负责。

(4)企业的分支机构从事食品经营,各分支机构应当分别申领《食品流通许可证》。

(5)许可机关收到申请时,应当对申请事项进行审查,并根据下列情况分别做出处理:

①申请事项依法不需要取得《食品流通许可证》的,应当即时告知申请人不予受理。

②申请事项依法不属于许可机关职权范围的,应当即时做出不予受理的决定,并告知申请人向有关行政机关申请。

③申请材料存在可以当场更正的错误,应当允许申请人当场更正,由申请人在更正处签名或者盖章,注明更正日期。

④申请材料不齐全或者不符合法定形式的,应当当场或者5日内一次告知申请人需要补正的全部内容;当场告知时,应当将申请材料退回申请人;属于5日内告知的,应当收取申请材料并出具收到申请材料的凭据,逾期不告知的,自收到申请材料之日起即为受理。

⑤申请材料齐全、符合法定形式,或者申请人按照要求提交了全部补正材料的,许可机关应当予以受理。许可机关受理许可申请之后至做出许可决定之前,申请人书面要求撤回食品流通许可申请的,应当同意其撤回要求;撤回许可申请的,许可机关终止办理。

(6)许可机关对申请人提出的申请决定予以受理的,应当出具《受理通知书》;决定不予受理的,应当出具《不予受理通知书》,说明不予受理的理由,并告知申请人享有依法申请行政复议或者提起行政诉讼的权利。

三、食品流通许可证的审查与批准

食品流通许可事项中的许可范围,包括经营项目和经营方式。经营项目按照预包装食品、散装食品两种类别核定;经营方式按照批发、零售、批发兼零售三种类别核定。

(1)许可机关应当审核申请人提交的相关材料是否符合《食品安全法》第二十七条第一项至

第四项以及食品流通许可证管理办法的要求。必要时，可以按照法定的权限与程序，对其经营场所进行现场核查。材料审核和现场核查的具体办法由省、自治区、直辖市工商行政管理局制定。

进行现场核查，许可机关应当指派两名以上执法人员参加并出示有效证件，申请人和食品经营者应当予以配合。现场核查应当填写《食品流通许可现场核查表》（表6-7）。

表6-7　食品流通许可现场核查表

序号	核查项目	核查内容	核查标准	评价意见	核查记录
1	人员管理	1.配备有专职或兼职的食品安全专业技术人员和食品安全管理人员，并与申请材料一致。 2.从事直接入口食品经营活动的从业人员，符合《食品安全法》第三十四条的要求。	符合：有食品安全管理人员负责管理该单位食品安全工作，配备有食品安全专业技术人员。 不符合：不重视食品安全工作，无人员负责食品安全管理工作，从事直接入口食品经营活动的从业人员不符合《食品安全法》第三十四条的要求。	□ 符合 □ 不符合	
2	场地要求	1.经营场所与有毒、有害场所以及其他污染源保持规定距离。 2.经营场所与个人生活空间应当分开。 3.经营场所内部环境整洁。	符合：经营场所周围无有毒、有害场所、污染源，或与有毒、有害场所和污染源保持规定距离。内部环境整洁并与个人生活空间完全分开。 不符合：有两项或两项以上条件不符合。	□ 符合 □ 不符合	
3	制度建立	1.食品安全管理制度。 2.从业人员健康管理制度。	符合：已建立制度，并形成书面材料。 不符合：未建立制度或未形成书面材料。	□ 符合 □ 不符合	
4	设施要求	1.具有与食品经营的食品品种、数量相适应的消毒、更衣、盥洗、采光、照明、通风、防腐、防尘、防蝇、防鼠、防虫、洗涤以及处理废水、存放垃圾和废弃物的设备或者设施。 2.设备空间布局和操作工艺流程合理。 3.贮存、运输和装卸食品的容器、工具和设备安全、无害，能够保持清洁，防止食品污染，并符合保证食品安全所需的温度等特殊要求。不得将食品与有毒有害物品一同运输。 4.直接入口的食品应当有小包装或者使用无毒、清洁的包装材料、餐具；销售无包装的直接入口食品，应当使用无毒、清洁的售货工具。 5.食品用工具和容器必须与个人生活用品严格分开。	符合：经营场所设施完全符合五项要求的条件。 不符合：有两项或两项以上条件不符合。	□ 符合 □ 不符合	

续表 6-7

<table>
<tr><td>序号</td><td>核查项目</td><td>核查内容</td><td>核查标准</td><td>评价意见</td><td>核查记录</td></tr>
<tr><td>核查评价</td><td colspan="3">我局执法人员________、________根据《中华人民共和国食品安全法》、《中华人民共和国食品安全法实施条例》、《食品流通许可证管理办法》有关规定，对该单位的人员管理、场地要求、制度建立、设施要求进行了现场核查。
核查意见如下：
合格 □　　不合格 □</td><td colspan="2">核查人员签字：
____年____月____日
经营单位负责人签字：
____年____月____日</td></tr>
<tr><td rowspan="4">核查人员</td><td>姓名</td><td colspan="2">单　位</td><td colspan="2">执法证号</td></tr>
<tr><td></td><td colspan="2"></td><td colspan="2"></td></tr>
<tr><td></td><td colspan="2"></td><td colspan="2"></td></tr>
<tr><td></td><td colspan="2"></td><td colspan="2"></td></tr>
</table>

注：①本核查表适用于对申请《食品流通许可证》的经营单位进行现场核查评价。②每一个核查项目的评价意见为“符合”或“不符合”。③核查评价意见的确定标准：不符合项目数为 0 项，为合格；不符合的项目数≥1 项，为不合格。④核查人员应针对不合格的项目提出相应的整改要求。⑤核查人员应如实填写本核查表中的内容。

(2)对申请人提交的食品流通许可申请予以受理的，许可机关应当自受理之日起 20 日内做出是否准予许可的决定。20 日内不能做出许可决定的，经许可机关负责人批准，可以延长 10 日，并应当将延长期限的理由告知申请人。

(3)许可机关做出准予许可决定的，应当出具《准予许可通知书》，告知申请人自决定之日起 10 日内，领取《食品流通许可证》(图 6-2)；做出准予变更许可决定的，应当出具《准予变更许可通知书》，告知申请人自决定之日起 10 日内，换发《食品流通许可证》；做出准予注销许可决定的，应当出具《准予注销许可通知书》，缴销《食品流通许可证》。许可机关做出准予许可决定的，应当予以公开。许可机关做出不予许可决定的，应当出具《驳回申请通知书》，说明不予许可的理由，并告知申请人依法享有申请行政复议或者提起行政诉讼的权利。

许可机关认为需要听证的涉及公共利益的重大许可事项，应当向社会公告，并举行听证。

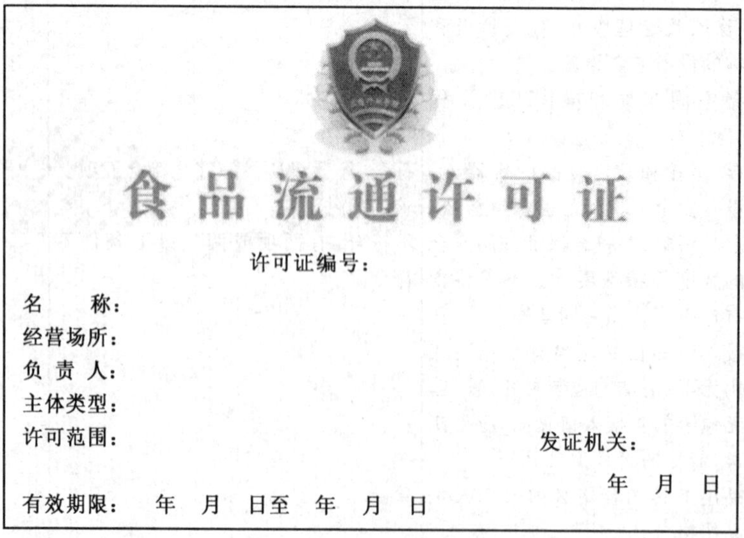

食品流通许可证

许可证编号：

名　　称：

经营场所：

负 责 人：

主体类型：

许可范围：　　　　发证机关：

年　月　日

有效期限：　年　月　日至　年　月　日

图 6-2　食品流通许可证

四、许可的变更及注销

(1)食品经营者改变许可事项,应当向原许可机关申请变更食品流通许可。未经许可,不得擅自改变许可事项。

(2)食品经营者向原许可机关申请变更食品流通许可的,应当提交下列申请材料:

①《食品流通变更许可申请书》(表 6-8)。

②《食品流通许可证》正、副本。

③与变更食品流通许可事项相关的材料。

表 6-8　食品流通变更许可申请书

项　　目	原许可事项	申请变更许可事项(只需填写变更项)
名　　称		
经营场所		
负 责 人		
食品安全管理人员(专业技术人员)		
主体类型	(1)内资企业:国有企业□,集体企业□,股份合作企业□,联营企业□,有限责任公司□,股份有限公司□,个人独资企业□,合伙企业□,其他企业□;(2)外商投资企业:中外合资经营企业□,中外合作经营企业□,外资企业□,外商投资股份有限公司□;(3)个体工商户□;(4)农民专业合作社□。	(1)内资企业:国有企业□,集体企业□,股份合作企业□,联营企业□,有限责任公司□,股份有限公司□,个人独资企业□,合伙企业□,其他企业□;(2)外商投资企业:中外合资经营企业□,中外合作经营企业□,外资企业□,外商投资股份有限公司□;(3)个体工商户□;(4)农民专业合作社□。
许可范围	经营方式: 批发□、零售□、批发兼零售□ 经营项目: 预包装食品□、散装食品□、乳制品□	经营方式: 批发□、零售□、批发兼零售□ 经营项目: 预包装食品□、散装食品□、乳制品□
其他信息	许可证有效期限:自　　年　　月　　日至　　年　　月　　日止 申请人固定电话:________移动电话:________ 邮政编码:________ E-mail:________	

本单位(本人)承诺,所提交材料真实有效。谨此对真实性承担责任。

申请人签字(盖章):　　　　　　　　　　指定代表或委托代理人签字:

年　　月　　日　　　　　　　　　　年　　月　　日

(3)食品流通许可的有效期为 3 年。

食品经营者需要延续食品流通许可的有效期的,应当在《食品流通许可证》有效期届满三十日前向原许可机关提出申请,换发《食品流通许可证》。

办理许可证延续的,换发后的《食品流通许可证》编号不变,但发证年份按照实际情况填写，有效期重新计算。

(4)有下列情形之一的，发放《食品流通许可证》的许可机关或者其上级行政机关，可以撤销已做出的食品流通许可：

①许可机关工作人员滥用职权，玩忽职守，给不符合条件的申请人发放《食品流通许可证》的。

②许可机关工作人员超越法定权限发放《食品流通许可证》的。

③许可机关工作人员违反法定程序发放《食品流通许可证》的。

④依法可以撤销食品流通许可的其他情形。

食品经营者以欺骗、贿赂等不正当手段和隐瞒真实情况或者提交虚假材料取得食品流通许可，应当予以撤销。

依照前两款规定撤销食品流通许可，可能对公共利益造成重大损害的，不予撤销。

(5)有下列情形之一的，许可机关应当依法办理食品流通许可的注销手续：

①《食品流通许可证》有效期届满且食品经营者未申请延续的。

②食品经营者没有在法定期限内取得合法主体资格或者主体资格依法终止的。

③食品流通许可依法被撤销，或者《食品流通许可证》依法被吊销的。

④因不可抗力导致食品流通许可事项无法实施的。

⑤依法应当注销《食品流通许可证》的其他情形。

(6)食品经营者申请注销《食品流通许可证》的，应当向原许可机关提交下列申请材料：

①《食品流通注销许可申请书》。

②《食品流通许可证》正本、副本。

③与注销《食品流通许可证》相关的证明文件。

许可机关受理注销申请后，经审核依法注销《食品流通许可证》。

(7)食品经营者遗失《食品流通许可证》的，应当在报刊上公开声明作废，并持相关证明向原许可机关申请补办。经批准后，由原许可机关在20日内补发《食品流通许可证》。

五、食品流通许可证的管理

(1)《食品流通许可证》分为正本、副本。正本、副本具有同等法律效力。

《食品流通许可证》正本、副本式样，以及《食品流通许可申请书》、《食品流通变更许可申请书》、《食品流通注销许可申请书》等式样，由国家工商行政管理总局统一制定。省、自治区、直辖市工商行政管理局负责本行政区域《食品流通许可证》及相关申请文书的印制、发放和管理。

(2)《食品流通许可证》应当载明：名称、经营场所、许可范围、主体类型、负责人、许可证编号、有效期限、发证机关及发证日期。

(3)《食品流通许可证》编号由两个字母＋十六位数字组成，即：字母SP＋六位行政区划代码＋两位发证年份＋一位主体性质＋六位顺序号码＋一位计算机校验码(图6-3)。

(4)食品经营者取得《食品流通许可证》后，应当妥善保管，不得伪造、涂改、倒卖、出租、出借，或者以其他形式非法转让。

食品经营者应当在经营场所显著位置悬挂或者摆放《食品流通许可证》正本。

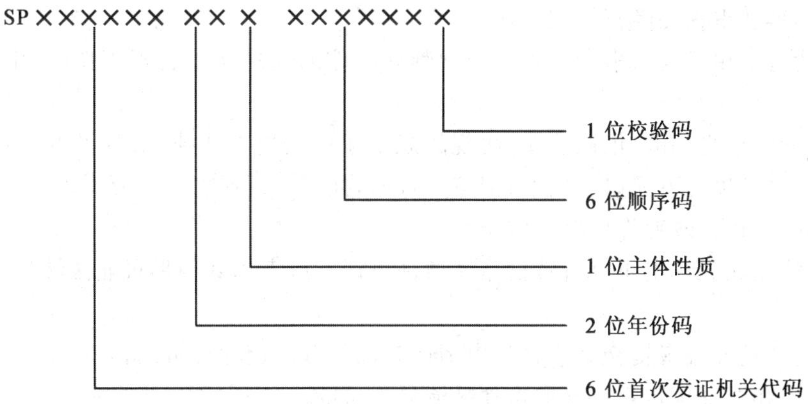

图 6-3　食品流通许可证代码编号

六、工商管理局的监督检查

(1)县级及其以上地方工商行政管理机关应当依据法律、法规规定的职责，对食品经营者进行监督检查。监督检查的主要内容是：

①食品经营者是否具有《食品流通许可证》；

②食品经营者的经营条件发生变化，不符合经营要求的，经营者是否立即采取整改措施；有发生食品安全事故的潜在风险的，经营者是否立即停止经营活动，并向所在地县级工商行政管理机关报告；需要重新办理许可手续的，经营者是否依法办理；

③食品流通许可事项发生变化，经营者是否依法变更许可或者重新申请办理《食品流通许可证》；

④有无伪造、涂改、倒卖、出租、出借，或者以其他形式非法转让《食品流通许可证》的行为；

⑤聘用的从业人员有无身体健康证明材料；

⑥在食品贮存、运输和销售过程中有无确保食品质量和控制污染的措施；

⑦法律、法规规定的其他情形。

(2)县级及其以上地方工商行政管理机关应当对食品经营者建立信用档案，记录许可颁发、日常监督检查结果、违法行为查处等情况。

对食品经营者从事食品经营活动进行监督检查时，工商行政管理机关应当将监督检查的情况和处理结果予以记录，由监督检查人员和食品经营者签字确认后归档。

工商行政管理机关在办理企业年检、个体工商户验照时，应当按照企业年检、个体工商户验照的有关规定，审查《食品流通许可证》是否被撤销、吊销或者有效期限届满。对《食品流通许可证》被撤销、吊销或者有效期限届满的，登记机关按照有关规定，责令其办理经营范围的变更登记或者注销登记。

(3)许可申请人隐瞒真实情况或者提供虚假材料申请食品流通许可的，工商行政管理机关不予受理或者不予许可，申请人在一年内不得再次申请食品流通许可。

被许可人以欺骗、贿赂等不正当手段取得食品流通许可的，申请人在三年内不得再次申请食品流通许可。

被吊销食品生产、流通或者餐饮服务许可证的，其直接负责的主管人员自处罚决定做出之日起五年内不得从事食品经营管理工作。

食品经营者聘用不得从事食品生产经营管理工作的人员从事管理工作的，由原发证部门吊销许可证。

(4)有下列情形之一的，依照法律、法规的规定予以处罚。法律、法规没有规定的，责令改正，给予警告，并处以1万元以下罚款；情节严重的，处以1万元以上3万元以下罚款：

①未经许可，擅自改变许可事项的；

②伪造、涂改、倒卖、出租、出借《食品流通许可证》，或者以其他形式非法转让《食品流通许可证》的；

③隐瞒真实情况或者提交虚假材料申请或者取得食品流通许可的；

④以欺骗、贿赂等不正当手段取得食品流通许可的。

依照《中华人民共和国行政处罚法》的规定，对主动消除、减轻危害后果，或者有其他法定情形的，可以从轻或者减轻处罚；对违法情节轻微并及时纠正、没有造成危害后果的，不予处罚。

(5)食品经营者对工商行政管理机关的处罚决定不服的，可以依法申请行政复议或者提起行政诉讼。

(6)食品经营者在营业执照有效期内被依法注销、撤销、吊销食品流通许可，或者《食品流通许可证》有效期届满的，应当在注销、撤销、吊销许可或者许可证有效期届满之日起三十日内申请变更登记或者办理注销登记。

(7)工商行政管理机关工作人员玩忽职守、滥用职权、徇私舞弊的，依法追究有关人员的行政责任；构成犯罪的，依法追究刑事责任。

(8)工商行政管理机关应当依法建立食品流通许可档案。借阅、抄录、携带、复制档案资料的，依照法律、法规及国家工商行政管理总局有关规定执行。任何单位和个人不得修改、涂抹、标注、损毁档案资料。

(9)工商行政管理机关应当加强与同级食品安全综合协调部门的工作联系，及时通报食品流通许可有关信息。

学习活动2　流通环节食品安全监督管理办法

经中华人民共和国国家工商行政管理总局局务会审议通过，国家工商行政管理总局令第43号发布实施了《流通环节食品安全监督管理办法》。

一、总则

第一条　为了加强流通环节食品安全监督管理，维护食品市场秩序，根据《中华人民共和国食品安全法》(以下简称《食品安全法》)、《中华人民共和国食品安全法实施条例》(以下简称《食品安全法实施条例》)等法律、法规的规定，制定本办法。

第二条　在中华人民共和国境内从事流通环节食品经营，应当遵守本办法。

第三条　食品经营者应当依照法律、法规和食品安全标准从事食品经营活动，建立健全食品安全管理制度，采取有效管理措施，保证食品安全。食品经营者对其经营的食品安全负责，对社会和公众负责，承担社会责任。

第四条　工商行政管理机关依照法律、法规和国务院规定的职责以及本办法的规定，对流通环节食品安全进行监督管理。

第五条　县级及其以上地方工商行政管理机关在当地人民政府的统一领导下，负责本辖区内流通环节食品安全监督管理。

第六条　县级及其以上地方工商行政管理机关应当与其他食品监督管理部门加强沟通、密切配合，按照职责分工，依法行使职权，承担责任。

第七条　鼓励和支持食品经营者为提高食品安全水平采用先进技术和先进管理规范。

第八条　县级及其以上地方工商行政管理机关应当依照法律、法规和本办法的规定公布食品安全信息，为公众咨询、投诉、举报提供方便；任何组织或者个人有权向工商行政管理机关举报食品经营中违反本办法的行为，有权了解食品流通安全信息，对流通环节食品安全监督管理工作提出意见和建议。

二、食品经营

第九条　禁止食品经营者经营下列食品：

（一）用非食品原料生产的食品或者添加食品添加剂以外的化学物质和其他可能危害人体健康物质的食品，或者用回收食品作为原料生产的食品；

（二）致病性微生物、农药残留、兽药残留、重金属、污染物质以及其他危害人体健康的物质含量超过食品安全标准限量的食品；

（三）营养成分不符合食品安全标准的专供婴幼儿和其他特定人群的主辅食品；

（四）腐败变质、油脂酸败、霉变生虫、污秽不洁、混有异物、掺假掺杂或者感官性状异常的食品；

（五）病死、毒死或者死因不明的禽、畜、兽、水产动物肉类及其制品；

（六）未经动物卫生监督机构检疫或者检疫不合格的肉类，或者未经检验或者检验不合格的肉类制品；

（七）被包装材料、容器、运输工具等污染的食品；

（八）超过保质期的食品；

（九）无标签的预包装食品；

（十）国家为防病等特殊需要明令禁止经营的食品；

（十一）食品的标签、说明书不符合《食品安全法》第四十八条第三款规定的食品；

（十二）没有中文标签、中文说明书或者中文标签、中文说明书不符合《食品安全法》第六十六条规定的进口的预包装食品；

（十三）其他不符合食品安全标准或者要求的食品。

对因标签、标识或者说明书不符合食品安全标准而被停止经营的食品，在食品生产者采取补救措施且能保证食品安全的情况下可以继续销售；销售时应当向消费者明示生产者采取的补救措施。

第十条　从事食品经营，应当依法取得《食品流通许可证》，凭《食品流通许可证》办理工商登记，领取营业执照。未取得《食品流通许可证》和营业执照的，不得从事食品经营。

食品经营者的经营条件发生变化，不符合食品经营要求的，食品经营者应当立即采取整改措施；有发生食品安全事故的潜在风险的，应当立即停止食品经营活动，并向所在地县级工商行政管理机关报告；需要重新办理许可手续的，应当依法办理。

第十一条　食品经营企业应当建立健全本单位的食品安全管理制度，组织职工参加食品安全知识培训，学习食品安全法律、法规、规章、标准和其他食品安全知识，并建立培训档案；配备专职或者兼职食品安全管理人员，做好对所经营食品的检验工作，依法从事食品经营活动。

第十二条　食品经营者应当建立并执行从业人员健康检查制度和健康档案制度。食品经营从业人员每年应当进行健康检查，取得健康证明后方可从事食品经营，其检查项目等事项应当符合所在地省、自治区、直辖市的规定。患有《食品安全法》、《食品安全法实施条例》规定的不得从事接触直接入口食品工作疾病的从业人员，不得从事接触直接入口食品的工作。

第十三条　食品经营者采购食品，应当查验供货者的许可证、营业执照和食品合格的证明文件。

食品经营企业应当建立食品进货查验记录制度，如实记录食品的名称、规格、数量、生产批号、保质期、供货者名称及联系方式、进货日期等内容。

鼓励其他食品经营者按照前款规定建立进货查验记录制度。

实行统一配送经营方式的食品经营企业，可以由企业总部统一查验供货者的许可证、营业执照和食品合格的证明文件，进行食品进货查验记录，可将有关资料复印件留存所属相关经营企业备查，也可以采用信息化技术，联网备查。

第十四条　从事食品批发业务的经营企业销售食品，应当如实记录批发食品的名称、规格、数量、生产批号、保质期、购货者名称及联系方式、销售日期等内容，或者保留载有上述信息的销售票据。

从事批发业务的食品经营企业应当向购货者开具载有前款规定信息的销售票据或者清单，同时加盖印章或者签字。

第十五条　食品进货查验记录、批发记录或者票据应当真实，保存期限不得少于两年。

第十六条　鼓励食品经营者采用先进技术手段，记录法律、法规及本办法要求记录的事项。

第十七条　食品经营者贮存、运输和装卸食品的容器、工具和设备应当安全、无害，保持清洁，防止食品污染，并符合保证食品安全所需的温度等特殊要求，不得将食品与有毒、有害物品一同运输。

第十八条　食品经营者对贮存、销售的食品应当定期进行检查，查验食品的生产日期和保质期，及时清理变质、超过保质期及其他不符合食品安全标准的食品，主动将其退出市场，并做好相关记录。

第十九条　食品经营者贮存散装食品，应当在贮存位置标明食品的名称、生产日期、保质期、生产者名称及联系方式等内容。

食品经营者销售散装食品，应当在散装食品的容器、外包装上标明食品的名称、生产日期、保质期、生产经营者名称及联系方式等内容。

食品经营者销售生鲜食品和熟食制品，应当符合食品安全所需要的温度、空间隔离等特殊要求，防止交叉污染。

第二十条　食品经营者销售的预包装食品的包装上，应当有标签。标签内容应当符合《食品安全法》第四十二条的规定。

食品的标签、说明书，不得含有虚假、夸大的内容，不得涉及疾病预防、治疗功能。

食品的标签、说明书应当清楚、明显、容易辨识。

食品经营者应当按照食品标签标示的警示标志、警示说明或者注意事项的要求，销售预包装食品。

第二十一条 食品经营者应当主动向消费者提供销售凭证，对不符合食品安全标准的食品履行更换、退货等义务。

鼓励食品经营者在其销售食品的包装上附加特殊身份标记，将其销售的食品与其他食品经营者销售的食品相区分。

第二十二条 食品集中交易市场的开办者、食品经营柜台的出租者和食品展销会的举办者，应当依法履行下列管理义务：

（一）审查入场食品经营者的《食品流通许可证》和营业执照；

（二）明确入场食品经营者的食品安全管理责任；

（三）定期对入场食品经营者的经营环境和条件进行检查；

（四）建立食品经营者档案，记载市场内食品经营者的基本情况、主要进货渠道、经营品种、品牌和供货商状况等信息；

（五）建立和完善食品经营管理制度，加强对食品经营者的培训；

（六）设置食品信息公示媒介，及时公开市场内或者行政机关公布的相关食品信息；

（七）其他应当履行的食品安全管理义务。

食品集中交易市场的开办者、食品经营柜台的出租者和食品展销会的举办者发现食品经营者不具备经营资格的，应当禁止其入场销售；发现食品经营者不具备与所经营食品相适应的经营环境和条件的，可以暂停或者取消其入场经营资格；发现经营不符合食品安全标准的食品或者有其他违法行为的，应当及时制止，并立即将有关情况报告辖区工商行政管理机关。

第二十三条 食品经营者应当建立并执行食品退市制度。食品经营者发现其经营的食品不符合食品安全标准，应当立即停止经营，下架单独存放，通知相关生产经营者和消费者，并记录停止经营和通知情况，将有关情况报告辖区工商行政管理机关。

食品经营者未依照前款规定停止经营不符合食品安全标准的食品的，工商行政管理机关可以责令其停止经营。

第二十四条 食品广告的内容应当真实合法，不得含有虚假或者夸大的内容，不得涉及疾病预防、治疗功能。

食品广告中不得含有食品安全监督管理部门或者承担食品检验职责的机构、食品行业协会、消费者协会向消费者推荐食品的内容。

第二十五条 社会团体或者其他组织、个人在虚假广告中向消费者推荐食品，使消费者的合法权益受到损害的，与食品生产经营者承担连带责任。

第二十六条 食品经营企业应当制定食品安全事故处置方案，定期检查本企业各项食品安全防范措施的落实情况，及时消除食品安全事故隐患。

发生食品安全事故的食品经营者对导致或者可能导致食品安全事故的食品及原料、工具、设备等，应当立即采取封存等控制措施，并自事故发生之时起 2 小时内向所在地县级人民政府卫生行政部门报告。

第二十七条 鼓励食品集中交易市场的开办者、食品经营柜台的出租者、食品展销会的举办者和有条件的食品经营企业配备必要的检测设备，对食品进行自检或者送检。

三、监督管理

第二十八条　县级及其以上地方工商行政管理机关应当按照当地人民政府组织制定的本行政区域的食品安全年度监督管理计划开展工作。

第二十九条　县级及其以上地方工商行政管理机关履行流通环节食品安全监督管理职责，有权采取《食品安全法》第七十七条规定的监督管理措施。

第三十条　县级及其以上地方工商行政管理机关应当严格落实监管责任，开展食品市场监督检查。食品经营者应当接受和配合工商行政管理机关的监督检查。

第三十一条　县级及其以上地方工商行政管理机关进行监督检查时，应当记录监督检查的情况，发现有违法行为的，应当如实记录，经监督检查人员和食品经营者签字后归档，并依法查处；对依法应当立案查处或者移送其他机关依法处理的，应当在监督检查记录中载明。

监督检查记录保存期限应当符合档案管理相关规定。

第三十二条　县级及其以上地方工商行政管理机关应当建立食品经营者食品安全信用档案，记录许可证照颁发、日常监督检查结果、违法行为的查处和食品经营者停止经营不符合食品安全标准的食品等情况。依托金信工程，将食品经营者的食品安全信用情况作为企业信用分类监管、个体工商户分层分类监管、市场信用分类监管制度的重要内容，对有不良信用记录的食品经营者增加监督检查频次，加强监督管理。

第三十三条　县级及其以上地方工商行政管理机关应当加强对食品经营者经营活动的日常监督检查；发现不符合食品经营要求情形的，应当责令立即纠正，并依法予以处理；不再符合经营许可条件的，应当依法撤销相关许可。

第三十四条　县级及其以上地方工商行政管理机关应当对国务院卫生行政部门公布的添加或者可能添加到食品中的非食品用化学物质和其他可能危害人体健康的物质采取相应的监督管理措施。

县级及其以上地方工商行政管理机关在监督检查中发现不符合食品安全标准的食品，责令食品经营者停止经营的，应当及时追查食品来源和流向；涉及其他地区的，应当及时报告上级工商行政管理机关，书面通报相关地工商行政管理机关依法查处。

第三十五条　县级及其以上地方工商行政管理机关在监督检查中发现食品经营者经营不符合食品安全标准的食品，其原因是由其他环节引起的，应当及时书面通报有关主管部门。

第三十六条　县级及其以上地方工商行政管理机关应当公布本单位的电子邮件地址或者电话，接受咨询、投诉、举报；对接到的咨询、投诉、举报，应当依照《食品安全法》第八十条的规定进行答复、核实、处理，并对咨询、投诉、举报和答复、核实、处理的情况予以记录、保存。

第三十七条　县级及其以上地方工商行政管理机关应当依照《食品安全法》的有关规定和当地人民政府的食品监测计划，对流通环节食品进行定期或者不定期的抽样检验。

县级及其以上地方工商行政管理机关对当地人民政府制定的本行政区域的食品安全年度监督管理计划中确定的重点食品、消费者申(投)诉及举报比较多的食品、市场监督检查中发现问题比较集中的食品，以及根据查办案件、有关部门通报的情况，对流通环节的食品是否符合食品安全标准进行不定期抽样检验。

第三十八条　县级及其以上地方工商行政管理机关在执法工作中需要对食品进行检验的，应当委托符合《食品安全法》规定的食品检验机构进行检验，并支付相关费用。

第三十九条　县级及其以上地方工商行政管理机关实施食品抽样检验以及快速检测工作，应当购买样品，支付相关费用；不收取食品经营者的检验费和其他任何费用，所需经费由同级财政列支。

第四十条　县级及其以上地方工商行政管理机关对食品进行抽样检验时，应当制作抽样检验工作记录，现场检查所抽检食品的相关票证、货源、数量、存货量、销售量等；应当要求检验机构按照国家规定的采样规则进行取样，并将抽样检验结果通知标称的食品生产者。

第四十一条　县级及其以上地方工商行政管理机关依法开展抽样检验时，被抽样检验的经营者应当配合抽样检验工作，如实提供被抽样检验食品的相关票证、货源、数量、存货地点、存货量、销售量等信息。

第四十二条　对检验结论有异议的，可以依法进行复检。被抽样检验的经营者或者标称的生产者，应当向承担复检工作的食品检验机构申请复检，并说明理由。

复检机构名录由国务院认证认可监督管理、卫生行政、农业行政等部门共同公布。复检机构出具的复检结论为最终检验结论。

复检机构由复检申请人自行选择。复检机构与初检机构不得为同一机构。

复检结论表明食品合格的，复检费用由抽样检验的部门承担；复检结论表明食品不合格的，复检费用由食品生产经营者承担。

第四十三条　组织实施抽样检验的县级及其以上地方工商行政管理机关应当自收到检验结果5个工作日内，将抽样检验结果通知被抽样检验人，责令其停止销售不符合食品安全标准的食品，监督其他食品经营者对同一批次的食品下架退市，并按照有关规定，准确、及时、客观地公布食品安全抽样检验信息。

第四十四条　组织实施抽样检验的县级及其以上地方工商行政管理机关对抽样检验中发现的不属于自己管辖的食品安全案件线索，应当及时书面通报有管辖权的工商行政管理机关或者移送有关执法机关处理。

第四十五条　县级及其以上地方工商行政管理机关在食品安全监督管理工作中可以采用《食品安全法实施条例》第五十条的规定认定的快速检测方法对食品进行初步筛查；对初步筛查结果表明可能不符合食品安全标准的食品，应当依照《食品安全法》第六十条第三款的规定进行检验。初步筛查结果不得作为执法依据。

第四十六条　境外发生的食品安全事件可能对我国境内造成影响，或者在进口食品中发现严重食品安全问题的，县级及其以上地方工商行政管理机关接到国家出入境检验检疫部门有关通报后，应当采取相应处理措施。

县级及其以上地方工商行政管理机关接到国家出入境检验检疫部门通报的有关进出口食品安全信息，必要时应当采取相应处理措施。

县级及其以上地方工商行政管理机关在监督检查中发现进口食品存在安全问题的，应当及时将获知的涉及进出口食品安全的信息向国家出入境检验检疫部门通报。

第四十七条　鼓励县级及其以上地方工商行政管理机关建立食品经营主体数据库、监督检查数据库、典型案例数据库，依托“12315”行政执法网络，运用先进技术手段加强食品监督检查工作，提高食品安全监督管理水平。

第四十八条　县级及其以上地方工商行政管理机关在日常监督管理中发现食品安全事故，或者接到有关食品安全事故的举报，应当立即向当地卫生行政部门通报。

发生食品安全事故的，事发地工商行政管理机关应当按照国务院有关部门制定的食品安全事故调查处理办法，在当地人民政府统一领导下，配合卫生行政等相关部门，及时做出反应，采取措施控制事态发展，并及时向上级工商行政管理机关报告。

调查食品安全事故，应当坚持实事求是、尊重科学的原则，及时、准确查清事故性质和原因。认定事故责任，提出整改措施。

任何单位或者个人不得对食品安全事故隐瞒、谎报、缓报，不得毁灭有关证据。

第四十九条　县级及其以上地方工商行政管理机关参与食品安全事故调查时，有权向有关单位和个人了解与食品安全事故有关的情况，要求提供相关资料和样品；有关单位和个人应当配合食品安全事故调查处理工作，按照要求提供相关资料和样品，不得拒绝。

任何单位或者个人不得阻挠、干涉食品安全的调查处理。

第五十条　县级及其以上地方工商行政管理机关可以向社会公布下列食品安全日常监督管理信息：

（一）依照《食品安全法》实施行政许可的情况；

（二）责令停止经营的食品、食品添加剂、食品相关产品的名录；

（三）查处食品经营者违法行为的情况；

（四）专项检查整治工作情况；

（五）法律、行政法规规定的其他食品安全日常监督管理信息。

县级及其以上地方工商行政管理机关依据职责公布食品安全日常监督管理信息；涉及其他食品安全监督管理部门职责的，应当联合公布。

公布食品安全日常监督管理信息，应当做到准确、及时、客观，同时对有关食品可能产生的危害进行解释、说明。

具体日常监督管理信息公布制度由省级工商行政管理机关依照本办法制定。

第五十一条　县级及其以上地方工商行政管理机关获知《食品安全法》第八十二条第一款规定的需要统一公布的信息，应当向上级工商行政管理机关报告，由上级机关立即报告国务院卫生行政部门；必要时，可以直接向国务院卫生行政部门报告。

县级及其以上地方工商行政管理机关应当与其他食品安全监督管理部门相互通报获知的食品安全信息。

第五十二条　省、自治区、直辖市工商行政管理机关应当配合同级卫生行政部门制定本行政区域的食品安全风险监测方案。

县级及其以上地方工商行政管理机关应当协助收集《食品安全法实施条例》第十三条第一款规定的食品安全风险评估信息和资料。

省、自治区、直辖市工商行政管理机关应当配合同级卫生行政部门对食品安全国家标准和食品安全地方标准的执行情况分别进行跟踪评价。

省、自治区、直辖市工商行政管理机关应当收集、汇总食品安全标准在执行过程中存在的问题，并及时向同级卫生行政部门通报。

四、法律责任

第五十三条　违反本办法第九条第一款第（一）、（二）、（三）、（四）、（五）、（六）、（八）、（十）、（十三）项，第二十三条第二款的规定的，没收违法所得、违法经营的食品和用于违法经营的工具、设备、原料等物品；违法经营的食品货值金额不足一万元的，并处二千元以上五万元以下罚款；货值金额一万元以上的，并处货值金额五倍以上十倍以下罚款；情节严重的，吊销许可证。

第五十四条　违反本办法第十条的规定，未经许可从事食品经营活动的，没收违法所得、违法经营的食品和用于违法经营的工具、设备等物品；违法经营的食品货值金额不足一万元的，并处二千元以上五万元以下罚款；货值金额一万元以上的，并处货值金额五倍以上十倍以下罚款。

第五十五条　违反本办法第十二条的规定，安排患有《食品安全法》第三十四条以及《食品安全法实施条例》第二十三条所列疾病的人员从事接触直接入口食品的工作，或者违反本办法第十三条第一款、第二款，第十四条第一款，第十五条，第十八条，第十九条，第二十条第二款的规定的，责令改正，给予警告；拒不改正的，处二千元以上二万元以下罚款；情节严重的，责令停产停业，直至吊销许可证。

第五十六条　违反本办法第九条第一款第（七）、（九）、（十一）、（十二）项，第二十条第一款的规定的，没收违法所得、违法经营的食品和用于违法经营的工具、设备等物品；违法经营的食品货值金额不足一万元的，并处二千元以上五万元以下罚款；货值金额一万元以上的，并处货值金额二倍以上五倍以下罚款；情节严重的，责令停产停业，直至吊销许可证。

第五十七条　违反本办法第十七条的规定，食品经营企业未按照要求进行食品运输的，责令改正，给予警告；拒不改正的，责令停产停业，并处二千元以上五万元以下罚款；情节严重的，由原发证部门吊销许可证。

第五十八条　违反本办法第二十二条第一款第（一）、（二）、（三）项及第二款的规定的，处二千元以上五万元以下罚款；造成严重后果的，责令停业，由原发证部门吊销许可证。

第五十九条　违反本办法第二十四条第一款的规定的，责令广告主停止发布广告，并以等额广告费用在相应范围内公开更正消除影响，并处广告费用一倍以上五倍以下的罚款。违反本办法第二十四条第二款的规定的，没收违法所得，依法对直接负责的主管人员和其他直接责任人员给予记大过、降级或者撤职的处分。

第六十条　违反本办法第二十六条第二款的规定，食品经营企业在发生食品安全事故后未进行处置、报告的，按照工商行政管理机关职责分工，责令改正，给予警告；毁灭有关证据的，责令停业，并处二千元以上十万元以下罚款；造成严重后果的，由原发证部门吊销许可证。

第六十一条　食品经营者的经营条件发生变化，未依照本办法第十条第二款规定处理的，责令改正，给予警告；造成严重后果的，依照《食品安全法》第八十五条的规定给予处罚。

第六十二条　有下列行为之一的，责令改正，拒不改正的，处以一万元以下罚款：

（一）食品经营者聘用未取得健康证明的人员从事食品经营的；

（二）食品经营者未主动向消费者提供销售凭证，或者拒不履行不符合食品安全标准的食品更换、退货等义务的；

（三）食品经营者拒绝工商行政管理机关依法开展监督检查的。

第六十三条　违反本办法的规定，有下列行为之一的，责令改正，拒不改正的，处以一万元以下罚款；情节严重的，处以一万元以上三万元以下罚款：

（一）从事批发业务的食品经营企业没有向购货者开具销售票据或者清单的；

（二）食品集中交易市场的开办者、食品经营柜台的出租者和食品展销会的举办者没有建立食品经营者档案、记载市场内食品经营者的基本情况、主要进货渠道、经营品种、品牌和供货商状况等信息；没有设置食品信息公示媒介，及时公开市场内或者行政机关公布的相关食品信息的。

第六十四条　食品经营者主动消除或者减轻违法行为危害后果，或者有其他法定情形的，应当从轻、减轻处罚。

违法行为轻微并及时纠正，没有造成危害后果的，不予处罚。

第六十五条　县级及其以上地方工商行政管理机关在监督检查中发现食品经营者违反本办法规定涉嫌犯罪的，应当依法移送公安机关。

第六十六条　县级及其以上地方工商行政管理机关不履行食品安全监督管理法定职责、日常监督检查不到位或者滥用职权、玩忽职守、徇私舞弊的，依法对直接负责的主管人员和其他直接责任人员给予记大过或者降级的处分；造成严重后果的，给予撤职或者开除的处分；其主要负责人应当引咎辞职。

学习活动3　加强农村食品市场监管工作

为了切实保障农村食品市场消费安全，严厉打击销售假冒伪劣食品违法行为，保护广大消费者合法权益，维护农村食品市场秩序，进一步加强农村食品市场监管工作应从以下几个方面着手：

1. 进一步提高认识，高度重视农村食品市场监管工作

党中央、国务院一贯高度重视农村食品安全工作。各级工商行政管理机关一直将保障农村食品市场消费安全作为市场监管工作的重中之重，大力整治农村食品市场，取得了明显成效。但是，在农村一些地区仍然存在销售假冒伪劣食品的违法行为，严重扰乱了农村食品市场经营秩序，损害了农民消费者的合法权益。对此，各级工商行政管理机关要高度重视农村食品市场监管工作，要从改善民生和维护社会和谐稳定的高度，充分认识深入开展农村食品市场整治工作、加大监管执法力度的重要性和紧迫性，切实把思想认识统一到党中央、国务院的决策部署和要求上来，增强大局意识、责任意识和法制意识，始终把农村食品市场监管工作作为重要任务，切实抓紧抓好，抓出成效。

2. 加大农村食品市场整治工作力度，切实保障农村流通环节食品安全

各地要结合当地实际，在过去专项整治工作基础上，集中力量、集中时间，紧紧围绕农民群众反映强烈、社会影响面大、侵害农村消费者合法权益的食品违法行为，进一步突出整治重点，加大整治力度，有针对性地深入开展专项整治工作。一是要以城乡结合部、乡（村）镇、农村旅游景点、庙会、长途汽车站等重点区域开展整治工作；二是以饮料、白酒、葡萄酒、乳制品、食用油、矿泉水、膨化食品、酱油、食醋、糕点、儿童食品、老年食品、地方特色食品以及消费者申诉举报集中的食品和食品添加剂为重点品种开展整治工作；三是要以农村批发市场、集贸市场、商场、超市、食品（杂）店为重点单位开展整治工作，监督食品市场开办者和食品经营者严格自律，切实做到不进、不存、不销假冒伪劣食品和不符合食品安全标准的食品。要着力整治农村食品市场销售不合格食品、过期食品、“三无”食品和假冒、仿冒食品等违法行为，坚决依法取缔无照经营。

3. 强化案件查办工作，严厉打击销售假冒伪劣和仿冒食品违法行为

各地要强化案件查办工作，加大农村食品市场大要案的线索排查和查办力度，做到对案件

线索尚未查清的绝不放过，对发现的问题食品其来源不清的绝不放过，对查处的违法案件没有查结的绝不放过。要一级抓一级，层层抓督查，大要案件实行挂牌督办，领导干部包案，限期办结。

各地要突出案件查办工作重点，坚决依法查处假冒或仿冒他人食品商标，仿冒他人知名食品特有的名称、包装、装潢，假冒或伪造他人厂名、厂址和对食品质量作引人误解的虚假表示和虚假宣传，在食品经营中掺杂使假、以假充真、以次充好，以及违法印制他人知名食品包装、他人食品商标标识等案件。

各地要严厉打击销售假冒伪劣食品违法行为，集中执法力量、严厉查处存在重大食品安全隐患、社会反映强烈、消费者申诉举报集中、媒体高度关注等农村食品市场违法案件，始终保持高压态势，坚决依法打击。要严格依照法定的权限和程序公布典型案例，有效震慑违法食品经营者，切实规范农村食品经营行为，切实促进农村食品市场健康有序发展。

各地要严格办案程序，规范执法行为，既要严惩违法行为，又要依法保护消费者和经营者的合法权益。对查办案件中涉及其他部门职能的案件线索，要及时通报相关职能部门。涉嫌犯罪的，要依法及时移送公安机关。

4.加大农村食品市场分类监管力度，建立健全长效监管机制

各地要针对农村商场、超市、批发市场、集贸市场和食品(杂)店等农村食品市场主要经营业态的不同特点和不同经营管理状况，更加有针对性地强化农村食品市场分类监管，切实提高食品安全监管执法效能。

各地要加大农村食品市场巡查监管工作力度，重点检查农村食品商场、超市、批发企业、批发市场、集贸市场和食品(杂)店，特别是要将监管重心下移，严格落实基层工商所食品安全日常巡查和属地监管责任。引导农村食品经营者增强法律意识、责任意识，建立健全以严把食品进货关、交易关和退市关为重点的经营者自律体系和食品安全可追溯机制。一是要严格监督农村食品商场、超市等经营者加强自律管理，确保入市食品安全。切实加强对农村商场、超市等经营的预包装食品、进口食品、散装食品等食品种类的日常监管，重点检查食品的生产日期、保质期等，督促商场、超市等针对处于保质期内、临近保质期、保质期届满等不同情况的食品采取有针对性的管理措施，对即将到保质期的食品在陈列场所向消费者做出醒目提示，对超过保质期的食品，应立即停止销售，下架退市，食品处理情况应当如实记录，该销毁的要坚决销毁。二是要在严格监督食品批发企业履行好查验义务和进货查验记录义务的同时，严格监督其记好销货台账，并向食品进货单位提供与食品零售单位的进货凭证统一格式、统一内容的销货凭证。三是要严格监督农村食品批发市场、集贸市场市场主办者切实履行食品安全管理责任，切实对消费者负责任；严格监督农村食品批发市场、集贸市场的场内经营者依法履行进货查验或进货查验记录义务。四是要严格监管农村食品(杂)店履行进货查验义务，对购入的食品查验供货者的许可证、营业执照和食品合格证明文件，确保食品来源合法。

各地要充分利用新闻媒体、宣传单、告示栏等多种渠道和手段，进一步广泛宣传国家有关食品安全的方针政策、食品安全监管法律法规、食品安全知识以及食品安全监管工作措施与成效。教育食品经营者依法经营，诚实守信。引导消费者树立科学、健康、文明的消费理念，不断提高识假辨假和自我保护能力。

5.加强组织领导，狠抓检查落实

各级工商行政管理机关要在当地党委政府领导下，进一步加强对农村食品市场监管工作

的组织领导，实行一把手负总责、亲自抓，分管领导具体抓，各内设机构要按职责分工负责全力抓，形成齐抓共管的工作格局。要把农村食品市场监管作为当前流通环节食品安全监管工作的重点，切实抓紧抓好。

各地要依据法定职责，结合当地实际情况，细化农村食品市场监管工作任务，明确农村食品市场监管责任，层层落实任务和职责，做到任务到岗、责任到人，确保监管工作取得实效。

各地要切实加强食品安全监管工作的督促、检查和落实工作，强化分类指导，采取明察暗访、专项督查、集中检查等方式，一级抓一级、层层抓落实，确保各项工作落到实处，取得实效。国家工商总局也将适时派出督查组进行督导检查。

各地要根据工商总局流通环节食品安全专项整治工作的部署以及本《通知》的要求，结合当地实际情况，集中监管执法力量，有针对性的强化农村食品安全监管工作。各省级工商行政管理局要按照要求每月及时报送《农村食品市场监管工作统计表》(表 6-9)。

表 6-9 农村食品市场监管工作统计表

类别		单位	数量
出动执法人员		人次	
检查食品经营户		户次	
检查食品添加剂经营户		户次	
检查批发市场、集贸市场等各类市场		个次	
取缔无照经营户		户	
吊销食品流通许可证		户	
吊销营业执照		户	
捣毁售假窝点		个	
查扣违法添加非食用物质和滥用食品添加剂的食品数量		千克	
查扣仿冒知名品牌饮料	被侵权品牌数量	个	
	查扣饮料数量	千克	
	查处案件数量	件	
查扣假酒	被侵权酒类品牌数量	个	
	查扣假酒数量	千克	
	查处案件数量	件	
查处不符合食品安全标准的食品案件	数量	件	
	案值	万元	
移送司法机关案件		件	
受理和处理消费者申诉和举报		件	
为消费者挽回经济损失		万元	

填报单位：　　　　填报人：　　　　填报时间：　　年　　月　　日

6.加大日常巡查力度，规范农村食品市场秩序

加大日常巡查监管力度，全面履行监管职责，进一步规范农村食品市场秩序，切实解决无证无照经营、营业执照不及时年检、食品批发主体资格违法、食品供货渠道监管失控、连锁配送不符合食品监管要求、食品入市无质量报告、食品经营者经销过期食品、食品经营场所与娱乐区和生活区混合、食品经营卫生环境差、食品经营人员无身体健康合格证明等问题。

7.积极探索创新，推进农村食品摊贩监管

食品摊贩是农村普遍存在的一种食品经营形式，要严格把握政策界限，认真履行监管职责，做到存在与取缔相结合。对在地方政府规定的区域和时间内（早夜市、大集等）销售食品及不提供服务设施、现场制售食品的食品经营者进一步加强管理。要在传统监管的基础上，完善实施食品摊贩证制度。

8.勇于担当，加强小作坊监管

①是搞好调查摸底，掌握总量。既要准确掌握有形市场内的小作坊总数，又要会同质监部门搞好有形市场外的小作坊总数统计，全面准确分析工商监管的小作坊、场内小作坊、场外小作坊等占社会小作坊总量的比重。②是对商场、超市、集贸市场等有形市场内的小作坊，要全部实施监管；对有形市场外、以现场制售为主的小作坊，要积极介入监管。③是认真解决工商监管的小作坊无证无照、食品卫生许可证到期等问题，实施食品生产加工小作坊登记证制度，依据食品生产加工小作坊登记证办理工商营业执照。

相关学习链接

1.中华人民共和国中央人民政府 http://www.gov.cn/

2.中华人民共和国国家工商行政管理总局 http://www.saic.gov.cn/

3.食品伙伴网 http://www.foodmate.net

4.工商图书快报 http://www.saic.gov.cn/tskb/

5.黑龙江省工商行政管理总局 http://www.hljaic.gov.cn/

想一想

1.食品流通许可证的编号构成是什么？

2.绘制食品流通许可证的申请流程图。

3.哪几种情形要撤销已发放的食品流通许可证？

4.如何进一步做好流通环节食品安全监管工作？

5.申请领取食品流通许可证应提交哪些材料？

6.如何加强农村食品市场监管工作？

任务三 学习查看中华人民共和国国家工商行政总局其他文件的方法

◆ 任务目标

- 掌握查看中华人民共和国国家工商行政总局其他文件的方法。

◈ 案例导入

查找国家工商行政管理总局文件关于贯彻落实《国务院关于加强食品安全工作的决定进一步做好流通环节食品安全监管工作的意见》。

案例分析

进入中华人民共和国国家工商行政管理总局网站→服务导航上的重要发布→总局文件进入或进入中华人民共和国国家工商行政管理总局网站直接搜索国务院关于加强食品安全工作的决定进一步做好流通环节食品安全监管工作的意见。

◈ 学习活动方案

学习活动1　查看中华人民共和国国家工商行政总局其他文件的方法

中华人民共和国国家工商行政管理总局网站 http://www.saic.gov.cn/ →点击服务导航上的重要发布 http://www.saic.gov.cn/zwgk/zyfb/→点击总局文件进入中华人民共和国国家工商行政管理总局文件 http://www.saic.gov.cn/zwgk/zyfb/zjwj/查询总局的其他文件，操作方法如下图。

相关学习链接

1. 中华人民共和国中央人民政府 http://www.gov.cn
2. 食品伙伴网 http://www.foodmate.net
3. 工商图书快报 http://www.saic.gov.cn/tskb
4. 黑龙江省工商行政管理总局 http://www.hljaic.gov.cn

查一查

1. 工商消字[2012]146 号总局文件。

2.《国务院食品安全委员会办公室关于开展 2012 年食品安全宣传周活动的通知》总局文件。

3. 工商食字[2012]137 号总局文件。

学习单元7 学习国家食品药品监督管理总局及其颁布文件

任务一 学习国家食品药品监督管理总局在食品监管中的职责和权限

◆ 任务目标

- 掌握国家食品药品监督管理总局的职责、权限。
- 掌握食品药品监督管理部门的机构改革和职能转变。

◆ 案例导入

2012年8月12日，部分游客在海南省三亚市三亚国光豪生度假酒店食用早餐后，陆续出现发热、呕吐、腹痛、腹泻等症状。截至8月13日20时，先后有141名游客到医院就诊，其中113人住院治疗。截至8月21日18时，所有患者已康复出院，无重症及死亡病例。

事件发生后，海南省食品药品监督管理局、三亚市食品药品监督管理局立即采取有效措施，迅速开展事件应急处置工作。8月13日，三亚市食品药品监督管理局对三亚国光豪生度假酒店的厨房、食品用工具、食品原料及相关食品实施查封，责令该酒店西餐厅从即日起停业。

根据流行病学调查及实验室检测结果，疾病预防控制部门判定此次事件为都柏林沙门氏菌引起的细菌性食物中毒。三亚市食品药品监督管理局调查取证认定三亚国光豪生度假酒店的行为违反了《食品安全法》第二十八条第(二)项规定。

根据《食品安全法》第八十五条第(二)项规定，三亚市食品药品监督管理局于8月18日依法对三亚国光豪生度假酒店做出行政处罚决定，没收其可疑食品蛋炒饭的食品原料：鸡蛋、香米、冻什菜粒等；没收违法所得61 800元；处以货值十倍(最高处罚倍数)的罚款，罚款人民币618 000元(以上两项罚没款共计679 800元)。

案例分析

结合表7-1所列的相关主题，分析讨论该事件发生的原因及食品药品监督管理部门的监管范围。

表7-1 事件的原因分析及国务院及食品药品监督管理部门的监管范围

分析主题	原因或监管范围
1.该事件发生的原因	
2.食品药品监督管理部门的监管范围	

◆ 学习活动方案

学习活动1 学习食品药品监督管理总局基本概述

食品药品监督管理局原是国务院综合监督食品、保健品、化妆品安全管理和主管药品监管的直属机构。2008年后，在《国务院办公厅关于印发国家食品药品监督管理局主要职责内设机构和人员编制规定的通知》(国办发[2008]100号)中，根据《国务院关于部委管理的国家局设置的通知》(国发[2008]12号)，设立国家食品药品监督管理局(副部级)，改为卫生部管理的国家局。其中，将综合协调食品安全、组织查处食品安全重大事故的职责划给卫生部。将卫生部食品卫生许可，餐饮业、食堂等消费环节(以下简称消费环节)食品安全监管和保健食品、卫生监督管理的职责，划入国家食品药品监督管理局。内设食品许可司和食品安全监管司，分别承担食品卫生许可管理工作和消费环节食品安全监督管理工作，发布与消费环节食品安全监管有关的信息。2013年3月上旬召开的中华人民共和国第十二届全国人民代表大会第一次会议与中国人民政治协商会议第十二届全国委员会第一次会议审议通过的《国务院机构改革和职能转变方案》和《国务院关于机构设置的通知》(国发[2013]14号)，设立国家食品药品监督管理总局(正部级)，为国务院直属机构。将国务院食品安全委员会办公室以及国家食品药品监督管理局的职责、国家质量监督检验检疫总局的生产环节食品安全监督管理职责、国家工商行政管理总局的流通环节食品安全监督管理职责加以整合，组建国家食品药品监督管理总局。主要职责是，对生产、流通、消费环节的食品安全和药品的安全性、有效性实施统一监督管理等。将工商行政管理、质量技术监督部门相应的食品安全监督管理队伍和检验检测机构划转食品药品监督管理部门。保留国务院食品安全委员会，具体工作由国家食品药品监督管理总局承担。国家食品药品监督管理总局加挂国务院食品安全委员会办公室牌子。同时，不再保留国家食品药品监管局和单设的食品安全办。

一、食品药品监督管理总局的机构设置

国家食品药品监督管理总局设17个内设机构：

(一)办公厅

负责文电、会务、机要、档案、督查等机关日常运转工作，承担政务公开、安全保密和信访等工作。

(二)综合司(政策研究室)

承担国务院食品安全委员会办公室日常工作，以及有关部门和省级人民政府履行食品安全监督管理职责的考核评价工作。研究食品、药品、医疗器械、化妆品监督管理重大政策，起草重要文稿。

(三)法制司

组织起草法律法规草案和规章，承担规范性文件的合法性审核工作，承担行政执法监督、行政复议、行政应诉等工作。

(四)食品安全监管一司

食品安全监管一司的工作职责包括：掌握分析食品生产加工环节食品安全形势、存在问题

并提出完善制度机制和改进工作的建议。拟订生产加工环节食品安全监督管理的规章、制度及技术规范。拟订食品生产许可实施办法，组织核准食品生产许可审查机构、审查员和检验机构，督促下级行政机关严格依法实施行政许可。指导下级行政机关开展食品监督抽检工作，组织开展全国食品监督抽检。指导食品生产加工环节检验检测工作，配合相关部门组织开展食品监督管理的科研工作。拟订问题食品召回制度，指导地方相关工作。指导地方推进食品生产者诚信自律体系建设。督促地方开展生产加工环节食品安全监督管理、履行监督管理职责，及时发现、纠正违法和不当行为。承办总局交办的其他事项。

食品安全监管一司的机构设置：

1. 综合处

(1)承担司综合文稿起草、会议组织、公文处理、文书档案、政务信息、督查督办、安全保密、资产管理等综合工作。

(2)负责全国食品生产加工环节生产许可审查机构、审查员核准组织工作，督促下级行政机关加强生产许可审查机构、审查员管理。

(3)承担生产环节食品安全监督管理信息化相关工作。

(4)承担食品生产加工环节相关统计工作，建立健全全国食品生产许可获证企业数据库。

(5)总结推广食品生产加工环节监督管理经验，指导生产加工食品安全示范区建设。

2. 监管一处

(1)拟订生产加工环节食品安全监督管理的综合性规章、制度。

(2)拟订问题食品召回制度，总结完善食品召回和处置工作。

(3)督查督导地方相关监督管理工作，组织开展全国范围的综合性整治。

(4)分析食品生产加工环节食品安全形势、存在问题并提出完善制度机制和改进工作的建议。

(5)指导地方建立生产企业食品安全信用档案，推进诚信体系建设。

(6)指导督促食品生产加工环节检验检测工作，配合相关部门组织开展食品监督管理的科研工作。

(7)指导督促下级行政机关开展食品监督抽检工作，组织开展食品定期监督抽检。

3. 监管二处

(1)拟订生产加工环节动物源食品安全监督管理的规章、制度及技术规范。

(2)督促地方开展生产加工环节动物源食品安全监督管理和生产企业监督检查，及时发现、纠正违法和不当行为。

(3)拟订动物源食品生产许可实施办法，督促下级行政机关严格依法实施行政许可。

(4)指导动物源食品生产许可发证检验工作，督促下级行政机关开展检验机构的监督管理。

(5)分析动物源食品生产加工环节食品安全形势、存在问题并提出完善制度机制和改进工作的建议。

(6)指导督促动物源食品检验检测工作，组织开展动物源食品专项监督抽检工作。

(7)指导督促地方开展有问题动物源食品召回工作。

4. 监管三处

(1)拟订生产加工环节植物源食品安全监督管理的规章、制度及技术规范。

(2)督促地方开展生产加工环节植物源食品安全监督管理和生产企业监督检查,及时发现、纠正违法和不当行为。

(3)拟订植物源食品生产许可实施办法,督促下级行政机关严格依法实施行政许可。

(4)指导植物源食品生产许可发证检验工作,督促下级行政机关开展检验机构的监督管理。

(5)分析植物源食品生产加工环节食品安全形势、存在问题并提出完善制度机制和改进工作的建议。

(6)指导督促植物源食品检验检测工作,组织开展植物源食品专项监督抽检工作。

(7)指导督促地方开展问题植物源食品召回工作。

5.监管四处

(1)拟订生产加工环节食品添加剂及相关食品安全监督管理规章制度及技术规范。

(2)督促地方开展生产加工环节食品添加剂及相关食品安全监督管理和生产企业监督检查,及时发现、纠正违法和不当行为。

(3)拟订食品添加剂及相关食品的生产许可实施办法,指导督促下级行政机关严格依法实施行政许可。

(4)指导督促食品添加剂及相关食品的生产许可发证检验工作以及下级行政机关开展检验机构监督管理工作。

(5)分析食品添加剂及相关食品生产加工环节食品安全形势、存在问题并提出完善制度机制和改进工作的建议。

(6)指导督促食品添加剂及相关食品检验检测工作,组织开展食品添加剂及相关食品专项监督抽检工作。

(7)指导督促地方开展问题食品添加剂及相关食品的召回工作。

(五)食品安全监管二司

食品安全监管二司的工作职责包括:掌握分析流通和餐饮消费环节食品安全形势、存在问题并提出完善制度机制和改进工作的建议。拟订流通和餐饮消费环节食品安全监督管理的制度、措施并督促落实。规范流通和餐饮消费许可管理,督促下级行政机关严格依法实施行政许可。指导下级行政机关开展流通和餐饮消费环节食品监督抽检工作。指导下级行政机关对进入批发、零售市场的食用农产品进行监督管理,组织协调、建立与农业部门的衔接处置机制。拟订不符合食品安全标准食品停止经营的管理制度,指导督促地方相关工作。指导地方推进食品经营者诚信自律体系建设。督促下级行政机关开展流通和餐饮消费环节食品安全日常监督管理、履行监督管理责任,及时发现、纠正违法和不当行为。承办总局交办的其他事项。

食品安全监管二司的机构设置:

1.综合处

(1)承担司综合文稿起草、会议组织、公文处理、文书档案、政务信息、督查督办、安全保密、资产管理等综合工作。

(2)承担流通和餐饮消费环节食品安全监督管理信息化相关工作。

(3)配合推进流通和餐饮消费环节食品安全监督管理能力建设。

2.监管一处

(1)掌握分析流通和餐饮消费环节食品安全形势、存在问题并提出完善制度机制和改进工作的建议。

(2)组织拟订流通和餐饮消费食品安全监督管理法律法规和政策措施。

(3)研究指导下级行政机关在流通和餐饮消费食品安全监督管理工作中出现的法律法规适用和政策问题。

(4)研究起草流通和餐饮消费环节食品安全监督管理相关文稿。

(5)组织拟订有关食品互联网销售监督管理制度。

(6)组织拟订不符合食品安全标准食品停止经营的管理制度,指导督促地方相关工作。

(7)组织拟订流通和餐饮消费环节食品经营许可规范、制度。

(8)指导督促食品流通和餐饮消费许可管理工作。

(9)承担流通和餐饮消费环节食品经营主体相关统计和分析工作。

3.监管二处

(1)掌握分析流通环节食品安全形势、存在问题并提出完善制度机制和改进工作的建议。

(2)拟订流通环节食品安全监督管理规范、制度及具体措施、办法。

(3)指导督促地方流通环节食品安全日常监督管理,组织开展监督检查,及时发现、纠正违法和不当行为。

(4)指导地方推进流通环节食品经营者诚信自律体系建设。

(5)指导督促地方实施对不符合食品安全标准食品的市场清查和查处工作。

(6)指导督促下级行政机关开展流通环节食品监督抽检。

4.监管三处

(1)掌握分析餐饮消费环节食品安全形势、存在问题并提出完善制度机制和改进工作的建议。

(2)拟订餐饮消费环节食品安全监督管理规范、制度及具体措施、办法。

(3)指导督促地方餐饮消费环节食品安全日常监督管理,组织开展监督检查,及时发现、纠正违法和不当行为。

(4)指导地方推进餐饮消费环节食品经营者诚信自律体系建设。

(5)指导督促下级行政机关餐饮消费环节食品监督抽检、量化分级等工作。

5.监管四处

(1)拟订食用农产品进入批发和零售市场的管理办法、管理规范及工作制度。

(2)指导督促地方食用农产品日常监督管理,组织开展监督检查,及时发现、纠正违法和不当行为。

(3)指导督促地方开展食用农产品抽样检验、快速检测工作。

(4)负责组织协调、建立与农业部门的衔接处置机制。

(六)食品安全监管三司

食品安全监管三司的工作职责包括:开展食品安全总体状况分析和形势研判,编制食品安全总体状况报告。拟订食品安全风险监测工作制度和技术规范,参与拟订国家食品安全风险监测计划,组织开展食品安全风险监测,通报监测结果并配合依法处置相关问题。开展食品安全风险预警和风险交流。组织协调、建立与农业、卫生计生、质检等部门有关食品、食品相关产品和进出口食品安全信息衔接机制。承担与国家卫生和计划生育委员会有关食品安全风险评估衔接工作。承担食品安全统计工作,编制食品安全统计年鉴。拟订保健食品监督管理工作制度和技术规范。承担保健食品注册审批工作，督促下级行政机关严格依法实施保健食品生产、流通许可及许可后的监督检查，对违法违规行为予以处理。指导督促下级行政机关开展保健食品监督管理、履行监督管理职责，及时发现、纠正违法和不当行为。拟订问题保健食品召回和处置制度，指导督促地方相关工作。组织开展食品安全统计、风险监测、风险预警和交流以及保健食品监督管理领域的项目研究。承办总局交办的其他事项。

食品安全监管三司的机构设置：

1.综合处

(1)承担司综合文稿起草、会议组织、公文处理、文书档案、政务信息、督查督办、安全保密、资产管理等综合工作。

(2)承担食品安全总体状况分析和形势研判，定期编制食品安全总体状况报告。

(3)组织开展食品安全综合统计工作，编制食品安全统计年鉴，并对下级行政机关进行业务指导。

2.监管一处

(1)参与拟订国家食品安全风险监测计划，组织开展食品安全风险监测，通报监测结果并配合依法处置相关问题。

(2)依据国家食品安全风险监测工作要求，拟订食品药品监督管理系统食品安全风险监测制度和技术规范并监督实施。

(3)拟订食品安全风险监测工作规范，指导督促风险监测技术机构以及下级行政机关相关工作。

(4)组织开展食品安全风险预警和风险交流。

(5)组织开展食品安全风险监测、预警和交流领域项目研究。

3.监管二处

(1)拟订与国家质量监督检验检疫总局食品相关产品、进出口食品安全信息通报和处置相关工作制度，建立衔接机制。

(2)建立与国家卫生和计划生育委员会的食品安全风险评估协调机制，组织提出食品安全风险评估建议，拟订相关管理制度。

(3)对可能影响食品安全的食品相关产品、存在安全问题的进口食品，以及风险评估得出不安全结论的食品，配合有关部门和相关司局采取相应措施。

(4)负责与国家食品安全风险评估中心的联系，承担与该中心食品安全相关业务协调工作。

(5)组织协调、建立与食品行业主管部门、行业组织等有关食品安全工作沟通机制。

4.监管三处

(1)拟订保健食品许可制度和技术规范，推进产品分类管理。

(2)组织实施保健食品注册审批和安全评估工作。

(3)承担保健食品注册管理信息化相关工作。

(4)指导督促下级行政机关开展保健食品许可相关工作，组织开展检查，及时发现、纠正违法和不当行为。

5.监管四处

(1)掌握分析保健食品监督管理形势、存在问题并提出完善制度机制和改进工作的建议。

(2)拟订保健食品监督管理工作制度并监督实施。

(3)组织开展对保健食品生产、流通许可后的监督检查,对发现的问题采取处理措施。

(4)指导督促下级行政机关开展保健食品监督管理、履行监督管理职责,及时发现、纠正违法和不当行为。

(5)拟订保健食品互联网销售监督管理制度并监督实施。

(6)拟订问题保健食品召回和处置制度,指导督促地方相关工作。

(7)组织开展保健食品监督抽检工作,指导督促保健食品检验检测工作,组织开展保健食品监督管理研究。

(七)药品化妆品注册管理司(中药民族药监管司)

严格依照法律法规规定的条件和程序办理药品注册和部分化妆品行政许可并承担相应责任,优化注册和行政许可管理流程,监督实施药物非临床研究、药物临床试验质量管理规范、中药饮片炮制规范,实施中药品种保护制度。

(八)医疗器械注册管理司

严格依照法律法规规定的条件和程序办理第三类、进口医疗器械产品注册并承担相应责任,优化注册管理流程,组织实施分类管理,监督实施医疗器械质量管理规范。

(九)药品化妆品监管司

掌握分析药品、化妆品安全形势、存在问题并提出完善制度机制和改进工作的建议,督促下级行政机关严格依法实施行政许可、履行监督管理责任,及时发现、纠正违法和不当行为。承担放射性药品、麻醉药品、毒性药品及精神药品、药品类易制毒化学品监督管理工作。组织开展药品不良反应监测、再评价。

(十)医疗器械监管司

掌握分析医疗器械安全形势、存在问题并提出完善制度机制和改进工作的建议,督促下级行政机关严格依法实施行政许可、履行监督管理责任,及时发现、纠正违法和不当行为。组织开展医疗器械不良事件监测、再评价。

(十一)稽查局

组织查处重大食品药品安全违法案件,指导和监督地方稽查工作,规范行政执法行为,推动完善行政执法与刑事司法衔接机制。监督问题产品召回和处置。指导地方药品、医疗器械、保健食品广告审查工作。

(十二)应急管理司

推动食品药品安全应急体系建设,组织编制应急预案并开展演练,承担重大食品药品安全事故应急处置和调查处理工作,指导协调地方食品安全事件应急处置工作。

(十三)科技和标准司

组织实施食品药品监督管理重大科技项目,推动食品药品检验检测体系、电子监管追溯体系和信息化建设。拟订食品药品检验检测机构资质认定条件和检验规范并监督实施。组织拟订药品、医疗器械、化妆品标准以及直接接触药品的包装材料和容器产品目录、药用要求、标准,参与拟订食品安全标准。

（十四）新闻宣传司

拟订食品安全信息统一公布制度，承担食品药品安全科普宣传、新闻和信息发布工作。

（十五）人事司

承担机关和直属单位的人事管理、机构编制、队伍建设、培训工作。拟订并完善执业药师资格准入制度，监督和指导执业药师注册工作。

（十六）规划财务司

拟订食品药品安全规划并组织实施。承担机关和直属单位预决算、财务、国有资产管理及内部审计工作。

（十七）国际合作司（港澳台办公室）

组织开展食品药品监督管理的国际交流与合作，以及与港澳台地区的交流与合作。

机关党委负责机关和在京直属单位的党群工作。

离退休干部局负责机关离退休干部工作，指导直属单位离退休干部工作。

二、主要职责

(1)负责起草食品(含食品添加剂、保健食品，下同)安全、药品(含中药、民族药，下同)、医疗器械、化妆品监督管理的法律法规草案，拟订政策规划，制定部门规章，推动建立落实食品安全企业主体责任、地方人民政府负总责的机制，建立食品药品重大信息直报制度，并组织实施和监督检查，着力防范区域性、系统性食品药品安全风险。

(2)负责制定食品行政许可的实施办法并监督实施。建立食品安全隐患排查治理机制，制定全国食品安全检查年度计划、重大整顿治理方案并组织落实。负责建立食品安全信息统一公布制度，公布重大食品安全信息。参与制定食品安全风险监测计划、食品安全标准，根据食品安全风险监测计划开展食品安全风险监测工作。

(3)负责组织制定、公布国家药典等药品和医疗器械标准、分类管理制度并监督实施。负责制定药品和医疗器械研制、生产、经营、使用质量管理规范并监督实施。负责药品、医疗器械注册并监督检查。建立药品不良反应、医疗器械不良事件监测体系，并开展监测和处置工作。拟订并完善执业药师资格准入制度，指导监督执业药师注册工作。参与制定国家基本药物目录，配合实施国家基本药物制度。制定化妆品监督管理办法并监督实施。

(4)负责制定食品、药品、医疗器械、化妆品监督管理的稽查制度并组织实施，组织查处重大违法行为。建立问题产品召回和处置制度并监督实施。

(5)负责食品药品安全事故应急体系建设，组织和指导食品药品安全事故应急处置和调查处理工作，监督事故查处落实情况。

(6)负责制定食品药品安全科技发展规划并组织实施，推动食品药品检验检测体系、电子监管追溯体系和信息化建设。

(7)负责开展食品药品安全宣传、教育培训、国际交流与合作。推进诚信体系建设。

(8)指导地方食品药品监督管理工作，规范行政执法行为，完善行政执法与刑事司法衔接机制。

(9)承担国务院食品安全委员会日常工作。负责食品安全监督管理综合协调,推动健全协调联动机制。督促检查省级人民政府履行食品安全监督管理职责并负责考核评价。

(10)承办国务院以及国务院食品安全委员会交办的其他事项。

三、职能转变

1.整合的职责

(1)将原卫生部组织制定药品法典的职责,划入国家食品药品监督管理总局。

(2)将原卫生部确定食品安全检验机构资质认定条件和制定检验规范的职责,划入国家食品药品监督管理总局。

(3)将国家质量监督检验检疫总局化妆品生产行政许可、强制检验的职责,划入国家食品药品监督管理总局。

(4)将国家质量监督检验检疫总局医疗器械强制性认证的职责,划入国家食品药品监督管理总局并纳入医疗器械注册管理。

(5)整合国家质量监督检验检疫总局、原国家食品药品监督管理局所属食品安全检验检测机构,推进管办分离,实现资源共享,建立法人治理结构,形成统一的食品安全检验检测技术支撑体系。

2.加强的职责

(1)转变管理理念,创新管理方式,充分发挥市场机制、社会监督和行业自律作用,建立让生产经营者成为食品药品安全第一责任人的有效机制。

(2)加强食品安全制度建设和综合协调,完善药品标准体系、质量管理规范,优化药品注册和有关行政许可管理流程,健全食品药品风险预警机制和对地方的监督检查机制,构建防范区域性、系统性食品药品安全风险的机制。

(3)推进食品药品检验检测机构整合,公平对待社会力量提供检验检测服务,加大政府购买服务力度,完善技术支撑保障体系,提高食品药品监督管理的科学化水平。

(4)规范食品药品行政执法行为,完善行政执法与刑事司法有效衔接的机制,推动加大对食品药品安全违法犯罪行为的依法惩处力度。

3.其他事项

(1)国家食品药品监督管理总局加挂国务院食品安全委员会办公室牌子。

(2)与农业部的有关职责分工。农业部门负责食用农产品从种植养殖环节到进入批发、零售市场或生产加工企业前的质量安全监督管理,负责兽药、饲料、饲料添加剂和职责范围内的农药、肥料等其他农业投入品质量及使用的监督管理。食用农产品进入批发、零售市场或生产加工企业后,按食品由食品药品监督管理部门监督管理。农业部门负责畜禽屠宰环节和生鲜乳收购环节质量安全监督管理。两部门建立食品安全追溯机制,加强协调配合和工作衔接,形成监管合力。

(3)与国家卫生和计划生育委员会的有关职责分工。国家卫生和计划生育委员会负责食品安全风险评估和食品安全标准制定。国家卫生和计划生育委员会会同国家食品药品监督管理总局等部门制定、实施食品安全风险监测计划。国家食品药品监督管理总局应当及时向国家卫生和计划生育委员会提出食品安全风险评估的建议。国家卫生和计划生育委员会对通过食品安全风险监测或者接到举报发现食品可能存在安全隐患的，应当立即组织进行检验和食品安全风险评估，并及时向国家食品药品监督管理总局通报食品安全风险评估结果。对于得出不安全结论的食品，国家食品药品监督管理总局应当立即采取措施。需要制定、修订相关食品安全标准的，国家卫生和计划生育委员会应当尽快制定、修订。完善国家食品安全风险评估中心法人治理结构，健全理事会制度。

国家食品药品监督管理总局会同国家卫生和计划生育委员会组织国家药典委员会，制定国家药典。

国家食品药品监督管理总局会同国家卫生和计划生育委员会建立重大药品不良反应事件相互通报机制和联合处置机制。

(4)与国家质量监督检验检疫总局的有关职责分工。国家质量监督检验检疫总局负责食品包装材料、容器、食品生产经营工具等食品相关产品生产加工的监督管理。质量监督部门发现食品相关产品可能影响食品安全的，应及时通报食品药品监督管理部门，食品药品监督管理部门应当立即在食品生产、流通消费环节采取措施加以处理。食品药品监督管理部门发现食品安全问题可能是由食品相关产品造成的，应及时通报质量监督部门，质量监督部门应当立即在食品相关产品生产加工环节采取措施加以处理。

国家质量监督检验检疫总局负责进出口食品安全、质量监督检验和监督管理。进口的食品以及食品相关产品应当符合我国食品安全国家标准。国家质量监督检验检疫总局应当收集、汇总进出口食品安全信息，并及时通报国家食品药品监督管理总局。境外发生的食品安全事件可能对我国境内造成影响，或者在进口食品中发现严重食品安全问题的，国家质量监督检验检疫总局应当及时采取风险预警或者控制措施，并向国家食品药品监督管理总局通报，国家食品药品监督管理总局应当及时采取相应措施。

(5)与国家工商行政管理总局的有关职责分工。食品药品监督管理部门负责药品、医疗器械、保健食品广告内容审查，工商行政管理部门负责药品、医疗器械、保健食品广告活动的监督检查。食品药品监督管理部门应当对其批准的药品、医疗器械、保健食品广告进行检查，对于违法广告，应当向工商行政管理部门通报并提出处理建议，工商行政管理部门应当依法做出处理，两部门建立健全协调配合机制。

(6)与商务部的有关职责分工。商务部负责拟订药品流通发展规划和政策，国家食品药品监督管理总局负责药品流通的监督管理，配合执行药品流通发展规划和政策。

商务部负责拟订促进餐饮服务和酒类流通发展规划和政策，国家食品药品监督管理总局负责餐饮服务食品安全和酒类食品安全的监督管理。

商务部发放药品类易制毒化学品进口许可前，应当征得国家食品药品监督管理总局同意。

(7)与公安部的有关职责分工。公安部负责组织指导食品药品犯罪案件侦查工作。国家食品药品监督管理总局与公安部建立行政执法和刑事司法工作衔接机制。食品药品监督管理部门发现食品药品违法行为涉嫌犯罪的，应当按照有关规定及时移送公安机关，公安机关应当迅速进行审查，并依法做出立案或者不予立案的决定。公安机关依法提请食品药品监督管理部门做出检验、鉴定、认定等协助的，食品药品监督管理部门应当予以协助。

学习活动2 学习北京市食品药品监督管理局对于食品安全的监管

一、食品生产许可

(一)申办流程

申办流程见图7-1。

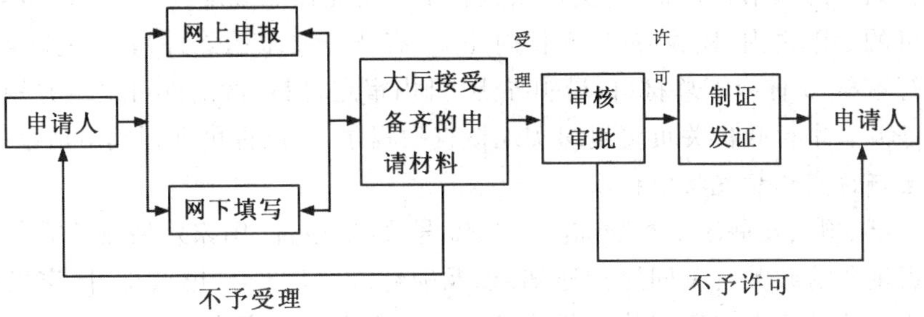

图7-1 申办流程图

(二)申报指南

1.食品生产许可证核发办理依据

依据国家颁布的法律法规,如《中华人民共和国产品质量法》、《中华人民共和国行政许可法》、《中华人民共和国工业产品生产许可证管理条例》([2005]国务院令第440号)、《中华人民共和国食品安全法实施条例》([2009]国务院令第557号)、《食品生产许可管理办法》([2010]国家质量监督检验检疫总局令第129号)、《关于印发〈北京市食品生产加工作坊监督管理指导意见〉等4个北京市食品安全条例配套文件的通知》(2013年3月12日北京市质量技术监督局,京质监食发[2013]88号)等。

2.食品生产许可证办理条件

申请人需要满足申请人主体条件:如应持有拟设立食品生产企业的《名称预先核准通知书》或者具有独立的营业执照、申请人的注册地(即住所)和生产场所均应在本市行政区域内等等条件。许可条件包括:生产属于法律法规及市人民政府有关文件明确规定实施食品生产许可目录的食品,符合食品安全标准以及国家和本市制定的食品生产许可证审查通则、细则的规定;具备与其申请生产许可的食品品种、数量相适应的食品原料处理和食品加工、包装、贮存等生产场所,生产场所设置应当符合城乡规划、商业布局和食品安全规划,并征得其所在地乡镇人民政府或者街道办事处的同意;具备与申请生产许可的食品品种、数量相适应的生产设备或者设施,有相应的消毒、更衣、盥洗、采光、照明、通风、防腐、防尘、防蝇、防鼠、防虫、洗涤以及无害化处理废水、存放垃圾和废弃物的设备或者设施等条件。

3.食品生产许可证申请要求

申请人应理解掌握各类产品的食品生产许可证审查细则的规定要求;应按《食品生产许可审查通则(2010版)》中的《对设立食品生产企业的申请人规定条件审查记录表》的核查要点进行自查,是否具备取证条件。申请人应当按照要求提交申请材料。申请人应对其申请材料实质内容的真实性负责，并承担因提供不真实材料而产生的法律后果。

4. 食品生产许可证办理材料

申请人根据自己不同的申请目的准备好新办、变更、补领证书、期满换证、注销生产许可证或生产许可检验申请的材料。

5. 食品生产许可证办理程序

本行政机关负责行政许可的程序：受理人按照规定受理，做出是否受理决定；办理人 5 日内下达实地核查任务；审查组 20 日内完成实地核查；办理人及代理人 5 日内审核评审材料，并出具实地核查结果通知书告知企业；实地核查合格的企业按照规定进行产品检验，检验期限不计入行政许可的期限之内，检验应在 15 日内完成（有特殊要求的除外）；办理人应在 5 日内对检验结论进行审核，5 日内汇总材料；局领导 10 日内审定材料，做出许可决定并制作行政许可决定及有关证照。本行政机关负责组织实地核查的程序、生产许可证延续申请程序等。

6. 食品生产许可证核发收费标准

根据财政部、国家发展改革委财综[2006]69 号文《财政部、国家发展改革委关于调整工业产品生产许可证收费政策有关问题的通知》以及财综[2011]3 号《财政部、国家发展改革委关于工业产品生产许可证审查费有关问题的通知》，生产许可证审查费为每个企业 2 200 元，同一次审查时每增加一个产品单元按规定收费标准的 20％加收审查费 440 元。审查费由企业在申请时交付。

7. 食品生产许可办理时限

本行政机关办理本项许可的期限 60 日。其中，产品检验所需要的时间不计在 60 日内。本行政机关负责组织对企业进行实地核查的，自受理企业申请之日起 20 日内完成实地核查，40 日内将现场核查和发证检验合格，符合发证条件企业的材料报送国家质量监督检验检疫总局，由总局做出行政许可决定。变更办理时限应当在变化后 20 日内提出申请；补领证书办理时限应当在自受理企业申请之日起 10 日内完成补领工作。

二、餐饮服务许可

1. 新申请餐饮服务许可证办理须知

申请者应当在受理范围内，提交申请材料目录应符合要求：如新办企业“申请单位”名称须与工商行政管理部门核发的《企业名称变更预先核准通知书》上预先核准的名称一致等。对符合受理条件的，在规定的期限内由两名以上监督员到现场监督，经审核批准后发给《餐饮服务许可证》。自受理之日起 20 个工作日内做出许可决定，10 个工作日内颁发证件。网址：http://www.bjda.gov.cn（北京市食品药品监督管理局网站）查“办事大厅”及相关内容。

2. 延续餐饮服务许可证办理须知

应当在《餐饮服务许可证》有效期限届满 30 日前向相应管辖权的部门提出申请，并按规定提交材料。提交申请材料应符合要求：如填写内容完整、准确，“申请单位”名称、“法定代表人”须与工商行政管理部门核发的营业执照内容一致等。对符合受理条件的，原发证部门受理《餐饮服务许可证》延续申请后，在规定的期限内由两名以上监督员到现场监督，重点对原许可的经营场所、布局流程、卫生设施等是否有变化，以及是否符合审查规范进行审核。经审核批准后准予延续的，颁发新的《餐饮服务许可证》，原《餐饮服务许可证》证号不变。餐饮服务提供者在领取延续后的新《餐饮服务许可证》时，应当将原《餐饮服务许可证》交回发证部门。自受理之日起20个工作日内做出许可决定，10个工作日内颁发证件。网址：http：//www.bjda.gov.cn(北京市食品药品监督管理局网站)查“办事大厅”及相关内容。

三、食品流通许可

1.办理对象

本市按照业态类别实施食品流通许可。以食品集中交易市场、商场超市、便利店和食杂店、食品贸易商、食品物流配送、无店铺食品经营等业态方式从事食品流通活动的经营者，应当取得食品流通许可证。各业态定义详见《北京市业态分类食品流通许可管理规范(试行)》。不需要取得食品流通许可的情形：取得食品生产许可的食品生产者在其生产场所销售其生产的食品；取得餐饮服务许可的餐饮服务提供者(餐馆、饭店、食堂)在其餐饮服务场所出售食品；农民个人销售其自产的食用农产品，不需取得食品流通许可。

2.许可范围

食品流通许可事项中的许可范围，包括经营方式和经营项目。经营方式为批发、零售两种。经营项目为预包装食品、散装食品(含熟食或不含熟食)、乳制品(含婴幼儿配方乳粉或不含婴幼儿配方乳粉)、食用农产品四种。申请人申请食用农产品中的水产品、冷鲜畜禽产品2类食用农产品的，在食品流通许可证上明确标注含水产品、冷鲜畜禽产品。申请人申请其他食用农产品的，食品流通许可证标注食用农产品字样，不标注含水产品、冷鲜畜禽产品。详情参见《北京市流通环节食品现场制售许可管理规范(试行)》。

四、北京市食品药品监督管理局关于印发《北京市食品、食品添加剂生产许可管理办法》的通知

2013年11月1日起，北京市食品药品监督管理局全系统正式履行职能。现将原《北京市食品生产许可管理办法》、《北京市食品委托加工管理办法》、《北京市生产许可证观察员制度(试行)》、《关于督促食品及相关产品生产企业落实质量安全主体责任并开展获证企业年度自查报告审查工作的通知》重新修订制发为《北京市食品、食品添加剂生产许可管理办法》，并经北京市食品药品监督管理局2013年第18次局长办公会审议通过。

(1)从事食品、食品添加剂生产，必须依法取得生产许可。北京市食品药品监督管理局负责全市食品、食品添加剂生产许可管理工作，确定市区两级分别实施许可的品种范围。

(2)取得食品生产许可应当符合的要求：生产属于法律法规及市人民政府有关文件明确规定实施食品生产许可目录的食品；符合食品安全标准以及国家和本市制定的食品生产许可证审查通则、细则的规定；符合国家产业政策，严格执行《产业结构调整指导目录》、《北京市企业投资项目管理目录》等相关规定；符合国家环境保护政策，严格执行《建设项目环境保护条例》等相关规定；具备与其申请生产许可的食品相适应的生产场所、生产设备或者设施、检验设备和设施、合理的设备布局和工艺流程、食品安全专业技术人员、管理人员、检验人员和生产操作人员等专职人员。明确食品安全主要负责人，使用的原辅材料符合相应的国家标准、行业标准及有关规定，具备网络联通能力，并开展食品安全风险信息搜集工作。在生产场所明显位置设立食品安全公示栏。生产乳制品应具备完善的电子信息记录系统，规范生产全过程信息记录，实现生产全过程可追溯。

食品生产企业，应当在工商部门预先核准名称后依照食品安全法律法规等相关规定要求

申请食品生产许可，并提交材料：食品生产许可证申请书、名称预先核准通知书或者营业执照、生产场所所在地乡镇人民政府或者街道办事处出具的同意在该场所设立食品生产企业的意见、经备案有效的企业标准（执行企业标准的提供）、相关法律法规规定应当提交的其他证明材料。市食品药品监管局受理申请后，应当组织评审机构依照有关规定对申请的材料和生产场所进行核查。

（3）从事食品添加剂生产的食品添加剂生产企业，应当依法取得食品添加剂生产许可。具备条件：合法有效的营业执照；与生产食品添加剂相适应的食品安全管理员和专业技术人员、生产场所、厂房设施、生产条件、健全有效的质量管理和责任制度、检验能力；使用的原辅材料符合相应的国家标准、行业标准及有关规定。

（4）食品、食品添加剂生产许可实地核查实行观察员制度。

（5）食品、食品添加剂生产许可证获证企业每年度应定期向区县局及直属分局提交自查报告。区县局及直属分局负责对企业提交的自查报告进行审查和发布审查结果公告。审查时应实施必要的现场核查，同时可根据需要开展抽样检验工作。

相关学习链接

1. 中华人民共和国国家卫生和计划生育委员会 http://www.nhfpc.gov.cn/
2. 中华人民共和国国家食品药品监督管理总局 http://www.sda.gov.cn/
3. 食品伙伴网 http://www.foodmate.net/
4. 北京市食品药品监督局 http://www.bjda.gov.cn

想一想

国家食品药品监督管理总局的职责、权限、机构改革和职能转变。

查一查

地方食品药品监督管理部门的食品安全监督管理职责。（查阅时注意法律法规的修订变化、规章、地方性法规和规范性文件的时效性）

任务二　学习国家食品药品监督管理总局的相关管理文件

◆ 任务目标

- 学习理解国家食品药品监督管理总局监管不同食品安全方面的相关管理文件内容。

◆ 案例导入

2013年5月6日，嘉兴市食品药品监督管理局经开分局接到群众举报：位于嘉兴市经开区城南街道城南园区二期职工宿舍内有人无证经营餐饮。当日，嘉兴市食品药品监督管理局执法人员对该场所进行检查，经确认当事人为嘉兴市阳珂餐饮管理有限公司，该公司无《餐饮服务许可证》，其《营业执照》显示含餐饮服务管理，该公司现场从事餐饮配送服务，且其从业人员均未取得健康证。从现场提取的相关凭证显示该公司向公寓内住户及附近单位提供餐饮服务多年，执法人员出具《监督意见书》责令其立即停业。2013年5月9日，嘉兴市食品药品监督管理局以该公司“未取得餐饮服务许可证从事餐饮服务和违反健康管理”立案。经查，当事人于2010年6月29日至案发在未取得《餐饮服务许可证》的情况下向嘉兴市经开区城南街道城南园区二期职工宿舍内住户供应餐饮服务，并于2012年2月起又陆续向浙江英菲行汽车有限公司等单位集体配餐服务，销售所得149 446元。同时，其3名餐饮从业人员未取得健康证上岗。

当事人以上行为违反了《中华人民共和国食品安全法》第二十九条第一款、第三十四条第二款的规定，2013年6月19日，嘉兴市食品药品监督管理局依据《中华人民共和国食品安全法》第八十四条、第八十七条，《餐饮服务食品安全监督管理办法》第四十条的规定，对当事人做出如下行政处罚：①警告；②没收违法所得149 446元；③罚款747 230元。罚没款合计：896 676元。

本案是一起无证从事餐饮服务的典型案件，当事人未取得《餐饮服务许可证》，但工商部门核准的经营项目含餐饮服务管理，所以可开具发票，故其无证经营行为具有很大的隐蔽性。

案例分析

结合表7-2所列的相关主题，分析讨论该事件发生的原因及食品药品监督部门在监管中的职责、措施。

表7-2　原因分析及食品药品监督部门的职责、措施

分析主题	原因或监管范围
1.事件监管不利的原因	
2.食品药品监督部门的职责、措施	

◈ 学习活动方案

学习活动1　学习《食品药品监管总局关于做好改革过渡期间食品安全许可证发放工作的通知》(食药监食监二[2013]207号)

当前，地方食品药品监管机构改革和职能调整正在有序推进，《中华人民共和国食品安全法》(以下简称《食品安全法》)也正在按计划进行修订。保证地方食品药品监管机构改革与新修订《食品安全法》公布实施过渡期间食品(生产、流通、餐饮)许可证的管理工作有序进行。

(1)食品药品监管部门结合机构改革进展情况，依法履职，衔接好许可管理工作。根据《国务院机构改革和职能转变方案》，原来由质监部门负责的食品生产许可、工商部门负责的食品流通许可工作，统一调整为食品药品监管部门承担。自地方食品药品监管机构改革到位后，由地方食品药品监管部门依法履行审核发放《食品生产许可证》和《食品流通许可证》的职责，同时，继续做好《餐饮服务许可证》的审核发放工作。在地方食品药品监管机构改革没有到位的地方，继续按照现行规定，由目前承担许可证审查发放的机关继续履行许可管理工作。

(2)地方食品药品监管部门在机构改革到位后，继续按照质检和工商部门发布执行的许可证审查发放程序和条件，办理相关许可证的审查发放工作。同时，继续沿用现行版本的《食品生产许可证》、《食品流通许可证》和《餐饮服务许可证》，但许可证上的发证机关，相应调整为行政区域所在地负责发放许可证的食品药品监管局。婴幼儿配方乳粉的生产经营许可工作，除按照上述规定外，同时按照食品药品监管总局新发布的关于婴幼儿配方乳粉的规定一并执行。

新修订的《食品安全法》公布实施后，食品药品监管总局将按照法律规定，对食品安全许可管理工作做出统一规定。

(3)地方各级食品药品监管部门执行《食品安全法》及其实施条例、相关行政规章规定的许可条件、程序，从严把握条件，严禁降低许可标准、放宽许可要求。认真组织对食品生产经营场地进行现场核查，确保许可质量。严禁借调整改革期间突击许可、严禁食品生产许可证的异地转移。

(4)地方食品药品监管部门要主动加强与同级质监、工商部门的沟通和联系，保存、交接、使用好已发放食品生产及流通许可证的相关资料和信息，依法做好许可管理工作。各省级食品药品监管部门要加强督查指导，加强工作协调，确保过渡期各项工作顺利推进。工作中遇到的情况和问题，请及时报告食品药品监管总局。

学习活动2　学习《婴幼儿配方乳粉生产许可审查细则(2013版)》(总局2013年第49号公告)

为了严格婴幼儿配方乳粉生产企业许可条件，强化企业生产许可审查，提升婴幼儿配方乳粉质量安全水平，依据《中华人民共和国食品安全法》及其实施条例、《乳品质量安全监督管理条例》、《食品生产许可管理办法》和《国务院办公厅转发食品药品监管总局等部门关于进一步加强婴幼儿配方乳粉质量安全工作意见的通知》(国办发[2013]57号)，国家食品药品监督管理总局组织制定了《婴幼儿配方乳粉生产许可审查细则(2013版)》。婴幼儿配方乳粉生产企业的生产许可证有效期届满换证审查、生产许可条件变更审查和新建企业生产许可审查，按照本细则执行。新版细则共分为适用范围、生产许可条件审查、生产许可产品检验和其他要求四大部分，重点提高了企业质量安全管理、生产设备设施、原辅料把关、生产过程控制、检验检测能力、人员素质条件、环境条件控制和自主研发能力等方面的要求。主要体现在以下9个方面：

(1)参考药品管理办法，提高质量安全管理要求。2010版细则只是要求企业应当建立实施危害分析与关键控制点体系(HACCP)，除此之外对管理体系没有更多要求。而实施良好生产规范(GMP)，是现代化生产企业保证产品质量安全的有效手段，是生产质量安全可靠的婴幼儿配方乳粉的质量保证。因此新版细则参考药品良好生产规范，提出与婴幼儿配方乳粉生产相适应的质量安全管理模式，增加验证、清场等规范程序，并要求企业严格执行危害分析和关键控制点体系(HACCP)和粉状婴幼儿配方食品良好生产规范(GMP)，实行覆盖生产全过程的质量安全控制。

(2)明确产品分段和生产工艺要求。2010版细则对婴幼儿配方乳粉各段产品所对应的月龄没有做出明确规定，关于生产工艺的规定也需要进一步完善。因此，针对婴幼儿配方乳粉分段混乱和生产工艺不明确的情况，参照食品安全国家标准规定，新版细则明确婴幼儿配方乳粉分为婴儿配方乳粉(0～6月龄，1段)、较大婴儿配方乳粉(6～12月龄、2段)和幼儿配方乳粉(12～36月龄，3段)。同时，为严格生产工艺的要求，细则规定了湿法工艺、干法工艺和干湿法复合工艺三种生产工艺的基本流程和审查要求。

新版细则对婴幼儿配方乳粉基粉，做出明确的定义和规定。要求严格监管生产婴幼儿配方乳粉基粉，不再受理新建企业以基粉为原料，采用干湿法复合工艺异地生产婴幼儿配方乳粉的生产许可申请。对集团公司采用干湿法复合工艺异地生产并已取得生产许可的情况，给予一定过渡期限进行工艺整改。这些举措将有助于提高婴幼儿配方乳粉产品质量，严控安全风险。

(3)加严原辅料把关要求。新版细则将国办发[2013]57号文件中，婴幼儿配方乳粉生产企业须具备自建自控奶源等要求进行细化，提高原辅料的质量安全和采购管理要求。要求主要原料为生牛乳的企业，其生牛乳应全部来自企业自建自控的奶源基地，并逐步做到生牛乳来自企业全资或控股建设的养殖场；主要原料为全脂、脱脂乳粉的企业，应对其原料质量采取严格的控制措施，建立原料供应商审核制度，定期进行审核评估。同时，明确乳清粉和乳清蛋白粉、食用植物油、食品添加剂、包装材料和生产用水等的质量安全要求，并要求企业对生乳、全脂和脱脂乳粉、乳清粉和乳清蛋白粉等实施批批检验措施，保障原料质量安全。

新版细则要求，在婴幼儿配方乳粉中使用的植物油，不仅要符合相应的国家标准，还要明确植物油的种类，且不得使用氢化油脂。此外，对乳清粉、乳清蛋白粉的灰分和包装材料等方面也做出严格要求。为了确保婴幼儿配方乳粉的质量安全，将监管向前延伸，提出应组织对主要原辅料供应商或者生产商的质量体系进行现场质量审核。

(4)明确生产过程管理要求。新版细则要求，生产企业必须建立健全生产全过程的质量安全管理制度，其中新增产品配方管理制度、物料储存和分发制度、信息化管理和产品追溯制度等企业管理制度。对生产过程的关键控制点提出详细具体的技术操作规范，并要求对生产环境、生产设备运行状态和清洗结果、生产过程等进行验证，确保生产全过程中各个环节都能规范有效操作，并达到产品质量安全的目的。

(5)提高部分生产条件要求。新版细则在设备核查中提出企业应具备与申报生产能力相适应的生产设备，并增加粉仓、乳粉密闭输送、金属检测设备等生产设备。同时，严格生产环境要求，提高生产设备的空气质量要求，以及清洁作业区动态微生物控制、压差、换气次数等方面的要求，要求清洁作业区需达到药品生产企业清洁作业区D级标准。

(6)严格人员管理要求。新版细则分别对质量管理人员、生产技术人员及检验人员、生产操作人员的资质、职责、培训等要求作了更严格的规定，要求不得有《中华人民共和国食品安全法》规定的不良记录。重点提出企业须设置独立的食品质量安全管理机构，配备专职的婴幼儿配方乳粉质量安全管理人员，并建立实行企业质量安全授权人制度。

新版细则借鉴了药品生产企业实行的药品质量受权人制度，明确要求质量安全授权人承担产品放行的责任，确保每批已放行的产品的生产、检验均符合国家相关法规和食品安全标准。在产品放行前，质量安全授权人必须出具产品放行审核记录。此外，对生产人员和检验人员学历、从业经历和工作能力也提出更加明确的要求。

(7)增加产品配方管理要求。新版细则中增加了建立产品配方管理制度等内容，要求企业对产品配方应组织生产、营养、医学等专家，进行安全、营养等方面的综合论证，论证通过并经备案后，才能组织生产，确保其生产的产品质量安全，并满足婴幼儿安全、营养等需要。从而使婴幼儿配方乳粉从产品设计开始，就科学合理、营养安全并有案可查。

(8)强调研发和检测能力要求。新版细则强调，企业应具备自主研发机构和检验机构，配备相应的设备设施和专职人员，能够完成相应的研发和检验工作。除了研发新的婴幼儿配方乳粉产品之外，还要能够跟踪评价婴幼儿配方乳粉的营养和安全，研究生产过程中存在的风险因素，提出防范措施。

新版细则要求，婴幼儿配方乳粉的检验不只是针对成品，还包括原辅料检测和过程检验。产品出厂应全项目逐批自行检验，检验报告保存 3 年。同时，为了保证一旦出现问题，能够准确查找原因，规定产品要留样保存，直到保质期满。并且要求根据产品的检验合格证号，可追溯到相应的出厂检验报告。此外，为保证企业的检验能力合格，每年要对企业的全项目检验能力进行验证，并且不少于一次。

(9)实现质量安全追溯，建立消费者投诉处理机制。新版细则要求，对婴幼儿配方乳粉生产的关键工序或关键点形成的信息建立电子信息记录系统。消费者应能够从企业网站查询到标签、外包装、质量标准、出厂检验报告等信息。企业要确保对产品从原料采购到最终产品及产品销售所有环节都可有效追溯和召回。新版细则更要求企业建立消费者投诉处理机制，妥善处理消费者提出的意见和投诉。

学习活动 3　学习《食品药品监管总局、国家卫生计生委关于做好〈食品安全国家标准　食品生产通用卫生规范〉实施工作的通知》(食药监食监一[2013]234 号)

(1)《食品安全国家标准　食品生产通用卫生规范》(GB 14881—2013)是食品生产的最基本条件和卫生要求，是对《中华人民共和国食品安全法》提出的食品生产过程、厂房布局、设备设施、人员卫生等要求的细化和分解，是实施食品安全生产过程监管的重要技术依据，是生产企业保证食品安全的重要手段。将于 2014 年 6 月 1 日起强制实施。

(2)食品药品监管部门要督促指导各食品生产企业按照卫生规范要求开展自查：从防止生物、化学、物理污染的角度，对照卫生规范中有关选址、厂区环境、厂房和车间、设施与设备、卫生管理等方面要求，制定防止污染的措施，避免食品生产中发生交叉污染，避免环境给食品生产带来的潜在污染风险，并采取适当的措施将风险降至最低水平。从防止生产加工过程污染的角度，对照卫生规范中有关食品原料、食品添加剂和食品相关产品质量安全控制、生产过程的关键控制、出厂检验、食品的贮存和运输等方面要求，建立对保证食品安全具有显著意义的关键控制环节的监控制度，切实实施并定期检查，发现问题及时纠正，防范系统性风险发生。从建立质量安全控制体系的角度，食品生产企业要全面落实卫生规范中有关企业内部管理制度及相应考核标准的建立、产品召回管理、培训和记录、文件管理等方面要求，主动建立完善的企业内部质量安全管理及相应考核制度，并根据生产实际和实施经验不断完善，确保食品从业人员严格按照制度开展生产，并保持相应的记录和文件完整可查，确保对产品从原料采购到产品销售的所有环节都可进行有效追溯。

(3)食品药品监管部门要在卫生规范正式实施后，要组织开展卫生规范实施情况的专项监督检查，重点检查食品生产企业自查情况是否到位、真实、准确；检查企业整改情况是否达到卫生规范要求；检查企业是否按照本通知要求组织企业人员参与卫生规范的宣贯和培训等。对于不符合卫生规范要求的，责令企业立即整改；拒不整改或整改后仍不符合要求的企业，要停产整顿；情节特别严重，已不符合食品生产许可条件的，依法撤销生产许可证。

学习活动4　学习《食品药品监管总局关于发布食品药品监管信息化标准体系等十项标准的通知》(食药监科[2014]16号)

食品药品监管信息化建设，依据《国家食品药品监督管理局关于进一步加强食品药品监管信息化建设的指导意见》(国食药监办[2013]32号)，促进食品药品监管信息系统互联互通、信息共享和业务协同，国家食品药品监管总局组织编制了食品药品监管信息化标准体系等十项食品药品监管信息化标准。各级食品药品监管部门采用。

(1)十项标准具体包括食品药品监管信息化标准体系、食品药品监管信息化基础术语(信息技术、药品、医疗器械部分)、食品药品监管信息分类与编码规范、食品药品监管信息基础数据元(总则、机构人员、药品、医疗器械部分)、食品药品监管信息基础数据元值域代码(总则、机构人员、药品、医疗器械部分)、食品药品监管信息数据集元数据规范、食品药品监管数据共享与交换接口规范、食品药品监管应用支撑平台通用技术规范、食品药品监管数据库设计规范和食品药品监管软件开发过程规范。

(2)信息化监管在食品药品安全诚信体系建设中主要有以下几个方面的作用：一是档案管理和信用跟踪，在食品可追溯系统中，对食品产业链进行详细的记录存档，建立相关的档案管理信息系统；另外在食品药品安全诚信体系建设中，管理部门对食品企业的信用记录、产品认证等信息的存档、发布和共享。二是数据管理，建立各种食品政策法规、生产技术指标等数据库，为用户提供信息服务和信息共享。三是技术支持，专家系统的开发，指导符合安全标准的食品生产。四是危机管理，在发生食品安全问题时，快速反应信息系统可以在紧急条件下提高管理部门的快速反应能力。

学习活动5　学习《国家食品药品监督管理总局关于印发打击保健食品“四非”专项行动工作方案的通知》(食药监[2013]15号)

按照整治、惩处和规范相结合的总体要求，以重点产品、重点企业、重点区域、重点案件为对象，采取摸底排查、突击检查、公开曝光的方式，促进保健食品生产经营秩序进一步好转。

一、治理对象和法律依据

为确保打击有力、政策统一，各地要严格执行《食品安全法》、《刑法修正案(八)》、《特别规定》等法律法规的规定。在此次专项行动中，发现“四非”行为的，一律按法律法规规定的上限予以处罚；情节严重的，一律吊销生产经营者和产品的许可证件；涉及犯罪的，一律移送公安机关依法追究刑事责任；对存在安全隐患的产品，一律封存、下架、责令企业召回并监督销毁。

各级食品药品监督管理部门实施行政处罚的具体要求是：

1. 保健食品非法生产

下列情形：地下黑窝点生产保健食品的；企业未经许可生产保健食品的；在生产过程中偷工减料、掺杂掺假或者不按照批准内容生产保健食品的；生产的保健食品存在重金属、微生物超标等质量问题的；违法违规委托生产的。按《食品安全法》第八十四条、八十五条、八十六条、八十七条和《刑法修正案（八）》第二十四条、二十五条相应规定予以处罚；遇有特殊情形，不能适用《食品安全法》、《刑法修正案（八）》规定的，依照《特别规定》第三条、四条、五条相应规定予以处罚。

2. 保健食品非法经营

下列情形：未经食品流通许可或保健食品流通许可经营保健食品的；经营假冒保健食品文号、标志以及未经批准声称特定保健功能产品的；经营保健食品产品质量不合格或来源不明的；以会议、讲座等形式违法销售保健食品的；市场开办者对入场的保健食品经营者未履行市场开办责任的。按《食品安全法》第八十四条、八十五条、八十六条、八十七条、九十条和《刑法修正案（八）》第二十四条、二十五条相应规定予以处罚；遇有特殊情形，不能适用《食品安全法》、《刑法修正案（八）》规定的，依照《特别规定》第三条、四条、五条相应规定予以处罚。

3. 保健食品非法添加

下列情形：在生产减肥、辅助降血糖、缓解体力疲劳、辅助降血压等保健食品中非法添加药物的；明知保健食品存在非法添加药物，仍然继续经营的。按《食品安全法》第八十五条、八十六条和《刑法修正案（八）》第二十四条、二十五条相应规定予以处罚。

4. 保健食品非法宣传

下列情形：在保健食品标签、说明书、广告中夸大功能范围的；宣称保健食品具有疾病预防或治疗功能的；虚构保健食品监制、出品、推荐单位信息的；未经审查发布保健食品广告的；不按照保健食品广告审查内容发布广告的。按《食品安全法》第八十七条、九十四条相应规定予以处罚。

二、实施安排

1. 检查整治阶段

主要任务是：总局在组织摸底调查的基础上，明确专项行动方案，确定“重点监督检查的产品及企业名单”（名单和相关工作要求另行下发），并召开专题会议进行部署。组织对个别重点案件线索开展飞行检查和暗访，开展专项抽检，对各省（区、市）专项行动工作进行督查。各省（区、市）食品药品监督管理部门要按照总局的统一部署，制定辖区内的具体实施方案，总局交办的飞行检查任务，最多委托地市食品药品监督管理部门，不得层层转交。同时，要结合本地日常监管、风险监测和投诉举报工作情况，制定“辖区内重点监督检查的产品及企业名单”，组织市县食品药品监督管理部门进行暗访暗查和突击检查。各市县食品药品监督管理部门要按照统一部署，加大对辖区内保健食品“四非”行为的监督检查力度，尤其要对保健食品主要集散地和批发市场等进行全覆盖的监督检查。

2. 案件查办阶段

主要任务是：各级食品药品监督管理部门要在第一阶段工作的基础上，抓好违法违规行为的立案和查处工作。案件查处工作依属地管理的原则，由当地食品药品监督管理部门根据检查中发现的问题，追根溯源，一查到底，着力突破一批群众举报的线索、查处一批违法违规行为、移送一批刑事案件，形成打击违法违规行为的震慑力。各省（区、市）食品药品监督管理部门要完成总局交办的监督检查任务，依法做出处理，并按要求向总局报送监督检查和处理结果。总局加强对各地查处工作的指导，组织对跨省重大案件的协调，对重点案件进行挂牌督办，加强与工商、公安等部门的沟通与配合。

3.规范提高阶段

主要任务是：各地食品药品监督管理部门对专项行动进行阶段性总结，针对存在的突出问题，查找监管工作的漏洞和薄弱环节，督促企业规范和加强内部管理，落实企业的主体责任，继续保持打击违法违规行为的高压态势，切实巩固专项行动成果。总局对专项行动工作进行总结，对一些好经验、好做法，努力形成长效监管机制。同时组织研究制定规范生产经营行为的政策措施，进一步完善生产许可、生产经营监管、委托生产管理、标签说明书管理、广告审查等规定。总局组织深入研究保健食品监管制度设计，逐步形成全社会共治的大格局。同时，进一步推动立法工作，切实做好保健食品相关法律法规及配套规章制修订准备，进一步完善监管执法依据，加大惩处力度，形成保健食品监管的良好法治环境。

三、工作要求

1.加强组织领导

总局成立保健食品专项行动领导小组，下设综合协调工作组、新闻宣传工作组、检查指导工作组、技术支撑工作组，同时设立日常事务办公室。各省（区、市）食品药品监督管理部门要结合辖区实际，成立领导小组和相应的工作机构，配备专门人员，制定具体实施方案，确保工作经费。

2.落实工作责任

各级食品药品监督管理部门要加强与工商、公安等部门的沟通协作，对发现的违法违规行为要及时处理，该处罚的必须处罚、该曝光的必须曝光、该吊销许可证件的必须吊销、该移送公安机关的必须移送。同时要落实属地管理责任，对于工作不落实、协查不配合、监督检查走过场以及案件查处不力、通风报信、失职渎职的，依纪依规追究相关人员责任。

3.强化社会监督

总局制定专项行动新闻宣传工作方案，加强舆论宣传，营造良好氛围。各地要按照总局新闻宣传工作的要求，严格执行新闻纪律，规范信息发布。专项行动期间，涉及案件查处情况的信息，由各省（区、市）食品药品监督管理部门统一发布；涉及重大案件的信息，发布前报总局保健食品专项行动领导小组批准。同时，要发挥投诉举报作用，鼓励社会各界通过举报电话、网络，向当地食品药品监督管理部门举报保健食品违法违规行为（投诉举报电话：12331，投诉举报网站：http://www.sfdaccr.org.cn/）。

4.做好信息报送

各省（区、市）食品药品监督管理部门要及时向总局报送专项行动的工作进展、主要成效、重大案件和工作中遇到的重要问题。对符合撤销、注销保健食品批准证书的，及时连同相关材料上报总局。

相关学习链接

1.中华人民共和国国家食品药品监督管理总局 http://www.sda.gov.cn/

2.食品伙伴网 http://www.foodmate.net/

想一想

食品安全监督管理的现状。

查一查

食品药品监督管理部门对食品安全的监督管理文件有哪些？分别规范了哪些方面的监督管理？（查阅时注意法律法规的修订变化、规章、地方性法规和规范性文件的时效性）

学习单元8　学习中华人民共和国农业部及其颁布文件

任务一　学习中华人民共和国农业部在食用农产品监管中的职责和权限

◈ 任务目标

- 理解中华人民共和国农业部在食用农产品监管中的重要性。
- 掌握中华人民共和国农业部在食用农产品监管中的职责和权限。
- 掌握农业部在无公害农产品生产、加工、认证中的作用。
- 掌握农业部在绿色食品生产、加工、认证中的作用。
- 了解有机食品、转基因食品的认证以及标志管理。

◈ 案例导入

全村人都不吃这三种菜

小米披星戴月地从山东出差回来，临睡前说："这次搞清楚了不能随便吃哪些菜了。"迷迷糊糊快进入睡眠的我以为他又因为瞎吃闹肚子呢，跟了一句，你肯定又瞎吃了吧。结果小米一下子来了精神，问我，你知道卷心菜是怎么长的吗？"晕！我还真不知道。"我说。

小米很郑重地跟我说，这次他去了菜地，看到了卷心菜是怎么长的。小米还说："他去的那个村子，每家每户都自己种菜，拿出去卖的是一种菜，自己吃的是另外一种专门种的菜。"

我就觉得很惊奇，于是问："自己吃的菜和卖的菜有什么区别呢？"

小米说："这里面学问大了，拿去卖的菜必须漂亮，否则人家不要，但是漂亮就得打药啊，否则正常的菜都会长虫子的。于是，农民们就把打过药的，长得很漂亮的菜拿出去卖了，但是他们自己只吃不打药的，长了虫子的菜。"

"有这样三样菜我们一定不能吃，因为全村人都不吃这三种菜"，小米告诫我说。

我就很好奇地问："哪三种菜啊？为什么不吃？"

小米说："这三种菜分别是韭菜、包菜（又叫卷心菜、圆白菜）、花菜，这三种菜打药的力度很大，特别是包菜，打的药毒性最大，因为每个包菜都是最开始长中间的芯，然后一层一层地长，为了防止有小虫子进去，所以基本上是每长一层卷心菜就喷一次农药，而这些农药进入人体后会在体内蓄积，有的甚至要几十年才能全部排出体外，所以全村人都不吃这三种菜"。

案例分析

结合表8-1所列的相关主题，分析讨论该事件发生的原因及什么样的蔬菜我们才能安全食用。

表8-1 事件的原因分析及采取的方法

分析主题	原因或日常正确做法
1.全村人都不吃这三种菜	
2.食品企业如何管理好农产品生产基地	

◈ 学习活动方案

学习活动1 中华人民共和国农业部在食用农产品监管中的职责

中华人民共和国农业部主管农业与农村经济发展的国务院组成部门。它的职责通常是制定行政法规、农业推广、农业研究、价格指导及农业补贴、植物病理、生物入侵等。一些国家的农业部还有额外的职责，如林业和渔业、农村事务、食品(食品质量、食品安全和食品防御安全)及消费者权益保护。一些国家的农业部也负责环境相关事务，而另一些国家则有专门的环境保护部。

一、中华人民共和国农业部的主要职责

(1)研究拟定农业的产业政策，引导农业产业结构的合理调整、农业资源的合理配置和产品品质的改善；提出有关农产品及农业生产资料价格、关税调整、大宗农产品流通、农村信贷、税收及农业财政补贴的政策建议；组织起草种植业、畜牧业、渔业、乡镇企业等农业各产业(以下简称农业各产业)的法律、法规草案。

(2)研究制定农业产业化经营的方针政策和大宗农产品市场体系建设与发展规划，促进农业产前、产中、产后一体化；组织协调菜篮子工程和农业生产资料市场体系建设；研究提出主要农产品、重点农业生产资料的进出口建议；预测并发布农业各产业产品及农业生产资料供求情况等农村经济信息。

(3)组织农业资源区划、生态农业和农业可持续发展工作；指导农用地、渔业水域、草原、宜农滩涂、宜农湿地、农村可再生能源的开发利用以及农业生物物种资源的保护和管理；负责保护渔业水域生态环境和水生野生动植物工作；维护国家渔业权益，代表国家行使渔船检验和渔政、渔港监督管理权。

(4)拟定农业各产业技术标准并组织实施；组织实施农业各产业产品及绿色食品的质量监督、认证和农业植物新品种的保护工作；组织协调种子、农药、兽药等农业投入品质量的监测、鉴定和执法监督管理；组织国内生产及进口种子、农药、兽药、有关肥料等产品的登记和农机安全监理工作。

(5)起草动植物防疫和检疫的法律法规草案，签署政府间协议、协定，制定有关标准；组织兽医医政、兽药药政药检工作；组织、监督对国内动植物的防疫、检疫工作，发布疫情并组织扑灭。

(6)承办国务院交办的其他事项。

二、中华人民共和国农业部主要机构部门

(一)机关司局

办公厅、市场与经济信息司、人事劳动司、农村经济体制与经营管理司、产业政策与法规司、乡镇企业局、种植业管理司、农垦局、畜牧业司(全国饲料工作办公室)、产业政策与法规司、种植业管理司、兽医局。

(二)直属单位

农业部机关服务中心(农业部机关服务局)、中国农业科学院、中国水产科学研究院、中国热带农业科学院、农业部农产品质量安全中心、中国绿色食品发展中心、全国农业技术推广服务中心、农业部农药检定所、农业部科技发展中心、农业部优质农产品开发服务中心、农业部农业机械化技术开发推广总站、农业部草原监理中心、全国畜牧兽医总站、农业部动物检疫所、中国饲料工业协会、中国兽医药品监察所、农业部渔船检验局(中华人民共和国渔业船舶检验局)、全国水产技术推广总站农民日报社、中国农业出版社、农业部人力资源开发中心、中国农学会农业部农村经济研究中心、农业部信息中心、农业部农业机械试验鉴定总站。

(三)中华人民共和国农业部主要机构部门的各自职责

1. 办公厅(对台湾农业事务办公室)

负责文电、会务、机要、档案等机关日常运转工作;承担信息、安全、保密和信访工作;承担新闻发布和政务公开工作;承办涉及与台湾地区有关的农业事务;承担重大突发事件应急综合管理和行政审批综合办公有关工作;牵头协调部系统和农业行业安全生产。

2. 人事劳动司

承办机关和直属单位的人事管理、机构编制工作;承担农业职业技能开发的工作;承担参与农村实用人才培训工程和农村劳动力转移就业培训工作;会同有关主管部门依法实施农业农村人才专业技术资格和从业资格管理;承办部业务主管社会团体相关事务;承办驻外机构人员选派的有关工作。

3. 产业政策与法规司

组织拟订农业产业政策,提出农业产业保护和发展的政策建议;组织开展农业农村经济重大问题调研,提出深化农村经济体制改革的建议;承办农业农村经济法律法规草案及部门规章的起草和执法监督工作;指导农业行政执法体系建设;承担农业行政复议,组织行政应诉工作;承担机关有关规范性文件的合法性审核工作。

4. 农村经济体制与经营管理司

提出稳定和完善农村基本经营制度的政策建议;指导农村土地承包、耕地使用权流转和承包纠纷仲裁管理;提出农业产业化经营、农民专业合作组织发展的政策措施;指导农村集体经济组织建设、财务、资产管理和审计;承担监督减轻农民负担和村民"一事一议"筹资筹劳管理工作;参与农村综合改革和社会事业发展工作。

5. 市场与经济信息司

提出大宗农产品和重要农业生产资料的流通及价格政策建议;拟订农业和农村经济信息体系、全国大宗农产品市场体系建设规划并组织实施;监测分析农业和农村经济运行;承担农业统计有关工作,发布农业和农村经济信息,指导农业信息服务;承担培育、保护和发展农产品

品牌有关工作；组织协调“菜篮子”工程。

6.发展计划司（全国农业资源区划办公室）

拟订农业和农村经济发展战略、中长期发展规划，编制年度计划；提出农业和农村经济发展有关政策建议，组织农业资源区划和遥感监测；研究提出国家年度主要农产品、重要农业生产资料的进出口及关税政策建议，拟订农业开发规划并监督实施；引导农业结构调整；承担农业固定资产投资的相关工作；承办组织实施农业综合开发项目的有关工作。

7.财务司

提出扶持农业和农村发展的财政、信贷和保险等有关政策建议；编报部门预算并组织执行；承担提出扶持农业农村发展的财政政策和项目建议，经批准后与财政部共同制定实施方案并指导实施的工作；指导、监督部系统财务、国有资产、政府采购管理工作；组织开展内部审计。

8.国际合作司

承办政府间农业涉外事务，承担农业贸易谈判、农业贸易规则制定和产业损害调查的相关工作；承担农业贸易促进和有关国际经济、技术交流与合作工作；承办农业对外援助的有关事宜；承办协调管理我国与有关国际农业组织或机构的合作与交流事务；组织有关国际公约的履约和协定的执行工作。

9.科技教育司（外来物种管理办公室）

承办国家农业科技创新体系和产业技术体系建设相关工作；承担农业科研、技术引进、成果转化和推广工作；组织农民从业技能和农村劳动力转移就业培训工作；承担农业植物新品种保护和农业转基因生物安全监督管理工作；承担指导农用地、宜农滩涂、宜农湿地、农业生物物种资源的保护和管理工作；承担指导农村可再生能源开发利用的工作；承担指导生态农业、循环农业和农村节能减排工作；承办外来物种管理的相关工作；指导农业教育工作。

10.种植业管理司（植物保护办公室）

拟订种植业发展的政策、规划、计划并组织实施；指导种植业结构和布局调整及标准化生产工作；承担耕地质量管理和发展节水农业的相关工作；发布农情信息，组织抗灾救灾和救灾备荒种子、化肥等生产资料的储备和调拨；承担种子（种苗）审批和肥料、农药登记及监督管理的有关工作；组织实施农作物遗传资源保护；承办国内和进出境植物检疫的有关事宜；组织植物检疫性有害生物的普查；承办农作物重大病虫害防治事宜。

11.农业机械化管理司

拟订农业机械化和设施农业的政策、规划、计划并组织实施；提出农业生产机械装备的技术要求和发展要求，引导农民使用新型农机产品；拟订国家支持推广的农机产品目录；承担拟订农机作业规范和技术标准的工作；承担依法组织实施农业机械安全监理和试验鉴定等有关工作；依法组织对在用的特定种类农业机械产品进行调查；指导农机作业安全和维修管理。

12.畜牧业司（全国饲料工作办公室）

拟订畜牧业、饲料业发展和草原保护建设的政策、规划、计划并组织实施；指导畜牧业结构调整、标准化生产和规模饲养；组织实施畜禽遗传资源、饲料资源和草原资源的保护工作；组织畜禽遗传资源、牧草种子、饲料和饲料添加剂的登记与进出口审核工作；负责饲料和草原监督管理，指导草原鼠虫害防治和防火工作。

13.兽医局（重大动物疫情防控办公室）

承担动物防疫、检疫、医政、兽药及兽医器械管理工作；组织实施国内动物防疫、检疫；承担官方兽医、执业兽医管理的工作；承担兽药审批的审核工作；承办拟订兽药及兽药残留国家标准并组织实施的工作；承办兽用生物制品安全管理工作；承办国内和进出境动物检疫的有关事宜；承办涉及国际兽医事务。

14. 农垦局

拟订垦区经济与社会发展战略、规划、政策和经济体制改革方案，并监督实施；组织垦区完成国家交给的政治、经济任务；协调垦区的对外关系；监管直属垦区国有资产和财务工作；提出垦区基本建设立项计划；拟订热带、亚热带地区作物发展规划，指导其农业资源的开发利用。

15. 乡镇企业局(农产品加工局)

拟订乡镇企业发展的政策措施并组织实施；指导乡镇企业体制改革；引导乡镇企业布局和产业、产品结构调整；指导乡镇企业财务会计、内部审计工作；承担乡镇企业统计工作；拟订促进农产品加工业发展的政策、规划、计划并组织实施；指导农产品加工业结构调整、技术创新和服务体系建设。

16. 渔业局(中华人民共和国渔政局)

拟订渔业发展的政策、规划、计划并组织实施；保护和合理开发利用渔业资源，指导渔业标准化生产和健康养殖；组织水生动植物病害防控工作；承办重大涉外渔事纠纷处理工作；承担维护国家海洋和淡水管辖水域渔业权益的工作；承担远洋渔业管理工作；组织渔业水域生态环境及水生野生动植物保护；指导水产品加工流通；监督执行国际渔业条约，代表国家行使渔政渔港监督管理权；指导渔业安全生产。

17. 农产品质量安全监管局

承担组织开展农产品质量安全风险评估和提出技术性贸易措施建议的工作；承担拟订农产品及相关农业生产资料国家标准的有关工作；承担组织实施农产品质量安全监测和信息发布的工作；承担组织、指导农业检验检测体系建设和机构考核工作；承担依法实施符合安全标准的农产品认证和监督管理的有关工作；承担组织农产品质量安全监督管理的有关工作。

三、农业行政主管部门与其他部门在监管部门的分工

(1)农业行政主管部门对于农产品质量安全监管是全程监管，而不是分段监管。

按照《食品安全法》第二条的规定，食用农产品质量安全监管，应遵守《农产品质量安全法》的规定。《农产品质量安全法》第三条、《食品安全法》第七十七条已明确了农产品质量安全的监管体制和职责权限。《农产品质量安全法》第三条规定："县级以上人民政府农业行政主管部门负责农产品质量安全的监督管理工作，县级以上人民政府有关部门按照职责分工，负责农产品质量安全的有关工作。"《食品安全法》第七十七条第二款规定："县级以上农业行政部门应当依照《农产品质量安全法》规定的职责，对食用农产品进行监督管理。"

(2)农业部与国家质量监督检验检疫总局在出入境动植物检疫方面的职责分工。

农业部会同国家质量监督检验检疫总局起草出入境动植物检疫法律法规草案；农业部、国家质量监督检验检疫总局负责确定和调整禁止入境动植物名录并联合发布；国家质量监督检验检疫总局会同农业部制定并发布动植物及其产品出入境禁令、解禁令。

在国际合作方面，农业部负责签署动植物检疫的政府间协议、协定；国家质量监督检验检疫总局负责签署与实施政府间动植物检疫协议、协定有关的协议和议定书，以及动植物检疫部门间的协议等。两部门要相互衔接，密切配合，共同做好出入境动植物检疫工作。

(3)农业部履行的在黄渤海区、东海区、南海区的渔政、渔港监督管理职责，分别由农业部黄渤海区渔政局(中华人民共和国黄渤海区渔政局)、农业部东海区渔政局(中华人民共和国东

海区渔政局)、农业部南海区渔政局(中华人民共和国南海区渔政局)承担。

(4)农业部履行的渔船检验和监督管理职责,由农业部渔业船舶检验局(中华人民共和国渔业船舶检验局)承担。

(5)农业部履行的指导农民专业合作组织建设与发展、农村土地承包纠纷调解仲裁、农民负担调查等职责,由农业部农村合作经济经营管理总站承担。

(6)农业部履行的草原保护与草原防火的有关职责,由农业部草原监理中心承担。

(7)农业部履行的渔政管理具体行政执法及队伍建设职责,由农业部渔政指挥中心(中国渔政指挥中心)承担。

学习活动2 中华人民共和国农业部在食用农产品质量安全方面的监管

1.流通环节农产品质量安全的监管

《农产品质量安全法》第三条规定,县级以上人民政府农业行政主管部门负责农产品质量安全的监督管理工作;县级以上人民政府有关部门按照职责分工,负责农产品质量安全的有关工作。《农产品质量安全法》的规定与《国务院关于进一步加强食品安全工作的决定》(国发[2004]23号)所确立的"分段监管为主、品种监管为辅"和"农业行政主管部门负责初级农产品生产环节的监管、工商行政主管部门负责流通环节的监管"的食品安全监管体制是一致的,农业和工商两部门在农产品质量安全监管方面各自的职责分工是清楚的。

2.初加工食用农产品质量安全的监管

《农产品质量安全法》第二条规定,本法所称农产品,是指来源于农业的初级产品,即在农业活动中获得的植物、动物、微生物及其产品。《全国人大法律委员会关于(中华人民共和国农产品质量安全法(草案))审议结果的报告》中明确指出,本法所称农产品,仅指来源于农业的初级产品,即在农业活动中直接获得的未经加工的以及经过分拣、清洗、切割、冷冻、包装等简单处理的植物、动物、微生物及其产品。工业生产活动中以农产品为原料加工、制作的产品不属于法律所称农产品。

3.农产品质量安全监管的协调配合

《农产品质量安全法》、《食品安全法》的规定和国务院关于农产品和食品安全监管的职责分工已非常明确,农业部门的职责主要是负责食用农产品生产环节的监管。各级农业部门一定要立足法定职责,坚持依法办事。该负责的要依法履职,该其他部门管的要及时通报和移交,该参与的要主动配合。

4.农业部配套制定了《无公害农产品管理办法》、《农产品产地安全管理办法》、《农产品包装和标识管理办法》等部门规章

我国安全优质品牌农产品形成了以无公害农产品、绿色食品、有机食品、地理标志农产品。农业部配套制定了《无公害农产品管理办法》、《农产品产地安全管理办法》、《农产品包装和标识管理办法》等部门规章及强制性技术规范,发布了50种农药、47种兽药以及多种饲料添加剂的禁限令。

我国安全优质品牌农产品形成了以无公害农产品、绿色食品、有机食品、地理标志农产品为基本类型、各有侧重、协调发展的格局,以品牌带动农业标准化生产,以标准化生产提升农产品质量安全水平,为深化农业结构战略性调整、转变农业发展方式、促进现代农业建设具有积极的作用。

学习活动3　学习中华人民共和国农业部在无公害农产品质量安全方面的监管

我国农产品从地头到市场再到餐桌的监管链条已基本形成。从生产源头管起，建立农业投入品许可制度、建立生产过程档案记录制度、建立市场流通监测查验制度，依法监管并加强农产品质量安全追溯体系和责任追究体系。

1. 无公害农产品的概念

无公害食品又称无公害农产品。是指产地环境、生产过程和产品质量符合国家有关标准和规范的要求，经认证合格获得认证证书，并允许使用无公害农产品标志的未经加工或者初加工的食用农产品，无公害农产品标志图案见图 8-1。

2. 无公害食品（农产品）的特征

（1）安全性　无公害农产品严格参照国家标准或地方标准进行生产与加工。有三个保证体系。①生产全过程监控，产前、产中、产后三个环节严格把关，发现问题及时处理、纠正，直至取消无公害食品标志；②实行归口专项管理，根据我国农业部和国家质检总局 2002 年 4 月联合发布的《无公害农产品管理办法》规定，各省农业行政主管部门的农业环境监测机构对无公害农产品基地环境质量进行监测和评价；③实行抽查、复查和标志有效期制度，无公害食品认证不实行“终身制”，其有效时间为 3 年，在此期间，认证部门将不定期组织抽检、审查，发现不合格随时吊销其无公害食品认证。

（2）优质性　无公害农产品在初级生产阶段严格控制了化肥、农药用量，禁用高毒、高残留农药，建议使用生物肥药及具有环保认证标志肥药及有机肥；严格控制农用灌溉水质，生产的食品无异味，口感好，色泽鲜艳。在加工食品过程中无有毒、有害添加成分。

（3）高附加值　无公害农产品是经各省农业环境监测机构认定的标志产品，价格较一般食品高。国内外市场表明，无公害农产品比一般农产品价格高 5%～20%，而且市场需求旺盛，既可提高农业经济效益，增加农民收，又保护了农业生态环境，促进农业可持续发展。

3. 无公害农产品的法规和标准

为了突出无公害农产品标准的重要性，便于有关部门和社会各界对无公害农产品进行监督和管理以及利于无公害农产品的生产者、经营者和消费者识别标准，农业部在原有行业标准框架的基础上，单独设立了无公害农产品行业标准系列（NY 5000 系列标准）。主要包括产地环境条件、生产技术规范、加工技术规范、产品质量安全标准以及相应的检验检测方法。除生产技术规范（包括饲养管理准则和加工技术规范）为推荐标准外，其他均为强制性标准。

为了全面提高农产品质量与安全，搞好无公害农产品的质量控制，国家发布了《农产品安全标准》系列，包括《无公害蔬菜安全要求》、《无公害水果安全要求》、《无公害畜禽肉安全要求》、《无公害水产品安全要求》、《无公害蔬菜产地环境要求》、《无公害水果产地环境要求》、《无公害畜禽肉产地环境要求》、《无公害水产品产地环境要求》等。

国家农业部和国家质量监督检验检疫总局进一步制定了《无公害农产品管理办法》、《无公害农产品产地认定及产品认证程序》、《无公害农产品生产的技术规程》，并在 2003 年 5 月 7 日农业部制定并发行了《无公害农产品标志管理办法》。这些法规和标准分别对无公害产品的产地环境、生产过程和产品质量提出具体要求；对农药、化肥和兽药提出使用规范；对生产、加工过程提出监控措施。在保证产地环境安全带基础上保证农产品安全。

发展无公害农业，首先要求产地环境必须符合“无公害”质量要求，一旦产地受到污染，就失去了无公害农产品生产的基本条件。2001 年 9 月,国家质检总局批准了四个农产品安全的国家标准(即产地环境要求标准),并于 2001 年 10 月 1 日在全国开始实施,为在全国范围内监督管理无公害农产品提供了统一的技术依据。它包括蔬菜、水果、畜禽肉、水产品四类农产品的“产地环境要求”,即:

GB/T 18407.1—2001　农产品安全质量无公害蔬菜产地环境要求

GB/T 18407.2—2001　农产品安全质量无公害水果产地环境要求

GB/T 18407.3—2001　农产品安全质量无公害畜禽肉产品产地环境要求

GB/T 18407.4—2001　农产品安全质量无公害水产品产地环境要求

到 2001 年 11 月止,国家制定了四项强制性标准,即“安全要求”:

GB 18406.1—2001　农产品安全质量无公害蔬菜安全要求

GB 18406.2—2001　农产品安全质量无公害水果安全要求

GB 18406.3—2001　农产品安全质量无公害畜禽肉产品安全要求

GB 18406.4—2001　农产品安全质量无公害水产品安全要求

此外,国家还将发布“无公害茶叶”、“无公害蛋和蛋制品”、“无公害乳和乳制品”、“无公害食用菌”等 10 项国家标准。国家还制定了一系列无公害农产品质量行业标准,即 NY/T 400 系列,明确了各类无公害农产品的质量要求。

4. 无公害农产品的认证

(1)无公害农产品管理机构　无公害农产品管理机构为农业部农产品质量安全中心,它是由中央机构编制委员会办公室批准成立、国家认证认可监督管理委员会批准登记、农业部直属正局级事业单位,专门从事无公害农产品认证工作。其主要职责是贯彻执行国家关于农产品质量安全认证认可及合格评定方面的法律、法规和规章制度;发布认证标志和认证产品目录;受理分中心认证审查报告,并向认证合格者颁发认证证书;办理无公害农产品标志的使用手续,负责无公害农产品标志使用的监督管理;接受无公害农产品产地认定结果备案;对无公害农产品标志的印制单位进行委托和管理;开展无公害农产品质量安全认证的国际交流和合作;负责农业部农产品认证管理委员会的日常工作。

各省市认证工作由各地分中心或所在地省级无公害农产品认证归口单位负责。

(2)无公害农产品产地认定　各省、自治区、直辖市人民政府农业行政主管部门(以下简称省级农业行政主管部门)负责本辖区内无公害农产品产地认定(以下简称产地认定)工作。

(3)申请　申请产地认定的单位和个人向产地所在地县级人民政府农业行政主管部门提出申请,并提交所需材料。

(4)审查　县级农业行政主管部门对申请人的申请材料进行审查。符合要求的,出具推荐意见,连同产地申请材料逐级上报省级农业行政主管部门。

产地环境检查。有省级农业行政主管部门通知申请人委托具有资质的检测机构对其产地环境按照标准进行现场检查和环境抽样检验。

(5)颁证　省级农业行政主管部门对材料审查、现场检查、环境检验和环境现状评价进行全面评审,符合颁证条件的颁发《无公害农产品产地认证证书》。

(6)期限　《无公害农产品产地认证证书》有效期为 3 年。期满后需要继续使用的,证书持有人在有效期满前 90 日内重新办理。

(7)备案　省级农业行政主管部门在颁发《无公害农产品产地认证证书》后,将获得证书的产地名录报农业部和国家认证认可监督管理委员会备案。

5. 无公害农产品标志及管理

农业部和国家认监委联合制定并发布无公害农产品标志。经农业部农产品质量中心专业分中心的严格审查、评审，获得无公害农产品认证证书并许可加贴标志的农产品，才可以冠以“无公害农产品”的称号。

获得无公害农产品认证资格的认证机构，负责无公害农产品标志的申请受理、审核和发放工作，并对无公害农产品标志实行统一管理、分级负责。

使用无公害农产品标志的单位和个人需随时接受有关管理部门的复审和监督，如果无公害农产品标志使用有效期内两次产品抽查不合格；或者无公害农产品标志使用有效期满，未办理复审手续；或者发生产品质量事故造成严重后果；或者未经批准擅自使用、伪造、冒用、转让无公害农产品标志的将吊销其生产、经销单位或个人的证书，责令其停止使用无公害农产品标志，并依据有关法律、法规进行处罚。

无公害农产品标志标准颜色由绿色和橙色组成。其基本图案主要由麦穗、对勾和无公害农产品字样组成。标志整体为绿色，麦穗与对勾为金色，绿色象征环保和安全，金色寓意成熟和丰收。麦穗代表农产品，对勾表示合格。见图 8-1。

图 8-1 无公害农产品标志

获得无公害农产品认证证书的单位和个人，可以在证书规定的产品、包装、标签、广告、说明书上使用无公害农产品标志，用以证明产品符合无公害农产品标准。

学习活动 4 中华人民共和国农业部在绿色食品质量安全方面的监管

20 世纪末，我国主要农产品进入了数量与质量并重的新阶段。近年来，农业部按照党中央、国务院的统一部署农产品质量安全作为重点任务。为保证老百姓“米袋子”、“菜篮子”安全，农业部实施“无公害农产品行动计划”，建立健全质量安全追溯制度，大力发展无公害农产品、绿色食品、有机食品。中国农产品质量安全水平总体上是有保障的。

一、绿色食品的概述

1. 绿色食品的概念

绿色食品是遵循可持续发展原则，按照特定的生产方式生产，经专门机构认定，许可使用绿色食品标志的无污染的安全、优质、营养类食品，具体标志见图 8-2 和图 8-3。无污染是指在绿色食品生产、加工过程中，通过严密监测、控制，防范农药残留、放射性物质、重金属、有害细菌等对食品生产各个环节的污染，以确保绿色食品的洁净；优质特性不仅包括产品的外表包装水平高，而且还包括内在品质优良、营养价值和卫生安全指标高。

2. 绿色食品的特征

绿色食品与普通食品相比有以下显著特征。

(1)强调产品必须出自最佳的生态环境。绿色食品生产从原料生产地的生态环境入手，由法定的环境监测部门对产品原料产地及其周围的生态环境因子经过定点采样监测，判定其是否具备生产绿色食品的基础条件，而不是简单地禁止生产过程中化学合成物质的使用。

(2)对产品实行全程质量控制。绿色食品生产实施“从土地到餐桌”的全程质量控制。通过产前环节的环境监测和原料检测;产中环节的具体生产、加工操作规程的落实;产后环节的产品质量、卫生指标、包装、保鲜、运输、储藏、销售控制,确保绿色食品的整体产品质量,并提高整个生产过程的技术含量。而不是简单地对最终产品的有害成分含量和卫生指标进行的测定。

(3)对产品依法实行标志管理。绿色食品标志是一个质量证明商标,属知识产权范畴,受《中华人民共和国商标法》保护。绿色食品文字、英文 Greenfood 以及标志与文字组合图形,在核定使用商品 1,2,3,5,29,30,31,32,33 共九类食品及相关食品方面的产品进行了注册。

二、绿色食品标准

目前农业部颁布的绿色食品标准共计 90 项,其中通则类标准有 10 项,产品标准有 80 项。绿色食品标准是由农业部发布的推荐性农业行业标准(NY/T),是绿色食品生产企业必须遵照执行的标准。

1.绿色食品标准概述

绿色食品标准是应用科学技术原理,结合绿色食品生产实践,借鉴国内外相关标准所制定的,在绿色食品生产中必须遵循,在绿色食品质量认证时必须依据的技术性文件。

绿色食品标准是绿色食品认证和管理的依据和基础,是整个绿色食品事业的重要技术支撑,绿色食品标准分为两个技术等级,即 AA 级绿色食品标准和 A 级绿色食品标准。

AA 级绿色食品标准要求:生产地的环境质量符合《绿色食品产地环境质量标准》,生产过程中不使用化学合成的农药、肥料、食品添加剂、饲料添加剂、兽药及有害于环境和人体健康的生产资料,而是通过使用有机肥、种植绿肥、作物轮作、生物或物理方法等技术,培肥土壤、控制病虫草害、保护或提高产品品质,从而保证产品质量符合绿色食品产品标准要求。

A 级绿色食品标准要求:生产地的环境质量符合《绿色食品产地环境质量标准》,生产过程中严格按绿色食品生产资料使用准则和生产操作规程要求,限量使用限定的化学合成生产资料,并积极采用生物学技术和物理方法,保证产品质量符合绿色食品产品标准要求。

2.绿色食品标准的构成

绿色食品标准不是单一的产品标准,而是由一系列标准构成的、非常完善的标准体系。绿色食品标准以“从土地到餐桌”全程质量控制为核心,包括产地环境质量、生产绿色食品标准是应用科学技术原理,结合绿色食品生产实践,借鉴国内外相关标准技术标准、最终产品标准、包装与标签标准、贮藏运输标准以及其他相关标准 6 个部分。

(1)《绿色食品　产地环境技术条件》(NY/T 391)　制定绿色食品产地环境标准,强调绿色食品必须产自良好的生态环境地域,以保证绿色食品最终产品的无污染、安全性;促进对绿色食品产地环境的保护和改善。

绿色食品产地环境质量标准规定了产地的空气质量标准、农田灌溉水质标准、渔业水质标准、畜禽养殖用水标准和土壤环境质量标准的各项指标以及浓度限值、监测和评价方法。提出了绿色食品产地土壤肥力分级和土壤质量综合评价方法。对于一个给定的污染物在全国范围内其标准是统一的,必要时可增设项目,适用于绿色食品(AA 级和 A 级)生产的农田、菜地、果园、牧场、养殖场和加工厂。

(2)绿色食品生产技术标准　绿色食品生产过程的控制是绿色食品质量控制的关键环节。

绿色食品生产技术标准是绿色食品标准体系的核心，它包括绿色食品生产资料使用准则和绿色食品生产技术操作规程两部分。

绿色食品生产资料使用准则是对生产绿色食品过程中物质投入的一个原则性规定，它包括生产绿色食品的农药、肥料、食品添加剂、饲料添加剂、兽药和水产养殖药的使用准则，对允许、限制和禁止使用的生产资料及其使用方法、使用剂量、使用次数和休药期等做出了明确规定。

绿色食品生产技术操作规程是以上述准则为依据，按作物种类、畜牧种类和不同农业区域的生产特性分别制定的，用于指导绿色食品生产活动，规范绿色食品生产技术的技术规定，包括农产品种植、畜禽饲养、水产养殖和食品加工等技术操作规程。

(3)绿色食品产品标准　绿色食品产品标准是衡量绿色食品最终产品质量的指标尺度。它虽然跟普通食品的国家标准一样，规定了食品的外观品质、营养品质和卫生品质等内容，但其卫生品质要求高于国家现行标准，主要表现在对农药残留和重金属的检测项目种类多、指标严。而且，使用的主要原料必须是来自绿色食品产地的、按绿色食品生产技术操作规程生产出来的产品。绿色食品产品标准反映了绿色食品生产、管理和质量控制的先进水平，突出了绿色食品产品无污染、安全的卫生品质。

(4)绿色食品包装、贮藏运输标准　包装标准规定了进行绿色食品产品包装时应遵循的原则，包装材料选用的范围、种类，包装上的标识内容等。要求产品包装从原料、产品制造、使用、回收和废弃的整个过程都应有利于食品安全和环境保护，包括包装材料的安全、牢固性，节省资源、能源，减少或避免废弃物产生，易回收循环利用，可降解等具体要求和内容。

标签标准，除要求符合国家《预包装食品标签通则》外，还要求符合《中国绿色食品商标标志设计使用规范手册》规定。

贮藏运输标准对绿色食品贮运的条件、方法、时间做出规定。以保证绿色食品在贮运过程中不遭受污染、不改变品质，并有利于环保、节能。

3. 制定绿色食品标准依据

(1)欧共体关于有机农业及其有关农产品和食品条例(第2092/91)；

(2)IFOAM有机农业和食品加工基本标准；

(3)联合国食品法典委员会(CAC)标准；

(4)我国相关法律法规；

(5)我国国家环境标准；

(6)我国食品质量标准；

(7)我国绿色食品生产技术研究成果。

4. 绿色食品标准的作用和意义

(1)绿色食品标准是绿色食品认证工作的技术基础。绿色食品认证实行产前、产中、产后全过程质量控制，同时包含了质量认证和质量体系认证内容。

绿色食品标准是进行绿色食品生产活动的技术、行为规范。绿色食品标准不仅是对绿色食品产品质量、产地环境质量、生产资料毒负效应的指标规定，更重要的是对绿色食品生产者、管理者的行为的规范，是评定、监督和纠正绿色食品生产者、管理者技术行为的尺度，具有规范绿色食品生产活动的功能。

(2)绿色食品标准是指导农业及食品加工业提高生产水平的技术文件。绿色食品产品标准设置的质量安全指标比较严格，绿色食品标准体系则为企业如何生产出符合要求的产品提供了先进的生产方式、工艺和生产技术指导。例如，在农作物生产方面，为替代或减少化肥用量、保证产量，绿色食品标准提供了一套根据土壤肥力状况，将有机肥、微生物肥、无机（矿质）肥和其他肥料配合施用的方法；为保证无污染、安全的卫生品质，绿色食品标准提供了一套经济、有效的杀灭致病菌、降解硝酸盐的有机肥处理方法；为减少喷施化学农药，绿色食品标准提供了一套从保护整体生态系统出发的病虫草害综合防治技术。在食品加工方面，为避免加工过程中的二次污染，绿色食品标准提出了一套非化学方式控制害虫的方法和食品添加剂使用准则，从而促使绿色食品生产者采用先进加工工艺、提高技术水平。

(3)绿色食品标准是维护绿色食品生产者和消费者利益的技术和法律依据。绿色食品标准作为认证和管理的依据，对接受认证的生产企业属强制执行标准，企业采用的生产技术及生产出的产品都必须符合绿色食品标准要求。国家有关行政主管部门对绿色食品实行监督抽查、打击假冒产品的行动时，绿色食品标准就是保护生产者和消费者利益的技术和法律依据。

(4)绿色食品标准是提高我国农产品和食品质量，促进出口创汇的技术手段。绿色食品标准是以我国国家标准为基础，参照国际先进标准制定的，既符合我国国情，又具有国际先进水平的标准。企业通过实施绿色食品标准，能够有效地促使技术改造，加强生产过程的质量控制，改善经营管理，提高员工素质。绿色食品标准也为我国加入 WTO 后，开展可持续农产品及有机农产品平等贸易提供了技术保障，为我国农业，特别是生态农业、可持续发展农业在对外开放过程中提高自我保护、自我发展能力创造了条件。

5. 常用的绿色食品标准(表 8-2)

表 8-2 常用的绿色食品标准

序号	标准号	标准名称
1	NY/T391—2000	绿色食品 产地环境技术条件
2	NY/T392—2000	绿色食品 食品添加剂使用准则
3	NY/T393—2000	绿色食品 农药使用准则
4	NY/T394—2000	绿色食品 肥料使用准则
5	NY/T471—2000	绿色食品 饲料和饲料添加剂使用准则
6	NY/T472—2000	绿色食品 兽药使用准则
7	NY/T473—2000	绿色食品 动物卫生准则
8	NY/T658—2000	绿色食品 包装只用准则

6. 绿色食品的认证

(1)绿色食品管理机构　1992 年，中国农业部成立了中国绿色食品发展中心(CGFDC)，专门负责组织全国绿色食品的开发和管理，其主要职责有制定绿色食品的方针、政策、规划；进行标志管理；制定和完善绿色食品标准；开展绿色食品质量认证；开展与绿色食品工程建设相配套的科技攻关、宣传和培训工作；组织和参加国内外相关经济及时交流与合作；指导各省市区绿色食品管理机构的工作；建设绿色食品生产示范基地；协调绿色食品试产流通网络建设；组织和调节绿色食品产地环境和产品卫生日内高质量检测、检验工作。

(2)绿色食品认证过程　凡具备绿色食品生产条件的单位和个人均可作为绿色食品标志

申请人。绿色食品标志是经中国绿色食品发展中心(以下简称中心)注册的质量证明商标,如需在其生产的产品上使用绿色食品标志,必须按以下程序提出申报。

①申请人向中心或所在省绿色食品办公室领取申请表及有关资料;

②申请人按要求填写“绿色食品标志使用申请书”、“企业及生产情况调查表”,并连同“产品注册商标文本复印件”及省级以上质量监测部门出具的当年产品质量检测报告一并报所在省绿色食品办公室;

③由各省绿色食品办公室派专人赴申报企业及原料产地调查核实其产品生产过程的质量控制情况,写出正式报告;

④绿色食品办公室确定省内一家较权威的环境监测单位(通过省级以上计量认证),委托其对申请企业进行农业环境质量评价;

⑤以上材料一式两份,由各省绿色食品办公室初审后报送中心审核;

⑥由中心通知,对申请材料合格的企业接受指定的绿色食品监测中心对其产品进行质量、卫生检测,同时企业需按《中国绿色食品标志设计标准手册》要求,将带有绿色食品标志的包装方案报中心审核;

⑦由中心对申请企业及产品进行终审后,与符合绿色食品标准的产品生产企业签订《绿色食品标志使用协议书》,然后向企业颁发绿色食品标志使用证书,并向社会发布通知;

⑧绿色食品标志使用证书有效期为3年。在此期间,绿色食品生产企业需接受中心委托的监测机构对其产品进行抽测,并履行绿色食品标志使用协议。期满后若想继续使用绿色食品标志,需于期满前半年办理重新申请手续。

(3)绿色食品标志及其管理

①绿色食品标志　绿色食品由统一的标志来标识。绿色食品标志由特定的图形来表示。绿色食品标志图形由三部分构成:上方为太阳,下方为叶片和中心的蓓蕾。分别代表了生态环境、植物生长和生命的希望。标志图形为正圆形,意为保护、安全。见图8-2。

绿色食品标志商标作为特定的产品质量证明商标,已由中国绿色食品发展中心在国家工商行政管理局注册,从而使绿色食品标志商标专用权受《中华人民共和国商标法》保护,这样既有利于约束和规范企业的经济行为,也有利于保护广大消费者的利益。绿色食品商标分别为四种形式:一是绿色食品标志图形;二是中文“绿色食品”;三是英文“Greenfood”;四是上述中英文与图形的组合形式。见图8-3。

图8-2　绿色食品标志

图8-3　绿色食品标志图形组合形式

②绿色食品标志的管理　绿色食品标志管理包括技术管理和法律管理。

技术管理是指按照绿色食品标准体系对绿色食品产地环境、生产过程及产品质量进行认证,只在符合标准要求的企业和产品上使用绿色食品标志商标。

法律管理是指使用绿色食品标志的和产品实行商标管理。

7.绿色畜禽产品认证

《绿色食品标志管理办法》规定产品或产品原料的产地必须符合绿色食品的生态环境标准。绿色食品是指遵循可持续发展原则,按照特定生产方式生产,经专门机构认定,许可使用绿色食品标志,无污染的安全、优质、营养类食品。绿色畜禽产品认证分为产地认定和产品认证,是获得绿色食品标志的重要步骤之一。

目前,绿色食品标准分为两个技术等级,即AA级绿色食品标准和A级绿色食品标准。

AA级系指在生态环境质量符合规定标准的产地,生产过程中不使用任何有害化学合成物质,按特定的生产操作规程生产、加工,产品质量及包装经检测、检查符合特定标准,并经专门机构认定,许可使用AA级绿色食品标志(图8-4)的产品。

A级系指在生态环境质量符合规定标准的产地,生产过程中允许限量使用限定的化学合成物质,按特定的生产操作规程生产、加工,产品质量及包装经检测、检查符合特定标准,并经专门机构认定,许可使用A级绿色食品标志(图8-5)的产品。

图8-4　AA级绿色食品标志

图8-5　A级绿色食品标志

绿色畜禽产品认证是获得绿色食品标志使用权的重要条件。

(1)绿色食品产地环境标准　分别对绿色食品产地的空气质量、农田灌溉水质量、畜禽养殖用水质量、渔业水质量和土壤环境的质量的各项指标、浓度限值做了明确规定。

(2)绿色食品生产技术标准　包括两部分:一部分是对生产过程中的投入品如农药、肥料、饮料和食品添加剂等生产资料使用方面的规定;另一部分是针对具体种养殖对象的生产技术规程。

(3)绿色食品产品标准　对初级农产品和加工产品分别制定相应的感官、理化和生物学要求,例如前面谈到的蔬菜标准。

(4)绿色食品标志使用、包装及贮运标准　为确保绿色食品产后在包装运输中不受污染,制定了相应的标准。

所要申报的企业,其产地环境、生产过程、产品质量和包装和运输等条件必须符合相应的绿色食品标准要求,并经过相应的机构检测,才能获得绿色食品标志使用权。

学习活动5 中华人民共和国农业部在转基因食品质量安全方面的监管

一、转基因食品概述

目前，国际上农作物基因工程正在进入一个飞速发展时期，越来越多的转基因产品将会进入市场，并产生巨大的经济效益。随着转基因生物研发和生产的迅猛发展，有关转基因食品的问题也日渐凸显。

所谓转基因食品，就是利用现代分子生物技术，将某些生物的基因转移到其他物种中去，改造生物的遗传物质，使其在形状、营养品质、消费品质等方面向人们所需要的目标转变。

根据联合国粮农组织及世界卫生组织(FAO/WHO)、食品标准法典委员会(CAC)及卡塔尔生物安全议定书(Cartagena Protocol on Biosafety)协议中定义：

“转基因技术”是指使用基因工程或分子生物学技术(不包括传统育种、细胞及原生质体融合、杂交、诱变、体外受精、体细胞变异及多倍体诱导等技术)，将遗传物质导入活细胞或生物体中，产生基因重组现象，并使之表达并遗传的相关技术。

“转基因生物”是指遗传物质基因被改变的生物，其基因改变的方式是通过转基因技术，而不是以自然增殖或自然重组的方式产生，包括转基因植物、转基因动物和转基因微生物三大类。

“转基因食品”(Genetically Modified Food，简称 GMF)是指用转基因生物制造或生产的食品、食品原料及食品添加物等。

20 世纪 80 年代，科学家们开始把 10 多年分子研究的成果运用到转基因食品上。1983 年世界上第一例转基因植物(烟草)在美国问世，1986 年美国首次批准转基因植物进行环境释放试验，1994 年美国食品与药物管理局(FDA)首次批准转基因植物进行商品化生产，随后转基因成功的植物种类迅速增加，至今已有 35 科 120 种植物转基因成功。自 1986 年以来，有 30 个国家先后批准 3 000 多例转基因植物进入田间试验，涉及 40 多种植物。经济合作发展组织(OECD)于 1997 年对全球遗传工程体申请田间试验的统计资料显示，申请最多的前几种农作物是玉米、油菜、马铃薯、番茄、大豆和棉花，申请数最多的 5 个国家为：美国、加拿大、法国、比利时和英国。农业生物技术实施国际机构 2003 年统计显示，世界转基因产品的种植面积已达 6 770 万 hm^2；其中美国是种植大户，占全球种植面积的 72%，商业化的转基因产品主要有抗螟虫玉米，抗甲虫马铃薯，抗除草剂的玉米、棉花、油菜和大豆，抗病毒的西葫芦和番木瓜，雄性不育的莴苣以及成熟延迟的番茄等。

我国的农业生物工程研究于 20 世纪 80 年代初期开始启动，20 世纪 80 年代中期列入国家高科技发展规划(“863”计划)，现已取得一批研究和产业化成果。目前我国已有近 100 项转基因技术研究，计有植物 47 种、动物 4 种、微生物 31 种。我国转基因农作物田间试验和商品化生产面积居世界第四位。到 2000 年我国已获准进入商品化生产的农作物有 6 种，可食用的是耐贮存番茄、抗花叶病毒的番茄与甜椒 3 种。

二、转基因食品的种类

目前已经进入食品领域的三类转基因生物包括转基因植物、转基因动物和转基因微生物，根据来源和食品的功能，转基因食品可分为四类：

1. 植物性转基因食品

植物性转基因食品很多。例如，面包生产需要高蛋白质含量的小麦，而目前的小麦品种含蛋白质较低，将高效表达的蛋白基因转入小麦，将会使做成的面包具有更好的焙烤性能。

番茄是一种营养丰富、经济价值很高的果蔬，但它不耐贮藏。为了解决番茄这类果实的贮藏问题，研究者发现，控制植物衰老激素乙烯合成的酶基因，是导致植物衰老的重要基因，如果能够利用基因工程的方法抑制这个基因的表达，那么衰老激素乙烯的生物合成就会得到控制，番茄也就不会容易变软和腐烂了。美国、中国等国家的多位科学家经过努力，已培育出了这样的番茄新品种。这种番茄抗衰老，抗软化，耐贮藏，能长途运输，可减少加工生产及运输中的浪费。

2. 动物性转基因食品

动物性转基因食品也有很多种类。比如，牛体内转入了人的基因，牛长大后产生的牛乳中含有基因药物，提取后可用于人类病症的治疗。在猪的基因组中转入人的生长素基因，猪的生长速度增加了一倍，猪肉质量大大提高，现在这样的猪肉已在澳大利亚被请上了餐桌。

3. 转基因微生物食品

微生物是转基因最常用的转化材料，所以，转基因微生物比较容易培育，应用也最广泛。例如，生产奶酪的凝乳酶，以往只能从杀死的小牛的胃中才能取出，现在利用转基因微生物已能够使凝乳酶在体外大量产生，避免了小牛的无辜死亡，也降低了生产成本。

4. 转基因特殊食品

科学家利用生物遗传工程，将普通的蔬菜、水果、粮食等农作物，变成能预防疾病的神奇的“疫苗食品”。例如，科学家培育出了一种能预防霍乱的苜蓿植物。用这种苜蓿来喂小白鼠，能使小白鼠的抗病能力大大增强。而且这种霍乱抗原，能经受胃酸的腐蚀而不被破坏，并能激发人体对霍乱的免疫能力。于是，越来越多的抗病基因正在被转入植物，使人们在品尝鲜果美味的同时，达到防病的目的。

目前被批准商业化生产的转基因食品中90%以上为转基因植物及其衍生产品，主要集中在生产具有高营养、耐贮藏、抗病虫和抗除草剂等能力的农作物方面。我国对进口转基因食品原料已发放转基因生物安全证书的有：转基因大豆、转基因油菜、转基因棉花和转基因玉米。

三、中国转基因生物安全管理体系

当前在中国已初步建立了转基因食品安全管理体系。农业是转基因技术主要的应用领域。建立农业转基因生物安全评价制度，是世界各国的普遍做法，也是《生物安全议定书》的主要内容。中国作为一个农业大国、生物资源多样的大国，又是水稻、大豆等农作物物种的原产地，在加强和促进转基因技术研究与开发的同时，必须十分重视转基因生物的安全。为此，我国政府于2001年5月23日以国务院304号令，发布了《农业转基因生物安全管理条例》。

1. 转基因生物安全监督管理体制

由国务院农业部负责全国农业转基因生物安全的监督管理工作，县级以上各级政府的农业行政主管部门负责本行政区域的农业转基因生物安全的监督管理工作。农业部设立农业转基因生物委员会，负责农业转基因生物的安全评价工作。其他一些相关部门(如科技行政主管部门、环境保护行政主管部门等)依照有关法律的规定对转基因生物安全实施监督管理。为了协调这些部门在农业转基因生物安全管理领域的关系，国务院还建立了由农业部、国家发展改革委员会、科技部、卫生部、商务部、国家质检总局和国家环保局组成的国家农业转基因生物安全管理部际联席会议制度。

2. 转基因生物安全管理法规体系

中国第一个有关生物安全的标准和办法是1990年制定的《基因工程产品质量控制标准》；1993年，国家科委颁布了《基因工程管理办法》；1996年，农业部颁布了《农业生物基因工程安全管理实施办法》（现已废止）；1997年，农业部发布了《关于贯彻执行〈农业生物基因工程安全管理的实施办法〉的通知》；2001年，国务院颁布了《农业转基因生物安全管理条例》；2002年1月，农业部发布了与该条例相配套的《农业转基因生物安全评价管理办法》、《农业转基因生物进口安全管理办法》和《农业转基因生物标识管理办法》。

四、转基因食品标识管理

2002年，农业部又相继颁布了与该条例相配套的《农业转基因生物标识管理办法》等3个办法。其中，主要保护消费者对转基因食品知情权的便是《农业转基因生物标识管理办法》。《办法》规定，只要在生产过程中使用了转基因原料，无论最终产品是否含有转基因成分，都必须在产品包装上明确标注，确保消费者的知情权。食品产品中（包括原料及其加工的食品）含有基因修饰有机体或/和表达产物的，要标注“转基因××食品”或“以转基因××食品为原料”，转基因食品来自潜在致敏食物的，还要标注“本品转××食物基因，对××食物过敏者注意”。

为了使广大消费者享有自由选择的权利，食品生产部门应该在所有转基因食品包括粮、油、豆、蔬、果上，都进行标注。如果有些转基因食品对人体健康的影响尚无定论，有待进一步探索和研究的，应严禁上市。转基因食品采用特殊标识，除对消费者的知情权予以保护外，还可避免因消费者食用可能影响食品的安全特性或营养质量，或可能导致过敏反应转基因食品，从而最大限度保护消费者权益。例如，如果番茄中含有从花生中移入的转基因蛋白质，而又缺乏食用这种蛋白质不会引起花生过敏者过敏的证据时，就需要通过标签警告那些对花生过敏者，即使这种番茄的基本口味和结构并没有发生变化。

1. 转基因食品标识类型

(1)按照标识的范围分为三种类型：①选择性标识，只有在成分、营养价值和致敏性方面跟同类传统食品差别很大的转基因食品，才需加上转基因食品标签。②有限度的标识，只规定以最常用的转基因食品做配料的特定食品需加上标签。③全面标识，规定任何食品如含有超过1%左右的转基因原料需加上标签。

(2)按照法律的约束性分为两种：①义务标识（强制执行）。②自愿标识。

2. 中国的标识制度

中国采取的是义务标识法，2002年，农业部颁布了《农业转基因生物标识管理办法》，要求在2002年3月20日后对列入农业转基因生物实施强制性标识，未标识的不得销售。第一批实施标识管理的农业转基因生物有：大豆种子、大豆、大豆粉、大豆油、豆粕；玉米种子、玉米、玉米油、玉米粉；油菜种子、油菜籽、油菜籽油、油菜籽粕；棉花种子；番茄种子等。

2005年10月1日国家实施食品标签强制性国家标准GB 7718—2004《预包装食品标签通则》和GB 13432—2004《预包装特殊膳食食用标签通则》。新国家标准规定转基因食品应明确标注。凡列入农业部发布的《农业转基因生物标识管理办法》的食品,必须在标签上标注“转基因食品”。例如,使用转基因大豆制取的油,其标签上应标有“转基因大豆油”字样。

五、农业部颁布的转基因专项法规(表 8-3)

表 8-3 农业部颁布的转基因专项法规

序号	法规名称	颁布时间	颁布部门	状态
1	农业生物基因工程安全管理实施办法	1997.7.10	农业部	废止
2	农业转基因生物安全评估管理办法	2002.1.5	农业部	
3	农业转基因生物进口安全管理办法	2002.1.5	农业部	部分废止
4	农业转基因生物标识管理办法	2002.1.5	农业部	
5	进口转基因农产品安全管理临时措施	2002.3.12	农业部	终止
6	关于贯彻执行《农业转基因生物安全管理条例》及配套规章的通知	2002.3.14	农业部	
7	农业部决定延长转基因农产品安全管理临时措施实施期限	2002.10.11	农业部	
8	农业转基因生物安全管理审批(进口转基因农产品临时证明)	2003.10.10	农业部	
9	农业转基因生物检测费收费标准	2003.10.10	农业部	
10	对进口农业转基因生物实施正常管理	2004.2.20	农业部	
11	转基因抗虫棉安全评价简化程序(农业部 410 号令)	2004.9.28	农业部	废止
12	农业转基因生物加工审批办法	2006.1.27	农业部	
13	转基因作物田间试验安全检查指南	2006.5.12	农业部	
14	农业转基因生物安全管理审批指南	2006.8.30	农业部	
15	简化农业转基因生物安全证书续申请程序	2006.12.7	农业部	
16	明确涉及南繁的转基因农作物安全评价申报要求	2007.3.2	农业部	
17	抗虫玉米 Bt10 及其衍生品种定性 PCR 方法等 27 项国家标准	2007.12.18	农业部	
18	转基因抗虫棉生产应用安全证书申请(第 989 号)	2008.2.25	农业部	废止
19	进一步简化转基因抗虫棉生产应用安全证书申请程序	2008.5.25	农业部	
20	农业部关于进一步加强转基因生物安全监管工作的通知	2009.2.20	农业部	
21	关于组织开展 2009 年转基因生物安全和品种权执法专项监督检查活动的通知	2009.5.22	农业部	
22	农业转基因生物安全项目管理暂行办法	2009.11.18	农业部	
23	关于开展植物新品种保护项目和农业转基因生物安全管理项目资金清理和检查工作的通知	2012.7.22	农业部	
24	中华人民共和国农业部公告 第 1693 号 附件 1:转基因抗虫棉生产应用安全证书申报书(格式) 附件 2:转基因抗虫棉安全评价检测要求	2011.12.14	农业部	

动态

如何控制兽药及其他有害物质残留？

对于饲料加工者、动物饲养者来说就是两句话：遵守法律、法规，按标组织生产。遵守法律、法规是强制性的，按标组织生产是自觉行为。为了规范兽药的生产、经营和使用，有效控制兽药等有害物质在畜产品中的残留，国家和省近年来颁布了一系列的法律、规章、办法。与控制兽药及其他有害物质残留有关的有：《兽药管理条例》、《饲料及饲料添加剂管理条例》、《饲料及饲料添加剂使用规范》、《食品动物禁用的兽药及其他化合物清单》、《禁止在饲料和动物饮水中使用的药物品种目录》等。这些法规、规章、办法对什么兽药可以使用，什么兽药禁止使用，哪种动物适用哪种兽药，什么兽药通过什么途径给药、给药的剂量、停药期是多长时间，都有十分明确的规定。这些法律、法规、办法，各饲料加工单位，动物饲养单位，畜产品加工单位，动物诊疗单位，都要认真学习，做到知法、懂法、守法，并学会用法律的武器保护自己的合法权益。

相关学习链接

1. 中国绿色食品网 http://www.zhongguo/sspw.roboo.com
2. 中国认证认可协会 http://www.ccaa.org.cn
3. 食品伙伴网 http://www.foodmate.net/
4. 中国食品科技网 http://www.tech-food.com
5. 中国有机食品网 http://www.zgyjsp.roboo.com

想一想

1. 名词解释：无公害农产品、绿色食品、有机食品。
2. 简述有机畜禽产品的认证。
3. 简述绿色畜禽产品的认证。
4. 简述无公害农产品、绿色食品和有机食品认证的管理办法和认证程序。

任务二　学习中华人民共和国农业部的相关管理文件

◆任务目标

- 了解中华人民共和国农业部的相关管理文件。
- 理解中华人民共和国农业部的相关管理文件的内容。

◆案例导入

以前村里很流行打剧毒农药，多灭灵（甲胺磷）、克百威（呋喃丹）都是用得比较多的药。这些药毒到什么程度呢？人只要喝一小口就会死，以前村里有个老太太，用装过这些农药的空瓶子喝水，结果就死掉了。打过这种药的蔬菜，采摘和装运时都得戴上长长的皮手套，否则双手双臂就会起泡、脱皮甚至溃烂。

涂药黄瓜、有毒豇豆、问题猪肉……如今又出现甲醛白菜、蓝矾韭菜，各种农药、兽药、激素、保鲜剂等农用药剂的超标、违规使用，正在成为农产品质量安全的源头之祸。对此，有一种声音解释说：不用这些化学药剂，百姓的餐桌就没有保障。

案例分析

农药残留超标、农产品安全存隐患，我们也该反思，农药（包括各种农药、兽药、激素、保鲜剂等）是否用得过多过乱？农业生产一线何以越来越依赖化学药剂？生态种植技术为什么得不到推广？科研部门为何开发不出低毒、高效的农用药剂？弄清这些问题，或许才能为保障农产品的质量与产量找到正道。

◆学习活动方案

学习活动1　学习中华人民共和国农业部的相关管理文件

中华人民共和国农业部颁布的文件：

①《农产品质量安全监测管理办法》农业部第7次常务会议

②《农产品地理标志管理办法》农业部令第11号

③《农产品产地安全管理办法》中华人民共和国农业部令第71号

④《禁止在饲料和动物饮用水中使用的药物品种目录》农业部第176号(2002年)

⑤《食品动物禁用的兽药》农业部公告第193号

⑥《食品中农药最大残留限量》(GB 2763—2012)(农业部公告第1859号)

⑦《农药每日允许摄入量制定指南》(农业部公告第1825号)

⑧《废止兽药质量标准目录》(农业部公告第1845号)

学习活动2　学习中华人民共和国农业部颁布的《农产品质量安全监测管理办法》文件

1.颁布日期

2012年6月13日农业部第7次常务会议审议通过《农产品质量安全监测管理办法》，公布自2012年10月1日起施行。

2.农产品质量安全监测部门

县级以上人民政府农业行政主管部门开展农产品质量安全监测工作。

3.农产品质量安全监测范围

农产品质量安全监测，包括农产品质量安全风险监测和农产品质量安全监督抽查。

农产品质量安全风险监测，是指为了掌握农产品质量安全状况和开展农产品质量安全风险评估，系统和持续地对影响农产品质量安全的有害因素进行检验、分析和评价的活动，包括农产品质量安全例行监测、普查和专项监测等内容。

农产品质量安全监督抽查，是指为了监督农产品质量安全，依法对生产中或市场上销售的农产品进行抽样检测的活动。

4.制定农产品质量安全监测计划并组织实施的部门

县级以上地方人民政府农业行政主管部门应当根据全国农产品质量安全监测计划和本行政区域的实际情况，制定本级农产品质量安全监测计划并组织实施。

5. 农产品质量安全检测工作承担的检测机构

县级以上人民政府农业行政主管部门应当加强农产品质量安全检测机构建设，提升其检测能力。

6. 农业部统一管理全国农产品质量安全监测数据和信息

农业部承担全国农产品质量安全监测数据和信息的采集、整理、综合分析、结果上报等工作。县级以上地方人民政府农业行政主管部门负责管理本行政区域内的农产品质量安全监测数据和信息。

7. 农产品质量安全风险监测

省级以上人民政府农业行政主管部门制定并实施农产品质量安全风险监测网络建设规划，建立健全农产品质量安全风险监测网络。县级以上人民政府农业行政主管部门根据监测计划向承担农产品质量安全监测工作的机构下达工作任务同时接受任务的机构报下达监测任务的农业行政主管部门备案。承担农产品质量安全监测任务的机构应当按要求向下达任务的农业行政主管部门报送监测数据和分析结果。

8. 农产品质量安全风险监测完成时间及结果报送日期

省级以上人民政府农业行政主管部门对风险监测结果进行会商分析，研究监管措施。县级以上地方人民政府农业行政主管部门应当及时向上级农业行政主管部门报送监测数据和分析结果，并向同级食品安全委员会办公室、卫生行政、质量监督、工商行政管理、食品药品监督管理等有关部门通报。县级以上人民政府农业行政主管部门调整监测品种、监测区域、监测参数和监测频率。

9. 信息通报

农业部及时向国务院食品安全委员会办公室和卫生行政、质量监督、工商行政管理、食品药品监督管理等有关部门及各省、自治区、直辖市、计划单列市人民政府农业行政主管部门通报监测结果。县级以上人民政府农业行政主管部门应当按照法定权限和程序发布农产品质量安全监测结果及相关信息。

10. 农产品质量安全监督抽查部门

县级以上人民政府农业行政主管部门。抽样工作由当地农业行政主管部门或其执法机构负责，检测工作由农产品质量安全检测机构负责。

11. 农产品质量安全监督抽查复检部门

由农业行政主管部门指定具有资质的检测机构承担。县级以上地方人民政府农业行政主管部门对抽检不合格的农产品，应当及时依法查处，或依法移交工商行政管理等有关部门查处。

学习活动3　学习中华人民共和国农业部颁布的《农产品地理标志管理办法》

2008 年 2 月 1 日，中华人民共和国农业部令第 11 号《农产品地理标志管理办法》开始施行。其部分内容为：

1. 农产品

农产品是指来源于农业的初级产品，即在农业活动中获得的植物、动物、微生物及其产品。

2. 农产品地理标志

农产品地理标志，是指标示农产品来源于特定地域，产品品质和相关特征主要取决于自然生态环境和历史人文因素，并以地域名称冠名的特有农产品标志。

3. 农产品地理标志的监督机构

农业部负责全国农产品地理标志的登记工作，农业部农产品质量安全中心负责农产品地理标志登记的审查和专家评审工作。

省级人民政府农业行政主管部门负责本行政区域内农产品地理标志登记申请的受理和初审工作。农业部设立的农产品地理标志登记专家评审委员会，负责专家评审。农产品地理标志登记专家评审委员会由种植业、畜牧业、渔业和农产品质量安全等方面的专家组成。

县级以上人民政府农业行政主管部门应当加强农产品地理标志监督管理工作，定期对登记的地理标志农产品的地域范围、标志使用等进行监督检查。

4. 农产品地理标志和农产品地理标志等级证书图标

农产品地理标志和农产品地理标志等级证书图标见图 8-6 和图 8-7。

图 8-6 农产品地理标志

图 8-7 农产品地理标志等级证书

学习活动 4 学习中华人民共和国农业部颁布的《农产品产地安全管理办法》

《农产品产地安全管理办法》经农业部第 25 次常务会议审议通过，自 2006 年 11 月 1 日起施行。

（1）本办法所称农产品产地，是指植物、动物、微生物及其产品生产的相关区域。

（2）本办法所称农产品产地安全，是指农产品产地的土壤、水体和大气环境质量等符合生产质量安全农产品要求。

（3）农业部负责全国农产品产地安全的监督管理，县级以上地方人民政府农业行政主管部门负责本行政区域内农产品产地的划分和监督管理。

（4）产地监测与评价由县级以上人民政府农业行政主管部门。

（5）农产品产地有毒有害物质不符合产地安全标准，并导致农产品中有毒有害物质不符合农产品质量安全标准的，应当划定为农产品禁止生产区。

（6）县级以上人民政府农业行政主管部门负责农产品产地安全的监督检查。发现农产品产地受到污染威胁时，应当责令致害单位或者个人采取措施，减少或者消除污染威胁。

学习活动5 学习中华人民共和国农业部禁止使用农药、饲料、兽药等的文件和公告

各级农业部门加大对高毒农药的监管力度，按照《农药管理条例》的有关规定，对违法生产、经营国家明令禁止使用的农药的行为，以及违法在果树、蔬菜、茶叶、中草药材上使用不得使用或限用农药的行为，予以严厉打击。同时引导农药生产者、经营者和使用者生产、推广和使用安全、高效、经济的农药，促进农药品种结构调整步伐，促进无公害农产品生产发展。

一、关于禁止在反刍动物饲料中添加和使用动物性饲料的通知(农业部文件农牧发[2001]7号)

各级畜牧管理部门要禁止使用动物性饲料饲喂反刍动物。禁止在反刍动物饲料中添加使用以下动物性饲料产品：肉骨粉、骨粉、血粉、血浆粉、动物下脚料、动物脂肪、干血浆及其他血液制品、脱水蛋白、蹄粉、角粉、鸡杂碎粉、羽毛粉、油渣、鱼粉、骨胶等。

二、中华人民共和国农业部公告第199号

农业部公布国家明令禁止使用的农药和不得在蔬菜、果树、茶叶、中草药材上使用的高毒农药品种清单。为从源头上解决农产品尤其是蔬菜、水果、茶叶的农药残留超标问题，农业部在对甲胺磷等5个高毒有机磷农药加强登记申请，撤销一批高毒农药在一些作物上的登记

(1)国家明令禁止使用的农药：六六六(HCH)，滴滴涕(DDT)，毒杀芬(camphechlor)，二溴氯丙烷(dibromochloropane)，杀虫脒(chlordimeform)，二溴乙烷(EDB)，除草醚(nitrofen)，艾氏剂(aldrin)，狄氏剂(dieldrin)，汞制剂(Mercurycompounds)，砷(arsena)，铅(acetate)类，敌枯双，氟乙酰胺(fluoroacetamide)，甘氟(gliftor)，毒鼠强(tetramine)，氟乙酸钠(sodiumfluoroacetate)，毒鼠硅(silatrane)。

(2)在蔬菜、果树、茶叶、中草药材上不得使用和限制使用的农药：甲胺磷(methamidophos)，甲基对硫磷(parathion-methyl)，对硫磷(parathion)，久效磷(monocrotophos)，磷胺(phosphamidon)，甲拌磷(phorate)，甲基异柳磷(isofenphos-methyl)，特丁硫磷(terbufos)，甲基硫环磷(phosfolan-methyl)，治螟磷(sulfotep)，内吸磷(demeton)，克百威(carbofuran)，涕灭威，灭线磷(ethoprophos)，硫环磷(phosfolan)，蝇毒磷(coumaphos)，地虫硫磷(fonofos)，氯唑磷(isazofos)，苯线磷(fenamiphos)19种。

(3)氯杀螨醇(dicofol)，氰戊菊酯(fenvalerate)不得用于茶树上。

(4)任何农药产品都不得超出农药登记批准的使用范围使用。

三、《禁止在饲料和动物饮用水中使用的药物品种目录》[农业部第176号公告(2002年)]

2002年农业部、卫生部、国家药品监督管理局联合发布公告《禁止在饲料和动物饮用水中使用的药物品种目录》，目录收载了5类40种禁止在饲料和动物饮用水中使用的药物品种。

1.《允许使用的饲料添加剂品种目录》(农业部公告第105号)

凡生产、经营和使用的营养性饲料添加剂和一般饲料添加剂,均应属于《允许使用的饲料添加剂品种目录》(农业部公告第105号)中规定的品种及经审批公布的新饲料添加剂。

2.《饲料药物添加剂使用规范》(农业部公告第168号,简称《规范》)

凡生产含有药物饲料添加剂的饲料产品,必须严格执行《饲料药物添加剂使用规范》的规定,不得添加《规范》附录二中的饲料药物添加剂。凡在饲养过程中使用药物饲料添加剂,需按照《规范》规定执行,不得超范围、超剂量使用药物饲料添加剂。使用药物饲料添加剂必须遵守休药期、配伍禁忌等有关规定。

3.《禁止在饲料和动物饮用水中使用的药物品种目录》

生产、销售《禁止在饲料和动物饮用水中使用的药物品种目录》所列品种的兽药企业或个人,向饲料企业销售的,由兽药行政管理部门按照《兽药管理条例》第四十条的规定给予处罚;违反《饲料和饲料添加剂管理条例》第十一条、第十七条规定,生产、经营、使用《禁止在饲料和动物饮用水中使用的药物品种目录》所列品种的饲料和饲料添加剂生产企业或个人,由饲料管理部门按照《饲料和饲料添加剂管理条例》第二十六条、第二十七条的规定给予处罚。

4.《禁止在饲料和动物饮用水中使用的药物品种目录》

(1)禁止在饲料和动物饮用水中使用的肾上腺素受体激动剂(表8-4)

表8-4 禁止在饲料和动物饮用水中使用的肾上腺素受体激动剂

序号	名称	英文名称	出处
1	盐酸克仑特罗	Clenbuterol Hydrochloride	药典(2000年)
2	沙丁胺醇	Salbutamol	
3	硫酸沙丁胺醇	Salbutamol Sulfate	
4	莱克多巴胺	Ractopamine	
5	盐酸多巴胺	Dopamine Hydrochloride	
6	西马特罗	Cimaterol	
7	硫酸特布他林	Terbutaline Sulfate	

(2)禁止在饲料和动物饮用水中使用的性激素(表8-5)

表8-5 禁止在饲料和动物饮用水中使用的性激素

序号	名称	英文名称	出处
1	戊酸雌二醇	Estradiol Valerate	药典(2000年)
2	苯甲酸雌二醇	Estradiol Benzoate	
3	己烯雌酚	Diethylstibestrol	
4	雌二醇	Estradiol	
5	氯烯雌醚	Chlorotrianisene	
6	炔诺醇	Ethinylestradiol	
7	炔诺醚	Quinestrol	
8	醋酸氯地孕酮	Levonorgestrel	
9	炔诺酮	Norethisterone	
10	绒毛膜促性腺激素(绒促性素)	Chorionic Gonadotrophin	

(3)禁止在饲料和动物饮用水中使用的蛋白同化激素(表 8-6)

表 8-6 禁止在饲料和动物饮用水中使用的蛋白同化激素

序号	名称	英文名称	出处
1	碘化酪蛋白	Iodinated Casein	药典(2000 年)
2	苯丙酸诺龙及苯丙酸诺龙注射液	Nandrolone Phenylpropionate	

(4)禁止在饲料和动物饮用水中使用的精神药品(表 8-7)

表 8-7 禁止在饲料和动物饮用水中使用的精神药品

序号	名称	英文名称	出处
1	(盐酸)氯丙嗪	Chlorpromazine Hydrochloride	药典(2000 年)
2	盐酸异丙嗪	Promethazine Hydrochloride	
3	安定(地西泮)	Diazepam	
4	苯巴比妥	Phenobarbital	
5	苯巴比妥钠	Phenobarbital Sodium	
6	巴比妥	Barbital	
7	异戊巴比妥	Amobarbital	
8	异戊巴比妥钠	Amobarbital Sodium	
9	利血平	Reserpine	
10	艾司唑仑	Estazolam	
11	甲丙氨脂	Meprobamate	
12	咪达唑仑	Midazolam	
13	硝西泮	Nitrazepam	
14	奥沙西泮	Oxazepam	
15	匹莫林	Pemoline	
16	三唑仑	Riazolam	
17	唑吡旦	Olpidem	

四、食品动物禁用的兽药(中华人民共和国农业部公告第 193 号)

食品动物是指各种供人食用或其产品供人食用的动物。为保证动物源性食品安全,维护人民身体健康,农业部制定了《食品动物禁用的兽药及其他化合物清单》(表 8-8)(以下简称《禁用清单》)。

(1)《禁用清单》序号 1～18 所列品种的原料药及其单方、复方制剂产品停止生产,已在兽药国家标准、农业部专业标准及兽药地方标准中收载的品种,废止其质量标准,撤销其产品批准文号;已在我国注册登记的进口兽药,废止其进口兽药质量标准,注销其《进口兽药登记许可证》。

(2)截至 2002 年 5 月 15 日,《禁用清单》序号 1～18 所列品种的原料药及其单方、复方制剂产品停止经营和使用。

(3)《禁用清单》序号 19～21 所列品种的原料药及其单方、复方制剂产品不准以抗应激、提高饲料报酬、促进动物生长为目的在食品动物饲养过程中使用。

表 8-8 食品动物禁用的兽药及其他化合物

序号	名称	英文名称	类别
1	克仑特罗	Clenbuterol	兴奋剂类
3	沙丁胺醇	Salbutamol	
4	西马特罗	Cimaterol	
5	己烯雌酚	Diethylstilbestrol	性激素类
6	玉米赤霉醇	Zeranol	雌激素样作用的物质
7	去甲雄三烯醇酮	Trenbolone	
8	醋酸甲孕酮	Mengestrol Acetate	
9	氯霉素	Chloramphenicol	硝基呋喃类
10	琥珀氯霉素	Chloramphenicol Succinate	
11	氨苯砜	Dapsone	
12	呋喃唑酮	Furazolidone	
13	呋喃它酮	Furaltadone	
14	呋喃苯烯酸钠	Nifurstyrenate Sodium	
15	硝基酚钠	Sodium Nitrophenolate	硝基化合物
16	硝呋烯腙	Nitrovin	
17	安眠酮	Methaqualone	催眠、镇静类
18	林丹(丙体六六六)	Lindane	杀虫剂
19	毒杀芬(氯化烯)	Camahechlor	
20	呋喃丹(克百威)	Carbofuran	
21	杀虫脒(克死螨)	Chlordimeform	
22	从甲脒	Amitraz	
23	酒石酸锑钾	Antimony Potassium Tartrate	
24	锥虫胂胺	Tryparsamide	
25	孔雀石绿	Malachite Green	
26	五氯酚酸钠	Pentachlorophenol Sodium	杀螺剂
27	氯化亚汞(甘汞)	Calomel	汞制剂杀虫剂
28	硝酸亚汞	Mercurous Nitrate	
29	醋酸汞	Mercurous Acetate	
30	吡啶基醋酸汞	Pyridyl Mercurous Acetate	
31	甲基睾丸酮	Methyltestosterone	性激素类
32	丙酸睾酮	Testosterone Propionate	
33	苯丙酸诺龙	Nandrolone Phenylpropionate	
34	苯甲酸雌二醇	Estradiol Benzoate	
35	氯丙嗪	Chlorpromazine	催眠、镇静类
36	地西泮(安定)	Diazepam	
37	甲硝唑	Metronidazole	硝基咪唑类
38	地美硝唑	Dimetronidazole	

五、《食品中农药最大残留限量》(GB 2763—2014)

1.《食品中农药最大残留限量》(GB 2763—2014)

中华人民共和国国家卫生和计划生育委员会和中华人民共和国农业部联合发布了食品安全国家标准《食品中农药最大残留限量》(GB 2763—2014)。作为我国监管食品中农药残留的唯一强制性国家标准。标准为284种(类)食品农产品规定了多种农药的残留限量标准,其中包括蔬菜、水果、哺乳动物肉类、蛋类、禽内脏和肉类等12大类作物或产品。与之前标准(GB 2763—2012)相比,除常规的谷物、蔬菜、水果外,首次制定了果汁、果脯、干制水果等初级加工产品的农残限量值,规定了387种农药在284种(类)食品中3 650项限量指标,新增加了65种农药、43种(类)、1 357项限量指标,为115种蔬菜和85种水果制定了2 495项限量标准,新增的蔬菜水果限量占新增总限量的67%,基本覆盖了农业生产常用农药品种。新《食品中农药最大残留限量》自2014年8月1日起实施。

何为残留限量？标准中的1个残留限量是指1种农药在1种农产品中的规定限量。由于每种农药的使用范围都不同,1种农药可能被批准使用在多种农作物上,因此1种农药需要制定在不同农产品中的残留限量。如我国批准阿维菌素在水稻、棉花、结球甘蓝、大白菜、萝卜、苹果等15种农产品上使用,因此新标准中对阿维菌素这1种农药,规定了其在15种农产品中的15个残留限量。

2.新《食品中农药最大残留限量标准》标准的实施的意义

(1)有利于规范农民科学合理使用农药,从源头控制住农药残留;

(2)使农产品质量安全监管有了法定的技术依据,有利于各级政府履行监管职责;

(3)有利于促进农产品国际贸易,新标准在制定过程中接受了世界贸易组织(WTO)成员的科学性评议,得到了大多数成员的认可,这对于我国优势农产品出口将产生积极影响。

3.农业部废止的农业行业标准

农业部新发布的《食品中农药最大残留限量标准》,此前涉及食品中农药最大残留限量的6项国家标准和10项农业行业标准将同时废止,包括《农产品中农药最大残留限量》、《蔬菜、水果中甲胺磷等20种农药最大残留限量》、《农产品中农药最大残留限量》等。此外,新标准还将代替其他国家标准中涉及本标准的各项指数,包括旧版《食品中农药最大残留限量》、《粮食卫生标准》等。

(1)农业部公告(表8-9)中农业行业标准自2013年3月1日起废止。

表8-9　农业部废止的农业行业标准

序号	标准号	标准名称
1	GB 2763—2012	《食品中农药最大残留限量》
2	GB 2715—2005	《粮食卫生标准》中的4.3.3农药最大残留限量
3	GB 25193—2010	《食品中百菌清等12种农药最大残留限量》
4	GB 26130—2010	《食品中百草枯等54种农药最大残留限量》
5	GB 28260—2011	《食品中阿维菌素等85种农药最大残留限量》

(2)农业部公告以下农业行业标准自 2013 年 3 月 1 日起废止：

①《茶叶中甲萘威、丁硫克百威、多菌灵、残杀威和抗蚜威的最大残留限量》(NY 660—2003)

②《茶叶中氟氯氰菊酯和氟氰戊菊酯的最大残留限量》(NY 661—2003)

③《花生仁中甲草胺、克百威、百菌清、苯线磷及异丙甲草胺最大残留限量》(NY 662—2003)

④《水果中啶虫脒最大残留限量》(NY 773—2004)

⑤《叶菜中氯氰菊酯、氯氟氰菊酯、醚菊酯、甲氰菊酯、氟胺氰菊酯、氟氯氰菊酯、四聚乙醛、二甲戊乐灵、氟苯脲、阿维菌素、虫酰肼、氟虫腈、丁硫克百威最大残留限量》(NY 774—2004)

⑥《玉米中烯唑醇、甲草胺、溴苯腈、氰草津、麦草畏、二甲戊乐灵、氟乐灵、克百威、顺式氰戊菊酯、噻吩磺隆、异丙甲草胺最大残留限量》(NY 775—2004)

⑦《柑橘中苯螨特、噻嗪酮、氯氰菊酯、苯硫威、甲氰菊酯、唑螨酯、氟苯脲最大残留限量》(NY 831—2004)

⑧《农产品中农药最大残留限量》(NY 1500—2007)

⑨《蔬菜、水果中甲胺磷等 20 种农药最大残留限量》(NY 1500—2008)

⑩《农产品中农药最大残留限量》(NY 1500—2009)

(3) 中华人民共和国农业部公告 (第 1963 号)：根据《食品安全法》规定，废止《无公害食品葱蒜类蔬菜》等 132 项无公害食品农业行业标准并于 2014 年 1 月 1 日起停止施行。

六、《农药每日允许摄入量制定指南》(农业部公告第 1825 号)

为了做好农药残留标准制定工作，科学评价农药对人类的健康风险，保证农产品质量安全和人民群众的身体健康。农业部制定了《农药每日允许摄入量制定指南》。

1. 每日允许摄入量(acceptable daily intake, ADI)

人类终生每日摄入某物质，而不产生可检测到的危害健康的估计量，以每千克体重可摄入的量表示，单位为 mg/kg。

2. 未观察到有害作用剂量水平(no-observed-adverse-effect level, NOAEL)

在规定的试验条件下，用现有技术手段或检测指标，未能观察到与染毒有关的有害效应的受试物最高剂量或浓度。

3. 观察到有害作用最低剂量水平(lowest-observed-adverse-effect level, LOAEL)

规定的试验条件下，用现有技术手段或检测指标，观察到与染毒有关的有害效应的受试物最低剂量或浓度。

4. 基准剂量(benchmark dose, BMD)

通过剂量-反应曲线获得的，与背景值相比，达到预先确定的有害效应发生率(通常为 1%～10%)所对应的剂量。一般用 95% 可信限区间的下限值，即基准剂量可信下限(benchmark dose lower confidence limit, BMDL)。

5. 不确定系数(uncertainty factor, UF)

在制定农药的每日允许摄入量时，存在实验动物数据外推和数据质量等因素引起的不确定性，为了减少上述不确定性，一般将从实验动物毒性试验中得到的数据缩小一定的倍数得出 ADI，这种缩小的倍数即为不确定系数。

动态

饲料和饲料添加剂使用管理：使用饲料、饲料添加剂应当遵守国务院农业行政主管部门制定的安全使用规范。

(1)禁止使用停用、禁用或者淘汰的饲料、饲料添加剂及未经审定公布的饲料、饲料添加剂。禁止使用未经农业部登记的进口饲料、进口饲料添加剂。禁止在饲料和动物饮水中添加激素类药品和国务院农业行政主管部门规定的其他禁用药品。

(2)饲料、饲料添加剂在使用过程中，证实对饲养动物、人体健康和环境有害的，由国务院农业行政主管部门决定限用、停用或者禁用，并予以公布。

(3)禁止对饲料、饲料添加剂作预防或者治疗动物疾病的说明或者宣传；但是，饲料中加入药物饲料添加剂的，可以对所加入的药物饲料添加剂的作用加以说明。

相关学习链接

1. 中国食品监督网 http://www.cnfdn.com
2. 中国质量信息网 http://www.cqi.gov.cn
3. 食品伙伴网 http://www.foodmate.net/
4. 中国食品标准网 http://www.cfsi.cn

查一查

1. 农产品质量安全监测部门有哪些？
2. 什么是农产品质量安全风险监测？包括哪几部分？
3. 怎样定义食品动物？
4. 农业部实施新《食品中农药最大残留限量标准》的意义。

学习单元9 学习国家认证认可监督管理委员会及其颁布文件

任务一 学习国家认证认可监督管理委员会在食品认证监管中的职责和权限

◆任务目标

- 了解国家认证认可监督管理委员会的含义。
- 了解国家认证认可监督管理委员会职责。

◆案例导入

2012 年 12 月 19 日，国家认监委在网站上发布公告，世界认证服务（中国）有限公司未经国家认监委批准，擅自在中国境内从事认证活动并颁发质量管理体系认证证书。其行为违反了《中华人民共和国认证认可条例》的规定，属非法认证，所颁发认证证书均属无效。这已是 2012 年度国家认监委通报的第 6 家认证机构。认监委在公告中提醒社会各界，应选择经国家批准的合法认证机构提供认证服务。一旦发现非法从事认证活动的机构，可向所在地出入境检验检疫局、质量技术监督局或国家认监委举报。

案例分析

结合上述案例，分析查阅国家认监委的性质、职能及其相关信息，并尝试回答表 9-1 中的问题。

表 9-1 结合案例分析讨论

问题	讨论分析
1. 国家认监委部门职能	
2. 认证申请人发现类似问题应该如何处置	

◆学习活动方案

学习活动1 了解国家认证认可监督管理委员会机构设置

中国国家认证认可监督管理委员会(中华人民共和国国家认证认可监督管理局),Certification and Accreditation Administration of the People's Republic of China,简称CNCA,成立于2001年,是国务院决定组建并授权,履行行政管理职能,统一管理、监督和综合协调全国认证认可工作的主管机构。

国家认证认可监督管理委员会(以下简称认监委)下设多个部门、直属单位和管理单位。

一、下设部门

1.认可监管部

负责拟定认可制度、认证人员注册制度、管理体系认证制度、人员认证制度及其规则和工作规划、计划;研究拟定对认可机构和认证人员注册机构的监督管理的规定,负责认可机构授权和监督管理工作;研究拟定对认证机构、人员认证、认证咨询机构和认证培训机构资质审核制度以及从业资格审批制度、规定、程序、规划和监督管理的规定,并组织实施;负责对认证认可行业自律组织的管理和指导等。

2.认证监管部

研究拟定强制性产品认证与安全质量许可制度的建立、规划、计划并组织实施和监督管理;负责起草强制性产品认证与安全质量许可制度的产品目录、认证标志管理办法和合格评定程序;负责组织确定承担强制性认证任务的认证机构、检查机构和实验室,并监督检查;研究拟定自愿性产品认证制度的建立、规划、计划,并组织实施和监督管理;负责对产品认证活动和认证结果的监督检查,负责协调强制性产品认证行政执法检查工作中的技术性政策问题等。

3.注册管理部

研究拟定进出口食品、化妆品生产、加工、储存等企业的卫生注册登记以及陶瓷出口质量许可的工作规章、制度和工作规划、计划;负责出口食品、化妆品生产、加工、储存等企业的卫生注册登记和陶瓷出口质量许可的评审、发证和监督管理工作,负责相关重大问题和质量事故的调查处理工作;负责统一办理向境外推荐企业注册和组织接待境外主管部门来华检查工作;负责进口食品、化妆品生产、加工、储存等企业的注册评审和监督管理工作;负责卫生注册评审员的管理工作;研究拟定食品和农产品认证规划和实施计划,管理和协调食品和农产品认证体系建设工作等。

4.其他部门

认监委下设的其他部门还有政策与法律事务部、实验室与监测监管部、国际合作部、科技与标准管理部等。

二、直属单位和管理单位

国家认监委有3个直属单位,分别是机关服务中心、信息中心、认证认可技术研究所。

管理单位有:中国认证认可协会、中国合格评定国家认可中心、中国信息安全认证中心、中国检验认证(集团)有限公司、中国检验有限公司(香港)等。

学习活动 2　了解国家认证认可监督管理委员会职责

作为统一管理、监督和综合协调全国认证认可工作的主管机构，国家认监委的主要职能为：

(1)研究起草并贯彻执行国家认证认可、安全质量许可、卫生注册和合格评定方面的法律、法规和规章，制定、发布并组织实施认证认可和合格评定的监督管理制度、规定。

(2)研究提出并组织实施国家认证认可和合格评定工作的方针政策、制度和工作规则，协调并指导全国认证认可工作。监督管理相关的认可机构和人员注册机构。

(3)研究拟定国家实施强制性认证与安全质量许可制度的产品目录，制定并发布认证标志(标识)、合格评定程序和技术规则，组织实施强制性认证与安全质量许可工作。

(4)负责进出口食品和化妆品生产、加工单位卫生注册登记的评审和注册等工作，办理注册通报和向国外推荐事宜。

(5)依法监督和规范认证市场，监督管理自愿性认证、认证咨询与培训等中介服务和技术评价行为；根据有关规定，负责认证、认证咨询、培训机构和从事认证业务的检验机构(包括中外合资、合作机构和外商独资机构)的资质审批和监督；依法监督管理外国(地区)相关机构在境内的活动；受理有关认证认可的投诉和申诉，并组织查处；依法规范和监督市场认证行为，指导和推动认证中介服务组织的改革。

(6)管理相关校准、检测、检验实验室技术能力的评审和资格认定工作，组织实施对出入境检验检疫实验室和产品质量监督检验实验室的评审、计量认证、注册和资格认定工作；负责对承担强制性认证和安全质量许可的认证机构和承担相关认证检测业务的实验室、检验机构的审批；负责对从事相关校准、检测、检定、检查、检验检疫和鉴定等机构(包括中外合资、合作机构和外商独资机构)技术能力的资质审核。

(7)管理和协调以政府名义参加的认证认可和合格评定的国际合作活动，代表国家参加国际认可论坛(IAF)、太平洋认可合作组织(PAC)、国际人员认证协会(IPC)、国际实验室认可合作组织(ILAC)、亚太实验室认可合作组织(APLAC)等国际或区域性组织以及国际标准化组织(ISO)和国际电工委员会(IEC)的合格评定活动，签署与合格评定有关的协议、协定和议定书；归口协调和监督以非政府组织名义参加的国际或区域性合格评定组织的活动；负责 ISO 和 IEC 中国国家委员会的合格评定工作。负责认证认可、合格评定等国际活动的外事审批。

(8)负责与认证认可有关的国际准则、指南和标准的研究和宣传贯彻工作；管理认证认可与相关的合格评定的信息统计，承办世界贸易组织/技术性贸易壁垒协定、实施卫生与植物卫生措施协定中有关认证认可的通报和咨询工作。

(9)配合国家有关主管部门，研究拟订认证认可收费办法并对收费办法的执行情况进行监督检查。

相关学习链接

中国国家认证认可监督管理委员会 http://www.cnca.gov.cn/cnca/

查一查

1. 国家认监委各部门的具体职能。

2. 认监委对于食品工业发展的作用。

任务二 学习国家认证认可监督管理委员会的相关管理文件

◆任务目标

- 学习《认证证书和认证标志管理办法》(总局令第 63 号)。
- 学习《有机产品认证管理办法》(总局令第 67 号)。
- 学习《食品检验机构资质认定管理办法》(总局第 131 号)。
- 学习查询国家认监委相关管理文件的方法。

◆案例导入

一家茶叶生产企业申请有机产品认证,是否需要了解相关认证认可的法律法规?

案例分析

如果你是这家茶叶生产企业的管理者,如何查询搜集相关法规信息?

◆学习活动方案

学习活动1 《认证证书和认证标志管理办法》(总局令第63号)

《认证证书和认证标志管理办法》(总局令第 63 号)于 2004 年 4 月 30 日由国家质量监督检验检疫总局公布,自 2004 年 8 月 1 日起施行。

《办法》中所称的认证证书是指产品、服务、管理体系通过认证所获得的证明性文件。认证证书包括产品认证证书、服务认证证书和管理体系认证证书。认证标志是指证明产品、服务、管理体系通过认证的专有符号、图案或者符号、图案以及文字的组合。认证标志包括产品认证标志、服务认证标志和管理体系认证标志。

国家认证认可监督管理委员会(即国家认监委)依法负责认证证书和认证标志的管理、监督和综合协调工作。地方质量技术监督部门和各地出入境检验检疫机构(统称地方认证监督管理部门)按照各自职责分工,依法负责所辖区域内的认证证书和认证标志的监督检查工作。

一、对认证证书的管理

认证机构应当按照认证基本规范、认证规则从事认证活动,对认证合格的,应当在规定的时限内向认证委托人出具认证证书。

产品认证证书包括以下基本内容:委托人名称、地址;产品名称、型号、规格,需要时对产品功能、特征的描述;产品商标、制造商名称、地址;产品生产厂名称、地址;认证依据的标准、技术要求;认证模式;证书编号;发证机构、发证日期和有效期以及其他需要说明的内容。

服务认证证书包括以下基本内容:获得认证的组织名称、地址;获得认证的服务所覆盖的业务范围;认证依据的标准、技术要求;认证证书编号;发证机构、发证日期和有效期以及其他需要说明的内容。

管理体系认证证书包括以下基本内容:获得认证的组织名称、地址;获得认证的组织的管理体系所覆盖的业务范围;认证依据的标准、技术要求;证书编号;发证机构、发证日期和有效期以及其他需要说明的内容。

《办法》中明确要求，获得认证的组织应当在广告、宣传等活动中正确使用认证证书和有关信息，不得利用产品认证证书和相关文字、符号误导公众认为其服务、管理体系通过认证；不得利用服务认证证书和相关文字、符号误导公众认为其产品、管理体系通过认证；不得利用管理体系认证证书和相关文字、符号，误导公众认为其产品、服务通过认证。获得认证的产品、服务、管理体系发生重大变化时，获得认证的组织和个人应当向认证机构申请变更，未变更或者经认证机构调查发现不符合认证要求的，不得继续使用该认证证书。

二、对认证标志的管理

认证标志分为强制性认证标志和自愿性认证标志。强制性认证标志和国家统一的自愿性认证标志属于国家专有认证标志。自愿性认证标志包括国家统一的自愿性认证标志和认证机构自行制定的认证标志。认证机构自行制定的认证标志是指认证机构专有的认证标志。

《办法》中规定，强制性认证标志和国家统一的自愿性认证标志的制定和使用，由国家认监委依法规定，并予以公布。认证机构自行制定的认证标志的式样(包括使用的符号)、文字和名称，需满足不得与强制性认证标志、国家统一的自愿性认证标志或者已经国家认监委备案的认证机构自行制定的认证标志相同或者近似，不得妨碍社会管理秩序等要求。

《办法》中要求认证机构建立认证标志管理制度，明确认证标志使用者的权利和义务，对获得认证的组织使用认证标志的情况实施有效跟踪调查，发现其认证的产品、服务、管理体系不能符合认证要求的，应当及时做出暂停或者停止其使用认证标志的决定，并予以公布。

三、监督检查

国家认监委组织地方认证监督管理部门对认证证书和认证标志的使用情况实施监督检查，对伪造、冒用、转让和非法买卖认证证书和认证标志的违法行为依法予以查处。

国家认监委对认证机构的认证证书和认证标志管理情况实施监督检查。认证机构应当对其认证证书和认证标志的管理情况向国家认监委提供年度报告。年度报告中应当包括其对获证组织使用认证证书和认证标志的跟踪调查情况。

任何单位和个人对伪造、冒用、转让和非法买卖认证证书和认证标志等违法、违规行为可以向国家认监委或者地方认证监督管理部门举报。

学习活动 2 《食品检验机构资质认定管理办法》(总局第 131 号)

《食品检验机构资质认定管理办法》于 2010 年 7 月 22 日由国家质量监督检验检疫总局公布，自 2010 年 11 月 1 日起施行。

《办法》中所称的食品检验机构资质认定，是指依法对食品检验机构的基本条件和能力，是否符合食品安全法律法规的规定以及相关标准或者技术规范要求实施的评价和认定活动。对向社会出具具有证明作用的数据和结果的食品检验机构开展资质认定活动应当遵守本办法。

国家质检总局统一管理食品检验机构资质认定工作。国家认监委负责食品检验机构资质认定实施、监督管理和综合协调工作。各省级质量技术监督部门按照职责分工，负责所辖区域内食品检验机构资质认定实施和监督检查工作。

一、资质认定条件与程序

食品检验机构应当按照国家有关认证认可的规定依法取得资质认定后，方可从事食品检验活动。

《办法》中规定，食品检验机构资质认定程序为：申请资质认定的食品检验机构（以下简称申请人），应当向国家认监委或者省级质量监督部门（以下统称资质认定部门）提出书面申请；资质认定部门应当对申请人提交的申请材料进行书面审查，并自收到材料之日起 5 日内做出受理或者不予受理的书面决定；申请材料不齐全或者不符合法定形式的，应当一次性告知申请人需要补正的全部内容；资质认定部门应当自受理申请之日起 6 个月内，对申请人完成技术评审工作；资质认定部门应当自技术评审完结之日起 20 日内，对技术评审结果进行审查，并做出是否批准的决定。决定批准的，向申请人颁发资质认定证书，并准许其使用资质认定标志；不予批准的，应当书面告知申请人，并说明理由。

食品检验机构资质认定证书有效期为 3 年。食品检验机构需要延续依法取得的资质认定的有效期的，应当在资质认定证书有效期届满前 6 个月，向资质认定部门提出复查换证申请。

二、技术评审

国家认监委根据国家有关法律法规、国务院卫生行政部门规定的资质认定条件和相关国家标准的规定，制定食品检验机构资质认定评审准则。

资质认定部门应当按照评审准则的要求，组成技术评审组，对申请人的基本条件、管理体系和检验能力等资质条件的符合性情况进行技术评审。技术评审组对申请人的检验能力进行评审时，应当审查确认申请人具备相关能力验证、比对试验、测量审核的证明；需要进行现场试验的，应当按照评审准则的要求进行考核。

三、监督管理

国家质检总局统一监督管理食品检验机构的相关检验活动。国家认监委负责组织对取得资质认定的食品检验机构进行监督检查，发现食品检验机构有违法违规行为的，应当予以查处，涉及国务院有关部门职责的，及时通报有关部门并协调处理。

国家认监委对省级质量监督部门实施的食品检验机构资质认定工作进行监督、指导。省级质量监督部门组织地（市）、县级质量监督部门对所辖区域内的食品检验机构进行监督检查或者专项监督检查，地（市）、县级质量监督部门应当对所辖区域内的食品检验机构进行日常监督。各直属出入境检验检疫局对所属食品检验机构进行日常监督管理。

《办法》中规定，食品检验实行食品检验机构与检验人负责制。食品检验机构应当依据法律法规、检验规范的相关规定及委托检验合同的约定出具食品检验报告。食品检验报告应当加盖食品检验机构公章，并有检验人（授权签字人）的签名或者盖章。食品检验机构和检验人对出具的食品检验报告负责。

《办法》中明确指出，任何单位和个人对食品检验机构的检验活动中的违法违规行为，有权向资质认定部门举报，资质认定部门应及时调查处理，构成犯罪的，依法追究刑事责任。

学习活动3　查询国家认监委相关管理文件的方法

作为统一管理、监督和综合协调全国认证认可工作的主管机构，国家认监委研究起草并贯彻执行国家认证认可、安全质量许可、卫生注册和合格评定方面的法律、法规和规章，制定、发布并组织实施认证认可和合格评定的监督管理制度、规定，相关信息均在国家认监委网站上进行发布。

国家认监委的网址是：http://www.cnca.gov.cn/cnca/，打开认监委网页，即可在右上角找到“法律法规”的链接，点击后即可查找认监委制定、施行的所有法律和行政法规、部门规章、行政规范性文件。

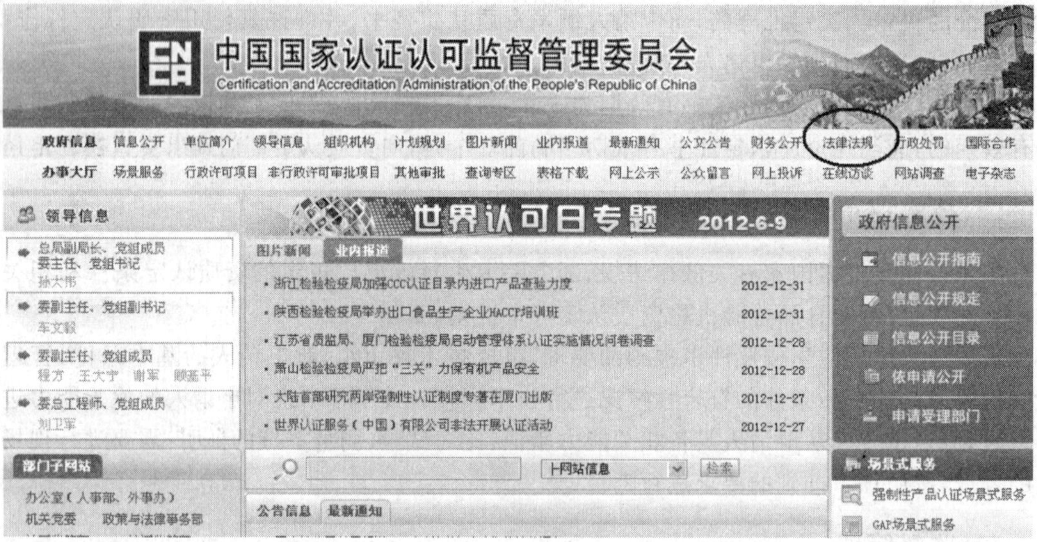

相关学习链接

中国国家认证认可监督管理委员会 http://www.cnca.gov.cn/cnca/

查一查

1. 国家认监委的其他管理文件有哪些？
2. 如何实现认监委信息的有效利用？

学习单元 10　学习北京市食品药品监督管理局及其颁布文件

任务一　学习北京市食品药品监督管理局在食品安全监管中的职责和权限

◆任务目标

- 学习北京市食品药品监督管理局与食品相关的职责权限。
- 了解北京市食品药品监督管理局与食品相关各部门职责权限。

◆案例导入

某食品企业生产 140 930 批次花生在北京食品药品监督管理局网站被公示为不合格产品。

案例分析

请问为什么北京食品药品监督管理局会公示以上信息？

◆学习活动方案

学习活动 1　北京市食品药品监督管理局在食品安全监管中的职责和权限

根据《中共北京市委办公厅北京市人民政府办公厅关于印发〈北京市食品药品监督管理体制改革方案〉的通知》(京办发[2013]19 号)和《北京市人民政府办公厅关于设立北京市食品药品监督管理局的通知》(京政办发[2013]39 号),设立北京市食品药品监督管理局(简称市食品药品监管局)。市食品药品监管局是负责本市食品(含食品添加剂)、药品(含中药、民族药)、医疗器械、保健食品、化妆品(以下统称为食品药品)监督管理的市政府直属机构,挂北京市食品药品安全委员会办公室牌子。

一、与食品相关的职能变化

(1)将市政府食品安全监督协调办公室的职责、市药监局的职责、市质监局的生产环节食品安全监管职责、市工商局的流通环节食品安全监管职责、市卫生局的餐饮服务环节食品安全监管职责,划入市食品药品监管局。

(2)转变管理理念,创新管理方式,充分发挥市场机制、社会监督和行业自律作用,建立让生产经营者成为食品药品安全第一责任人的有效机制。

(3)加强食品安全制度建设和综合协调，完善食品药品标准体系和质量管理规范，优化药品注册和有关行政许可管理流程，健全食品药品风险预警机制和监督检查机制，构建防范区域性、系统性食品药品安全风险的机制。

(4)推进食品药品检验检测机构整合，公平对待社会力量提供检验检测服务，加大政府购买服务力度，完善技术支撑保障体系，提高食品药品监督管理的科学化水平。

(5)规范食品药品行政执法行为，完善行政执法与刑事司法有效衔接的机制，推动相关部门加大对食品药品安全违法犯罪行为的依法惩处力度。

(6)加强食品药品安全常识和法律知识的宣传教育，提高全社会食品药品安全意识和预防、应对食品药品安全风险的能力。

二、主要职责

(1)贯彻落实国家关于食品药品监督管理的法律、法规、规章和政策，拟订本市相关地方性法规草案、政府规章草案、政策和规划，并组织实施。

(2)负责组织实施食品行政许可和监督管理。建立食品安全隐患排查治理机制，制定食品安全检查年度计划、重大整顿治理方案并组织落实。实施食品安全信息统一公布制度，公布重大食品安全信息。会同有关部门制定并组织实施食品安全风险监测计划，参与制定食品安全标准。

(3)依法负责药品、医疗器械、保健食品、化妆品的注册和监督管理。组织并监督实施药品、医疗器械、保健食品、化妆品标准以及药品、医疗器械分类管理制度。组织并监督实施药品和医疗器械研制、生产、经营、使用质量管理规范。组织开展药品、化妆品不良反应和医疗器械不良事件监测、处置工作。配合实施国家基本药物制度。

(4)负责药品、医疗器械、保健食品广告的审批及监督管理。负责互联网药品信息服务和药品、医疗器械交易服务的资格审批及监督管理。

(5)负责组织实施食品药品监督管理的稽查制度，组织查处重大违法行为。组织实施问题产品召回和处置制度。

(6)负责食品药品安全事故应急体系建设，组织和指导食品药品安全事故应急处置和调查处理工作，监督事故查处落实情况。负责医药物资储备管理工作。

(7)负责制定食品药品安全科技发展规划并组织实施，推动食品药品检验检测体系、电子监管追溯体系和信息化建设。

(8)负责开展食品药品安全宣传、信息发布、教育培训、对外交流与合作。推进诚信体系建设。

(9)承担市食品药品安全委员会日常工作。

(10)承办市政府及市食品药品安全委员会交办的其他事项。

三、食品相关办公机构

市食品药品监管局设18个内设机构，与食品相关的机构如下。

(1)办公室　负责机关政务工作；负责文电、会务、机要、档案等机关日常运转工作；承担政务信息、统计、信访、议案、建议、提案、保密、政府信息公开、安全保卫等工作；承担重要事项的组织和督查工作。

(2)综合协调处(对外交流合作处)　承担市食品药品安全委员会办公室日常工作，指导区县食品药品安全委员会及其办公室开展相关工作；组织开展食品药品监督管理的对外交流与合作。

(3)法制处(研究室)　负责本系统推进依法行政综合工作；起草本市食品药品监督管理的地方性法规草案、政府规章草案；组织拟订食品药品监督管理稽查制度；负责行政执法工作的监督；承担行政复议、行政应诉的有关工作；负责机关行政规范性文件的合法性审核及有关备案工作；承担本市食品药品安全重大问题的调查研究工作，开展安全形势分析，并提出相关政策建议；研究拟订食品药品安全规划、计划和食品药品监督管理政策、措施；负责综合性文稿的起草工作。

(4)食品生产监管处　负责本市食品的生产许可管理工作；负责生产环节食品质量安全监督管理工作，组织协调对生产环节食品安全违法案件的查处工作；负责问题食品召回管理工作。

(5)食品流通监管处　负责本市食品的流通许可管理工作；负责食品贸易商、食杂店、商场超市、便利店等流通环节食品安全监督管理工作，组织协调对流通环节食品安全违法案件的查处工作。

(6)食品市场监管处　负责本市以食品集中交易市场、食品物流配送等业态方式经营食品，以及庙会、游园会、展销会等场所内经营食品的安全监督管理工作；依法负责利用自动售货设备、互联网、邮购、电视电话购物等无店铺方式经营食品的安全监督管理工作；组织协调对上述领域食品安全违法案件的查处工作。

(7)餐饮服务监管处　负责本市餐饮服务许可管理工作；负责以餐馆、快餐店、小吃店、饮品店(甜品店)、食堂、集体用餐配送单位、中央厨房、乡村民俗旅游户、夜市餐饮服务、餐饮具清洗消毒服务等业态方式经营食品的安全监督管理工作；组织协调对餐饮服务环节食品安全违法案件的查处工作；组织大型活动餐饮服务食品安全保障工作。

(8)保健食品化妆品注册和监管处　负责本市国产保健食品、特殊用途化妆品注册申请的审核工作；负责非特殊用途化妆品(含进口)的备案工作；负责保健食品、化妆品生产许可及监督管理；负责保健食品经营许可管理和化妆品经营监督管理；组织开展化妆品不良反应监测；负责保健食品、化妆品召回管理工作；组织协调对保健食品、化妆品生产、经营环节违法案件的查处工作。

(9)风险监测处　负责本市食品药品安全统计工作；分析预测食品药品安全总体状况，组织开展食品药品安全风险评估、预警和风险交流；拟订食品药品和直接接触药品的包装材料和容器的质量安全风险监测抽检计划，并组织实施，发布质量安全公告；拟订本市重点监督管理的食品和食用农产品名录。

(10)科技和标准处(信息管理处)　负责拟订本系统科技发展规划、信息化工作规划及年度计划，并组织实施；组织食品药品监督管理重大科技项目的实施工作；参与食品安全标准制定修订工作；推动食品药品检验检测体系、电子监管追溯体系建设；负责食品药品安全专家学者的日常联络；组织协调食品药品监督管理重大信息工程项目的建设；负责食品药品安全信用信息平台、电子监管追溯信息平台、应急指挥信息平台的建设、运行维护和信息数据归集、发布、管理工作；负责机关电子政务工作。

(11)新闻宣传处　负责本市食品药品安全新闻宣传,开展舆情监测及应对处置工作;实施食品安全信息统一发布制度,公布重大食品药品安全信息;承担食品药品安全科普宣传工作。

四、其他事项

(1)本市食品药品监督管理系统实行垂直管理体制。

(2)与市农业局的有关职责分工。①农业部门负责食用农产品从种植养殖环节到进入批发、零售市场或生产加工企业前的质量安全监督管理,负责兽药、饲料、饲料添加剂和职责范围内的农药、肥料等其他农业投入品质量及使用的监督管理。食用农产品进入批发、零售市场或生产加工企业后,按食品由食品药品监督管理部门监督管理。②农业部门负责畜禽屠宰环节和生鲜乳收购环节质量安全监督管理。③两部门建立食品安全追溯机制,加强协调配合和工作衔接,形成监管合力。

(3)与市园林绿化局的有关职责分工。①园林绿化部门负责食用林产品(含果品、蜂蚕产品、食用花卉)从种植养殖环节到进入批发、零售市场或生产加工企业前的质量安全监督管理,负责食用林产品种植养殖环节中农药、肥料等投入品使用的监督管理。食用林产品进入批发、零售市场或生产加工企业后,按食品由食品药品监督管理部门监督管理。②两部门建立食品安全追溯机制,加强协调配合和工作衔接,形成监管合力。

(4)与市卫生局的有关职责分工。①市卫生局负责制定本市食品安全标准以及食品安全企业标准的备案。②市食品药品监管局会同市卫生局等有关部门制定本市食品安全风险监测计划,加强食品安全风险评估能力建设,建立健全食品安全风险监测和风险评估体系,确定技术机构开展食品安全风险监测。市卫生局按照国家监测计划,承担相应的食品安全风险监测职责,市食品药品监管局应当配合。市食品药品监管局和市卫生局通过食品安全风险监测或接到举报发现食品可能存在安全隐患的,应当立即组织进行检验和食品安全风险评估,并及时互相通报食品安全风险评估结果。对于得出不安全结论的食品,市食品药品监管局应当立即采取措施。需要制定、修订相关食品安全标准的,市卫生局应当尽快制定、修订。③市食品药品监管局会同市卫生局建立重大药品不良反应、医疗器械不良事件相互通报机制和联合处置机制。

(5)与市质监局的有关职责分工。①市质监局负责食品包装材料、容器、食品生产经营工具等食品相关产品生产加工的监督管理。质量监督部门发现食品相关产品可能影响食品安全的,应及时通报食品药品监督管理部门,食品药品监督管理部门应当立即在食品生产、流通、消费环节采取措施加以处理。②食品药品监督管理部门发现食品安全问题可能是由食品相关产品造成的,应及时通报质量监督部门,质量监督部门应当立即在食品相关产品生产加工环节采取措施加以处理。

(6)与市工商局的有关职责分工。①食品药品监督管理部门负责药品、医疗器械、保健食品广告内容审查,工商行政管理部门负责药品、医疗器械、保健食品广告活动的监督检查。②食品药品监督管理部门应当对其批准的药品、医疗器械、保健食品广告进行检查,对于违法广告,应当向工商行政管理部门通报并提出处理建议,工商行政管理部门应当依法做出处理,两部门建立健全协调配合机制。

(7)与市商务委的有关职责分工。①市商务委负责拟订药品流通发展规划和政策,市食品药品监管局负责药品流通的监督管理,配合执行药品流通发展规划和政策。②市商务委负责拟订促进餐饮服务和酒类流通发展规划和政策，市食品药品监管局负责餐饮服务食品安全和酒类食品安全的监督管理。

(8)与市公安局的有关职责分工。①市公安局负责组织指导食品药品犯罪案件侦查工作。②市食品药品监管局与市公安局建立行政执法与刑事司法工作衔接机制。食品药品监督管理部门发现食品药品违法行为涉嫌犯罪的，应当按照有关规定及时移送公安机关，公安机关应当按照有关规定迅速进行审查，并依法做出立案或者不予立案的决定。公安机关依法提请食品药品监督管理部门做出检验、鉴定、认定等协助的，食品药品监督管理部门应当予以协助。

北京市食品药品监督管理局的职责权限需要及时关注相关政府文件，以便了解相关职责的变化信息。

相关学习链接

北京市食品药品监督管理局 http://www.bjda.gov.cn

想一想

北京市食品药品监督管理局与北京市食品药品监督管理局大兴分局职责上有什么不同?

任务二　学习食品安全监管部门的具体要求

◈任务目标

- 学习北京市食品、食品添加剂生产许可管理办法。
- 了解北京市食品生产加工作坊监督管理指导意见。

◈案例导入

北京市某巧克力生产企业进行食品生产许可现场核查，核查员开具了一项基本符号事实为公司仅仅获取了《北京市食品生产许可管理办法》，该文件已经被《北京市食品、食品添加剂生产许可管理办法》取代，但企业未能获取最新文件。

案例分析

请问，食品安全监管部门颁布的文件为什么会更新?

◈学习活动方案

学习活动1　北京市食品、食品添加剂生产许可管理办法

北京市食品药品监督管理局于2013年12月31日发布了《北京市食品、食品添加剂生产许可管理办法》(以下简称《许可管理办法》)，2014年1月6日起施行。办法共9章114条，对北京市的食品、食品添加剂生产许可管理做出了明确规定。

一、总则

共4条，规定了《许可管理办法》的目的是进一步规范北京市食品、食品添加剂生产许可管理工作，防范食品安全风险，提高食品安全保障能力和水平。办法制定依据《中华人民共和国行政许可法》、《中华人民共和国食品安全法》及其实施条例、《中华人民共和国工业产品生产许

可证管理条例》、《北京市食品安全条例》等有关规定。适用范围是北京市行政区域内，从事食品、食品添加剂生产活动应当遵守本办法。生产许可的监督管理主体是北京市食品药品监督管理局(以下简称市食品药品监管局),《许可管理办法》的基本原则是严格按照法律、法规和规章规定的程序和要求实施，遵循公开透明、公平公正、便民高效原则。

二、食品生产许可证核发

共22条，主要规定了许可条件应当符合下列要求：

(1)生产属于法律法规及市人民政府有关文件明确规定实施食品生产许可目录的食品，不包括声称具有特定保健功能的食品以及以胶囊、口服液、片剂、冲剂等形态出现的食品。

(2)符合食品安全标准以及国家和本市制定的食品生产许可证审查通则、细则的规定。

(3)符合国家产业政策，严格执行《产业结构调整指导目录》、《北京市企业投资项目管理目录》等相关规定。

(4)符合国家环境保护政策，严格执行《建设项日环境保护条例》等相关规定。

(5)具备与其申请生产许可的食品品种、数量相适应的食品原料处理和食品加工、包装、贮存等生产场所，生产场所设置应当符合城乡规划、商业布局和食品安全规划，并征得其所在地乡镇人民政府或者街道办事处的同意。

(6)具备与申请生产许可的食品品种、数量相适应的生产设备或者设施，有相应的消毒、更衣、盥洗、采光、照明、通风、防腐、防尘、防蝇、防鼠、防虫、洗涤以及无害化处理废水、存放垃圾和废弃物的设备或者设施。

①生产厂房应远离有毒、有害场所以及垃圾场(堆)、排污沟渠、废品收购站、蚊虫滋生场所等其他污染源100 m以上。

②应有独立的食品生产车间，生产车间使用面积应不小于300 m^2；应有独立的库房，库房面积应与其实际生产能力相适应，其中原料库、成品库使用面积合计应大于150 m^2；应有独立的留样区域或留样室，设置与留存样品储存条件相适应的设备、设施，留样区域或留样室使用面积应不小于10 m^2。

③生产车间入口应设置防尘防蝇设施、洗手设施、工作靴鞋消毒池、更衣设施。采用紫外灯消毒的区域应符合紫外灯高度和照度有效灭菌面积的要求，以每10～15 m^2 配备1只40 W紫外灯为标准，安装高度离地1.5～2 m，照射时间每次不少于30 min，每天至少照射2次。采用臭氧发生器等消毒装置的，其数量与灭菌效果应达到相应的灭菌要求。

(7)具备与申请生产许可的食品品种、数量相适应的自行检验设备和设施，出厂检验项目不得委托检验。

应有独立的实验室(检验室)，实验室(检验室)的使用面积应不小于15 m^2，其中设有微生物实验室(无菌室)的，应满足实验要求，不小于5 m^2。

(8)具备与申请生产许可的食品品种、数量相适应的合理的设备布局和工艺流程，防止待加工食品与直接入口食品、原料与成品交叉污染，避免食品接触有毒物、不洁物。

(9)具备与申请生产许可的食品品种、数量相适应的食品安全专业技术人员、管理人员、检验人员和生产操作人员等专职人员。

①具备与申请生产许可的食品品种、数量相适应的上述人员总数不少于10名。

②所有人员具有有效的健康证明，并保持个人卫生检查记录，患传染性疾病期间应暂时调

离与食品接触的工作岗位。

③明确食品安全主要负责人，要求其熟练掌握食品质量安全有关法律法规，了解应依法承担的责任和义务，对本单位的食品安全全面负责。

④配备与生产规模相适应的专职食品安全管理员，负责食品质量安全管理、原料验收及产品检验工作。食品安全管理员应具有大专以上学历，熟练掌握食品质量安全有关法律法规及相关标准，了解应依法承担的责任和义务。

⑤配备与生产规模相适应的取得食品检验工职业资格证书的专职检验人员，且数量不少于2名。

(10)使用的原辅材料符合相应的国家标准、行业标准及有关规定。

①生产用水应符合《生活饮用水卫生标准》(GB 5749)的要求，并且每年均要取得有资质的检验机构出具的全项合格检验报告。

②矿泉水生产企业应持有本单位的取水许可证及采矿许可证、水源评价报告、水源水质跟踪监测报告。

③使用的洗涤剂、消毒剂应符合相关规定的要求，对人体安全、无害。

④使用的食品添加剂应符合《国家食品安全标准 食品添加剂使用标准》(GB 2760)、《国家食品安全标准 食品营养强化剂使用标准》(GB 14880)等食品安全标准的规定。

⑤使用的菌种应符合卫生部公布的《可用于食品的菌种名单》、《可用于婴幼儿食品的菌种名单》等规定。

⑥禁止在食品生产中使用食品添加剂以外的任何化学物质、非食品用原辅料和其他可能危害人体健康的物质；禁止超范围和超限量使用食品添加剂；禁止在食品生产中添加药品；禁止在食品生产中添加卫生部公布的《可用于保健食品的物品名单》和《保健食品禁用物品名单》中的物品；禁止生产和使用未经卫生部公布的新食品原料。

(11)具备保证食品安全的各项管理制度，并明确责任部门和责任人。各项管理制度应包括但不限于以下内容：从业人员食品安全培训制度，从业人员健康管理制度，原料采购查验管理制度，食品添加物(食品添加剂)管理制度，生产过程安全管理制度，设备管理制度，卫生管理制度，产品检验管理制度，产品出厂登记制度，食品包装、储存、运输管理制度，不合格品管理制度，问题食品召回管理制度、质量投诉处理制度，重要情况报告制度，食品安全档案管理制度，产品(配方)安全风险评估制度，食品安全责任制度，食品安全监督考核制度，食品安全管理员、检验员管理制度等。安全风险信息搜集，企业职或兼职或兼职食品质量。

(12)贮存、运输和装卸食品应使用安全、无害的容器、工具和设备，配备与其生产规模和食品种类相适应的冷藏冷冻设备设施以及具有连续测量和记录温度功能的装置，并保证正常运转，不得无故关停，不得将食品与有毒、有害物品一同运输。

(13)具备网络连通能力，并开展食品安全风险信息搜集工作。

(14)在生产场所明显位置设立食品安全公示栏。

(15)生产乳制品应具备完善的电子信息记录系统，规范生产全过程信息记录，实现生产全过程可追溯。鼓励其他食品生产企业建立完善的电子信息记录系统，并实现生产全过程可追溯。

(16)符合国家相关法律、法规规定的其他要求。

申请与受理要求申请食品生产许可的，应向市食品药品监管局提出，并提交下列材料：

①食品生产许可证申请书；

②名称预先核准通知书或者营业执照；

③生产场所所在地乡镇人民政府或者街道办事处出具的同意在该场所设立食品生产企业的意见；

④经备案有效的企业标准(执行企业标准的提供)；

⑤相关法律法规规定应当提交的其他证明材料。

申请食品生产许可所提交的材料,应当真实、合法、有效。申请人应在上述材料上签字确认。

许可检验要求拟设立的食品生产企业应当取得食品生产许可证书(正本)并依法办理工商登记取得营业执照后,方可根据生产许可检验的需要组织试产食品,试产食品不得出厂销售。食品生产企业应当对许可的食品品种申请生产许可检验,并在市食品药品监管局指定的生产许可检验机构(以下简称检验机构)中选择检验机构。

检验结论合格的,市食品药品监管局根据检验报告确定食品生产许可的品种范围,并在食品生产许可证副页中予以载明。

在未经市食品药品监管局确定食品生产许可的品种范围之前,禁止出厂销售食品。

变更与延续条件要求食品生产许可证有效期内,有以下情形之一的,企业应当向市食品药品监管局提出变更申请:

①企业名称发生变化的；

②住所、生产地址名称发生变化的；

③在申证单元内增加新品种的；

④生产场所迁址的；

⑤生产场所周围环境发生变化的；

⑥设备布局和工艺流程发生变化的；

⑦生产设备、设施发生变化的；

⑧法律法规规定的应当申请变更的其他情形。

企业提出变更食品生产许可申请,应当按规定提交相关申请材料。所提交的材料应当真实、合法、有效,符合相关法律法规的规定。申请人应当在变更食品生产许可申请书等材料上签字确认,并对其内容的合法性、真实性负责。

食品生产许可有效期内,有关法律法规、食品安全标准或技术要求发生变化的,市食品药品监管局可以根据国家有关规定重新组织核查和检验。食品生产许可证有效期为3年。有效期届满,取得食品生产许可证的企业需要继续生产的,应当在食品生产许可证有效期届满6个月前,向市食品药品监管局提出换证申请;准予换证的,食品生产许可证编号不变。期满未换证的,视为无证;拟继续生产食品的,应当重新申请,重新发证,重新编号,有效期自许可之日起重新计算。被许可人未按规定期限提出换证申请的,市食品药品监管局不予受理换证申请。原生产许可有效期届满,重新申请的行政许可决定做出前,申请人不得从事相应生产许可事项活动。

对通过良好生产规范、危害分析与关键控制点体系认证的食品生产企业,申请期满换证时,可持有认证机构出具的认证有效性证明申请简化期满换证现场核查的程序;市食品药品监管局根据申请情况决定是否简化对申请人的现场核查工作。

三、食品添加剂生产许可证核发

共25条，规定了许可范围和条件、申请与受理、评审等明确内容。

四、生产许可终止与注销

共4条，规定了生产许可终止与注销的情况。

五、观察员制度

共8条，规定了食品安全监管人员的职责权限。

六、年度报告审查

共9条，规定了食品、食品添加剂生产许可证获证企业每年度应定期向区县局及直属分局提交自查报告，报告的内容及监督检查的要求。

七、委托生产管理

共13条，规定了委托生产食品的范围及要求，其中明确规定了婴幼儿配方乳粉、乳制品产品不得委托和受委托生产；食品添加剂不得委托和受委托生产。

八、企业责任

共21条，规定了食品生产企业责任主要有：

(1)企业取得食品生产许可的，应当保证生产条件持续符合规定要求，并对其生产的食品安全负责。

(2)企业取得食品生产许可的，应当落实质量安全主体责任，制定食品安全事故处置方案，主要负责人应当履行下列职责，落实各项管理制度：

①建立健全本单位食品安全责任制；

②组织制定并落实本单位食品安全规章制度和操作规程；

③督促检查本单位食品安全工作，及时消除食品安全隐患；

④建立健全职工食品安全知识培训考核、健康检查及相关档案管理制度，并组织落实；

⑤配合食品安全监督管理部门开展食品安全监督检查；

⑥每年应参加不少于40 h的食品安全法律法规、科学知识和行业道德伦理的集中培训，保证所有从业人员每年不少于40 h的食品安全集中专业培训；

⑦依法履行食品安全事故报告义务。

(3)企业取得食品生产许可的，应当配备食品安全管理员，并承担以下职责：

①向职工宣传食品安全法律、法规、规章、政策、标准和知识，讲解本单位的食品安全管理制度和要求；

②检查职工遵守食品安全规章制度和操作规程的情况，查找影响食品安全的关键环节和隐患，并及时报告；

③督促职工按时参加食品安全培训、进行健康检查；

④定期汇总、分析反映本单位食品安全状况的信息，并及时报告。

(4)企业取得食品生产许可的，应当按照规定建立采购、生产、加工、包装、贮存、运输、销售等生产记录，如实记录食品、食品原料、食品添加剂和食品相关产品的名称、产地、生产者、供货商、货主、进货日期、数量、销售去向等信息，不得采购、使用、销售、贮存、运输来源不明的食品、食品原料、食品添加剂和食品相关产品。企业应当按照规定查验供货商、货主的营业执照和相应的许可证件，并保存复印件。生产记录、食品相关许可证件、货主身份信息以及其他与食品安全有关的证明文件的复印件的保存期限不得少于两年。

(5)企业取得食品生产许可的，应按标准规定自行组织产品出厂检验并保存出厂检验的留存样品。留存样品保质期少于两年的，留样保存期限不得少于产品的保质期，产品保质期超过两年的，留样保存期限不得少于两年。留存样品数量应符合相关标准或审查细则的要求。要求每年与具有法定检验资质的实验室进行一次实验室比对，建立并保存比对实验记录，保存期限不得少于 3 年。应每半年按标准规定对获证产品执行标准中的全部项目自行送第三方检测机构进行检测一次，检测报告保存期限不得少于 3 年。

(6)企业取得食品生产许可的，生产的食品标签、说明书应符合相关法律、法规、规章和《国家食品安全标准 预包装食品标签通则》(GB 7718)、《国家食品安全标准 预包装食品营养标签通则》(GB 28050)等标准的要求。

(7)企业取得食品生产许可的，应建立和落实不安全食品召回制度。企业应建立和保存对不安全食品自主召回、被责令召回的执行情况的记录，包括：企业通知召回的情况；实际召回的情况；对召回产品采取补救、无害化处理或销毁的记录；整改措施的落实情况；向当地政府和监管部门报告召回及处理情况。所有记录保存期限不得少于 3 年。

(8)企业取得食品生产许可的，应建立消费者投诉受理制度。企业应建立和保存对消费者投诉的受理记录。包括投诉者姓名、联系方式、投诉的食品名称、数量、生产日期或生产批号、投诉质量问题、企业采取的处理措施、处理结果等。所有记录保存期限不得少于 3 年。

(9)企业取得食品生产许可的，应主动收集企业内部发现、媒体报道或政府发布等与企业相关的食品安全风险监测和评估信息，并做出应对，同时应建立和保存相关记录。所有记录保存期限不得少于 3 年。

(10)企业取得食品生产许可的，应按规定妥善处置食品安全事故。企业应制定食品安全事故处置方案，应定期检查各项食品安全防范措施的落实情况；发生食品安全事故的，企业还应建立和保存处置食品安全事故记录。所有记录保存期限不得少于 3 年。

食品添加剂生产企业责任有：任何单位和个人不得伪造、变造食品添加剂生产许可证书和编号。取得生产许可证的食品添加剂生产者不得出租、出借或者以其他方式转让生产许可证书和编号；生产者应当对出厂销售的食品添加剂进行出厂检验，检验合格后方可销售；生产食品添加剂，应当使用符合相关质量安全要求的原辅材料、包装材料及生产设备；生产者应当建立原材料采购、生产过程控制、产品出厂检验和销售等质量管理制度；食品添加剂应当有标签、说明书，并在标签上载明“食品添加剂”字样；有使用禁忌或安全注意事项的食品添加剂，应当有警示标志或者中文警示说明；食品添加剂的标签、说明书应当清楚、明显，容易辨认识读。

九、附则

共 6 条，规定了生效日期及相关说明等内容。

学习活动 2　北京市食品生产加工作坊监督管理指导意见

为加强北京市食品生产加工作坊的监督管理，提高食品生产加工作坊食品安全保障能力，依据《中华人民共和国食品安全法》、《中华人民共和国食品安全法实施条例》和《北京市食品安全条例》，提出北京市食品生产加工作坊监督管理指导意见。

一、从业范围

（一）从业主体

依照相关法律、法规从事食品生产加工（不含现制现售）的个体工商户。

（二）从业范围

有固定加工场所，从业人员较少，生产加工规模小，预包装或简易包装，从事具有北京传统特色食品的生产加工。但不包括下列范围：

（1）属于国家和本市明令禁止生产的食品；

（2）纳入国家产业政策目录的产品，如白酒、葡萄酒、乳制品等；

（3）不具备本市传统特色的食品或者仅对食品进行分装的；

（4）经工商预先名称核准或注册登记为企业的；

（5）食品生产许可证、北京市食品生产加工作坊准许证（以下简称准许证）被吊销尚未超过5年的；

（6）其他法律法规及市人民政府有关文件明确规定不属于食品生产加工范畴的。

二、监管职责

（一）区县政府职责

（1）区、县人民政府统一领导、组织协调本行政区域的食品生产加工作坊监督管理工作，构建严密、清晰的责任体系。

（2）区、县人民政府组织制定食品生产加工作坊监督管理计划，将食品生产加工作坊监督管理工作所需经费列入财政预算，并将食品生产加工作坊监督管理工作列入政府绩效管理考核体系。

（3）区、县人民政府根据本指导意见，结合本区县的实际情况，确定本行政区域可以由食品生产加工作坊生产加工的食品的品种目录，确定本行政区域内食品生产加工作坊的准许条件和要求，并予以公布。区、县人民政府可以依据城乡规划、商业布局和食品安全规划在本行政区域内禁止存在食品生产加工作坊。

（4）区、县人民政府应当明确乡镇人民政府和街道办事处负责本区域的食品生产加工作坊安全隐患排查、信息报告、协助执法和宣传教育等工作。

（5）区、县人民政府可以根据实际需要统筹规划、合理布局，建设适合食品生产加工作坊从事食品生产加工活动的集中区域；鼓励食品生产加工作坊进入集中区域从事食品生产加工活动。

（6）区、县人民政府应参照国务院和本市关于进一步支持小型微型企业健康发展的意见出台相应的政策支持，鼓励和引导个体工商户自愿申请转型升级为企业形式。

(二)食药监管部门职责

(1)北京市食品药品监督管理局(以下简称市食品药品监督管理局)负责指导和监督区县食品药品监管部门实施食品生产加工作坊监督管理，并制定本市食品生产加工作坊的风险监测计划并组织实施，定期将风险监测结果通报各区、县人民政府。

(2)区县食品药品监管部门负责下列工作：

①食品生产加工作坊准许证的核发和管理；

②建立本行政区域内食品生产加工作坊的食品安全档案，实行动态管理；

③制定本行政区域内食品生产加工作坊的执法检查和监督抽查计划，报请区、县人民政府批准后实施；

④组织对食品生产加工作坊从业者进行法律法规、标准的宣贯培训；

⑤监督食品生产加工作坊对其生产的不安全食品进行召回并销毁或者实施无害化处理。

三、准许品种目录

(一)基本要求

(1)区、县人民政府应结合本区县的实际情况，制定本区域内食品生产加工作坊生产加工食品的品种目录。

(2)制定品种目录时，应当充分考虑当地实际情况和地方传统特色食品的发展需要，严格控制高风险食品。

(3)列入品种目录管理的食品，应当是已经具有相应国家标准、行业标准或地方标准的食品。

(4)品种目录可根据实际情况实施动态管理，并向社会公布。

(二)品种目录内容

品种目录应当至少包括以下内容：

1.食品类别

区、县人民政府在制定品种目录时，参照食品生产许可证28类食品的分类原则进行划分食品类别，对于28类食品之外的，区、县人民政府可自行确定分类。食品类别编号由区、县人民政府自行确定。

2.食品名称

食品类别对应的具体食品名称由区、县人民政府自行确定。食品名称应当符合《国家食品安全标准 预包装食品标签通则》(GB 7718)、《国家食品安全标准　食品添加剂使用标准》(GB 2760)等相关要求。食品名称应能反映食品的真实属性，可为工艺相同、原料相近的一类食品名称或者具体的产品名称，如采用类别名称，可以使用如酱卤肉、腌腊肉等类别名称，也可使用具体名称，如酱猪蹄、家乡肠等。

四、生产加工条件和要求

(一)基本原则

(1)区、县人民政府制定的食品生产加工作坊生产加工条件和要求应包括以下内容：

①生产场所要求

- 生产场所应当真实、合法；
- 具有必要的生产场所，场所面积与生产能力相适应；
- 生产场所与有毒、有害场所以及其他污染源保持距离。

②设施与设备要求

- 具有必要的设施或者设备；
- 生产设备、器具为无毒、无害、不易生锈且便于清洗；
- 生产中涉及生、熟料的工具应分开使用；
- 生产过程中有温度控制要求的，应具备相应的温度控制措施和设备。

③人员要求

- 应当配备食品安全管理员；
- 生产人员应取得健康体检证明后方可上岗，并每年至少体检一次；
- 生产人员应当保持个人卫生。

④生产过程要求

- 使用的原辅料应符合国家有关规定和相关标准的要求，禁止使用不合格的原辅料或非食品用原辅料生产食品。列入生产许可证管理的，应使用获证产品；
- 食品添加剂的使用应符合《国家食品安全标准　食品添加剂使用标准》(GB 2760)及相应的标准和有关规定，不得购买、存放、使用亚硝酸盐等易滥用的食品添加剂；
- 应采取有效措施使原辅料、半成品与成品有效分离，并确保与食品接触的设备、工具等表面清洁，防止交叉污染；
- 应按照确定的生产工艺程序进行食品生产，应采取有效控制食品热处理时间和温度的措施；
- 使用的洗涤剂、消毒剂应当对人体安全、无害；
- 应定期将生产的食品委托具有食品检验资质的检验机构检验，委托检验期限由区、县人民政府确定。

⑤管理制度要求　应按照食品安全法等相关法律法规的规定建立本单位的基本的食品安全管理制度。

⑥法律、法规规定的其他要求。

(2)区、县人民政府制定食品生产加工作坊的生产加工条件和要求时，应当细化上述内容，并可根据本行政区域的实际需要增设相关条件和要求。

(二)食品生产加工作坊禁止性行为

(1)不得委托或者受委托生产食品。

(2)不得生产裸装食品。

(3)禁止向商场超市、连锁经营的餐饮服务企业销售生产的食品。

(4)禁止生产准许证范围外的产品。

(5)禁止用非食品原料生产食品或者在食品中添加食品添加剂以外的化学物质和其他可能危害人体健康的物质，或者用回收食品作为原料生产食品。

(6)禁止使用病死、毒死或者死因不明的禽、畜、兽、水产动物肉类，或者未经动物卫生监督机构检疫或者检疫不合格的肉类为原料生产食品。

(7)禁止销售超过保质期的食品。

(8)禁止生产其他不符合食品安全标准或者要求的食品。

(三)食品生产加工作坊主体责任要求

(1)应当取得准许证,并依照法律、法规和食品安全标准从事生产经营活动。

(2)应当落实本单位的各项食品安全管理制度。

(3)应当配备食品安全管理员,履行相关职责。

(4)应当建立并执行从业人员健康管理制度。

(5)采购食品原料、食品添加剂、食品相关产品时,应当查验供货者的生产许可证和产品合格证明文件,不得采购或者使用不符合食品安全标准的食品原料、食品添加剂、食品相关产品。

(6)应当建立原料采购、食品添加剂使用等记录制度。

(7)发现其经营的食品不符合法律规定和食品安全标准,应当立即停止经营,采取召回措施并予以销毁或者实施无害化处理,同时将食品召回和处理情况向区县食品药品监管部门报告。

五、准许证核发程序

(一)证书申请

申请人应当向所在区县食品药品监管部门提供下列资料,并对材料的真实性负责:

(1)申请书(见附件 1);

(2)工商行政管理部门核发的个体工商户《名称预先核准通知书》或个体工商户营业执照复印件;

(3)相关法律法规规定应当提交的其他证明材料。

(二)材料审查

(1)区县食品药品监管部门对申请决定予以受理的,应当出具《食品生产加工作坊准许申请受理决定书》(见附件 2)。申请材料不符合要求或不属于作坊生产准许范围的,应做出不予受理的决定,同时出具《食品生产加工作坊准许申请不予受理决定书》(见附件 3),并说明不予受理的理由,告知申请人享有依法申请行政复议或者提起行政诉讼的权利。

(2)申请材料不符合要求但可以通过补正达到要求的,应向申请人发出《食品生产加工作坊生产核准申请材料补正告知书》(见附件 4),一次性告知需要补正的材料及补正日期。申请人逾期未补正的,视为撤回申请。

(三)征求意见、现场审核

(1)区县食品药品监管部门受理申请人提交的申请材料后,应当自决定受理之日起 5 个工作日内就食品生产加工作坊场所的真实性、合法性征求所在地乡镇人民政府或者街道办事处的书面意见(见附件 5),并根据书面意见决定是否予以安排现场审核。

(2)区县食品药品监管部门自收到作坊所在地乡镇人民政府或者街道办事处出具的书面意见后 5 个工作日内,组织对食品生产加工作坊进行现场审核。区县食品药品监管部门可自行组织现场审核或委托第三方机构进行现场审核。现场审核实行组长负责制,审核人数不得少于 2 名。

(3)区县食品药品监管部门组织开展现场审核,作坊经营者应当予以配合。除不可抗力外，由于申请人的原因导致现场审核无法在规定期限内实施的，视为现场审核不合格。

(四)许可决定

区县食品药品监管部门受理申请人提交的申请材料后，应当做出如下处理：

(1)作坊所在地乡镇人民政府或者街道办事处出具的食品生产加工作坊场所存在真实性和合法性问题的，依法直接做出不予生产准许核准的决定，向申请人发出《食品生产加工作坊不予准许决定书》(见附件6)，并说明不予准许的理由。

(2)资料审查和现场审核均合格的，应当自完成资料审查和现场审核之日起5个工作日内发出《食品生产加工作坊准许决定书》(见附件7)，并于决定受理之日起20个工作日内颁发食品生产加工作坊准许证书。

(3)资料审查和现场审核不合格的，在完成现场审核之日起5个工作日内经补正、整改，并经区县食品药品监管部门审核确认补正、整改合格的，应当自审核确认补正、整改合格之日起5个工作日内发出《食品生产加工作坊准许决定书》，并于决定受理之日起20个工作日内颁发食品生产加工作坊准许证书。

(4)资料审查和现场审核不合格的，在完成现场审核之日起5个工作日内经补正、整改仍不合格的，依法做出不予生产准许核准的决定，向申请人发出《食品生产加工作坊不予准许决定书》，并说明不予准许的理由。

(五)证书延续、变更、补发和注销

1.证书延续

准许证审核有效期为3年。有效期满需要延续的，应当在期满前30日内向原发证部门提交延续申请书(见附件8)。

申请延续的作坊如果满足延续申请书中申请人承诺的全部条件，区县食品药品监管部门应在自收到延续申请的10个工作日内予以延续，并在其准许证的正副本上填写审核有效期，不需要再次进行文件审核和现场审核。

申请延续的作坊如果不能满足延续申请书中申请人承诺的任何一项条件，应按照证书变更程序进行办理。

在上一准许有效期内存在下列情形之一的，不予准许证延续：

①出现2次及2次以上的监督抽查、风险监测不合格情况的。

②被发现存在超准许范围生产等违法行为的。

③有关主管部门责令其召回或者停止经营不符合食品安全标准的食品后，仍拒不召回或者停止经营的。

④日常监管中发现隐瞒有关情况或提供虚假材料的。

⑤相关部门认定的其他情形。

2.证书变更

准许证有效期内，有以下情形之一的，食品生产加工作坊应向原发证机关提出变更申请：

(1)作坊名称发生变化的；

(2)负责人发生变化的；

(3)生产地址名称变化的；

(4)生产地址发生变化的；

(5)法律法规规定的应当申请变更的其他情形。

属于前款(1)、(2)、(3)项的，区县食品药品监管部门应当直接办理变更手续；属于前款第(4)、(5)项的，原发证机关应组织实地核查，符合条件的依法办理变更手续。

食品生产加工作坊提出变更申请，应当提交变更申请书(见附件 9)和准许证正、副本，并对材料的真实性负责。

3. 证书补发

遗失准许证的，应当及时向原发证部门提出书面说明，申请补发。

4. 证书注销

食品生产加工作坊有下列情形之一的，发证部门应当依法注销准许证：

(1)准许证被依法撤回、撤销，或者准许证书被依法吊销的；

(2)食品生产加工作坊申请注销的或者准许证有效期满未换证的；

(3)食品生产加工作坊依法终止的；

(4)因不可抗力导致准许生产事项无法实施的；

(5)法律法规规定的应当注销准许证书的其他情形。

(六)社会公告

区县食品药品监管部门在职责范围内将食品生产加工作坊准许证获证信息向社会公告，并将办理食品生产加工作坊准许证的有关材料、发证情况及时归档。

(七)证书管理

食品生产加工作坊准许证证书分为正本和副本，由北京市食品药品监督管理局统一印制(见附件 10、附件 11)。

食品生产加工作坊准许证编号由英文字母 ZX 和 9 位数字组成。具体样式如下：

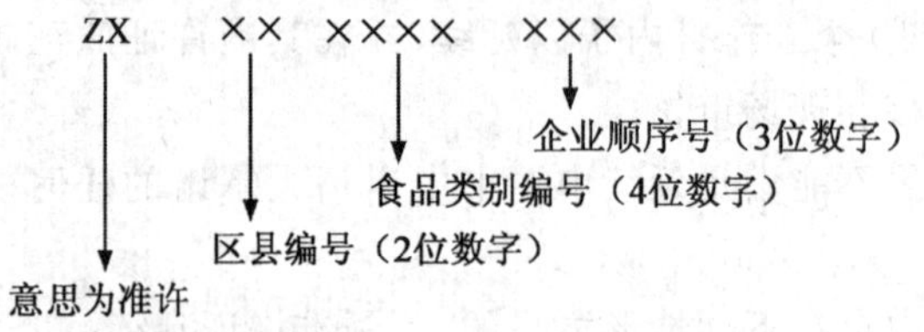

区县编号如下：

区县	编 号	区县	编 号	区县	编号
东城区	01	门头沟区	09	怀柔区	16
西城区	02	房山区	11	平谷区	17
朝阳区	05	通州区	12	密云县	28
丰台区	06	顺义区	13	延庆县	29
石景山区	07	昌平区	14		
海淀区	08	大兴区	15		

证书由区县食品药品监管部门自行套打盖章。

申请人应在生产加工作坊的显著位置悬挂或摆放证书。

准许证被注销、吊销的，食品生产加工作坊应当及时向原发证部门上缴准许证，区县食品药品监管部门应予以公告。

食品生产加工作坊使用已被撤销、撤回、吊销准许证书的，按照无证生产加工查处。

本意见自 2014 年 1 月 6 日起施行。

附件：

1.食品生产加工作坊准许申请书

2.食品生产加工作坊准许申请受理决定书

3.食品生产加工作坊准许申请不予受理决定书

4.食品生产加工作坊生产核准申请材料补正告知书

5.食品生产加工作坊场所真实性和合法性征求意见函

6.食品生产加工作坊不予准许决定书

7.食品生产加工作坊准许决定书

8.食品生产加工作坊准许证延续申请书

9.食品生产加工作坊准许证变更申请书

10.北京市食品生产加工作坊准许证(正本)

11.北京市食品生产加工作坊准许证(副本)

附件1 食品生产加工作坊准许申请书

食品生产加工作坊准许申请书

申请人名称　　　　　　　　（盖章）
产品类别(名称)
生产地址
联系人
联系电话
联系邮箱
申请日期　　　　　　　年　　月　　日

申请类别：□首次　　　　　□变更

北京市食品药品监督管理局印制

填表说明

1.填写的内容要实事求是,不得弄虚作假。

2.用钢笔填写或打印,要求字迹清晰、工整。

3.依法需要预先核准名称的,申请者署名、印章的名称应与工商行政管理部门登记注册或预先核准的一致(印章复印无效)。

4.产品类别(名称)应按照品种目录规范填写。

5.产量单位应使用行业通用的法定计量单位。

6.食品生产加工作坊申请时,应当携带有关材料原件,并递交复印件各1份。

7.本申请书用于食品生产加工准许证的首次申请、变更申请。

申请人承诺

本申请人承诺:愿意对申请材料内容真实性负责,并承担相应的法律责任。

本申请人已提交以下材料复印件各一份。

工商行政管理部门核发的《名称预先核准通知书》或营业执照复印件。

相关法律法规规定应当提交的其他证明材料。

本申请人承诺已按照准许条件和要求完成准备。

本申请人承诺食品生产加工严格按照相关法律法规的规定执行。

申请人签名/盖章：
年　　月　　日

基本情况一览表

<table>
<tr><td rowspan="8">食品生产加工作坊基本情况</td><td>名称</td><td colspan="3"></td></tr>
<tr><td>营业执照编号或名称预核准证明编号</td><td colspan="3"></td></tr>
<tr><td>负责人</td><td></td><td>从业人数</td><td></td></tr>
<tr><td>负责人身份证号码</td><td colspan="3"></td></tr>
<tr><td>固定资产(现值)</td><td>万元</td><td>建筑面积</td><td>m^2</td></tr>
<tr><td>日产量</td><td>千克</td><td>日销售额</td><td>元</td></tr>
<tr><td>产品名称</td><td colspan="3"></td></tr>
<tr><td>产品执行标准</td><td colspan="3"></td></tr>
</table>

区县食品药品监管部门受理申请意见	核查组核查结论
批准人： 年　　月　　日(行政许可专用章)	核查人员签名： 年　　月　　日

区县食品药品监管部门审批意见：

负责人签字：　　　　　　　　　　　　　　　　年　　月　　日(印章)

生产设备、设施一览表

序号	名 称	规格型号	数量	完好状态	生产厂及国别	生产日期	购置日期

原辅材料、食品添加剂、包装材料一览表

序号	名 称	规格型号	年需要量（单位）	执行标准代号	生产厂及国别、生产许可证编号

注：如原材料为纳入生产许可证管理的产品，应当使用获证企业的产品，并在表中填写原材料提供企业的生产许可证编号。

附件2 食品生产加工作坊准许申请受理决定书

食品生产加工作坊准许申请受理决定书存根

编号：
作坊名称：
产品类别： 产品名称：
经办人签字： 受理日期：

食品生产加工作坊准许申请受理决定书

编号：__________

__________（申请人名称）：

你提出的食品生产加工作坊准许申请和所提供（出示）的材料，符合申请条件。根据《行政许可法》第三十二条第一款第五项规定，决定予以受理。

行政许可专用章

年 月 日

经办人： 联系电话：

说明：申请人5日内未获其他文书，即应理解申请被受理。（正式使用文书时不显示说明）。

附件3 食品生产加工作坊准许申请不予受理决定书

食品生产加工作坊准许申请不予受理决定书

编号：__________

__________（申请人名称）：

你申请的食品生产加工作坊准许，经审查，不需要取得准许（或者不属于本机关职权范围），应当向__________提出申请。根据《行政许可法》第三十二条第一款第（一）项规定，决定不予以受理。

如不服本决定，可在接到本决定书之日起60日内，依法向__________________或者______________申请行政复议或者3个月内（法律、法规另有规定的按照规定）向人民法院提起行政诉讼。

印章

年 月 日

说明：本决定书一式2份；1份送达申请人，1份存档（正式使用文书时不显示说明）。

附件4　食品生产加工作坊生产准许申请材料补正告知书

食品生产加工作坊生产准许申请材料补正告知书

编号：__________

______________：

你申请的食品生产加工作坊生产准许核准，所提供的材料不齐全或者不符合法定形式，根据《行政许可法》第三十二条第一款第(三)、(四)项规定，请作如下补正：

咨询、联系电话：

行政许可专用章

年　　月　　日

说明：本告知书收到申请5日内使用。一式2份，1份送申请人，1份存档(正式使用文书时不显示说明)。

附件5　食品生产加工作坊场所真实性和合法性征求意见函

食品生产加工作坊场所真实性和合法性征求意见函

编号：__________

______________：

你辖区内(填写食品生产加工作坊名称)于　　年　　月　　日向我局提出办理食品生产加工作坊准许证的申请。现按照《北京市食品安全条例》第十四条的规定，就其申请中提出的生产加工场所的真实性、合法性征求贵单位的意见。请于　　年　　月　　日之前书面反馈我局，逾期未反馈视为其不具备真实、合法的生产加工场所。

公章

年　　月　　日

食品生产加工作坊场所真实性和合法性征求意见函反馈单

______________：

你局关于《食品生产加工作坊场所真实性和合法性征求意见函》(编号：　　　)收悉。经查，(填写食品生产加工作坊名称)的生产加工场所真实性、合法性如下：

□ 符合。

□ 不符合。原因：

特此反馈。

经办人(签字)：　　　　　　　　审批人(签字)：

公章

年　　月　　日

附件6 食品生产加工作坊不予准许决定书

食品生产加工作坊不予准许决定书

编号：__________

______________：

本部门于　　年　　月　　日受理你提出的食品生产加工作坊准许申请。经审查，不符合准许条件，具体理由如下：

根据《中华人民共和国行政许可法》第三十八条第二款之规定，本机关对你的申请，决定不予准许。如不服本决定，可在接到本决定书之日起60日内，依法向______________或者______________申请行政复议或者3个月内（法律、法规另有规定的按照规定）向人民法院提起行政诉讼。

印章

年　　月　　日

说明：本决定书为复议、诉讼的依据，应慎重填写。一式2份；1份送达申请人，1份存档（正式使用文书时不显示说明）。

附件7 食品生产加工作坊准许决定书

食品生产加工作坊准许决定书

编号：__________

______________：

你申请的产品类别（产品名称）生产加工准许，经审查，符合准许条件，我局决定予以准许。

印章

年　　月　　日

附件8 食品生产加工作坊准许证延续申请书

食品生产加工作坊准许证延续申请书

作坊名称			
生产地址			
邮政编码		电 话	
传 真		联 系 人	
原准许证编号		原准许证有效期(至)	
准许产品类别及名称			

申请人承诺

本申请人承诺:本人对承诺真实性负责,并愿意承担相应的法律责任。

食品生产加工作坊名称未发生变化。

食品生产加工作坊生产地址未发生变化。

食品生产加工作坊法人或负责人未发生变化。

食品生产加工作坊加工场所布局未发生变化。

食品生产加工作坊过去3年守法经营,合法生产。

食品生产加工作坊过去3年未超出准许范围组织生产。

食品生产加工作坊过去3年未出现产品质量监督抽查不合格、违法使用添加剂等违法行为。

食品生产加工作坊的条件能满足相关法律法规的要求。

承诺人签名(单位盖章):

年 月 日

区县食品药品监管部门意见:

区县食品药品监管部门(盖章):

年 月 日

附件9 食品生产加工作坊准许变更申请书

食品生产加工作坊准许变更申请书

一、申请作坊基本情况			
作坊名称(公章)			
生产地址			
邮政编码		电 话	
传 真		联 系 人	
原准许证编号		原准许证有效期	
准许产品类别及名称			

二、变更内容

变更事项	变更前	变更后
作坊名称变更□ 负责人变更□ 生产地址名称变化□ * 生产地址变化□ * 其他变化情形□		

注:* 号项变更的,需加填《食品生产加工作坊准许申请书》。

附件10 北京市食品生产加工作坊准许证(正本)

北京市食品生产加工作坊准许证(正本)

准许证编号:

单位名称: 负责人:

生产地址:

食品类别及名称:

(发证机关公章)

年 月 日

证书有效期:

证书有效期至: 年 月 日 审核日期: 年 月 日 审核部门(印章)	证书有效期至: 年 月 日 审核日期: 年 月 日 审核部门(印章)	证书有效期至: 年 月 日 审核日期: 年 月 日 审核部门(印章)

附件 11　北京市食品生产加工作坊准许证(副本)

北京市食品生产加工作坊准许证(副本)

准许证编号：
单位名称：
负责人：
生产地址：
食品类别及名称：

发证机关：
发证日期：　　年　　月　　日

证书有效期：

证书有效期至：　年　月　日 审核日期：　年　月　日 审核部门(印章)	证书有效期至：　年　月　日 审核日期：　年　月　日 审核部门(印章)	证书有效期至：　年　月　日 审核日期：　年　月　日 审核部门(印章)

食品生产加工作坊须知

一、《准许证》(副本)与正本具有等同效力。

二、作坊应在准许的生产品种内进行食品生产。

三、作坊的名称变更、负责人变更、生产地址名称变更、生产地址变更和其他情形变更的，应当向原发证的食品药品监管部门办理变更手续。

四、作坊在本准许证核准的地址以外进行食品生产加工活动的，应按规定另行办理准许证。

五、准许证 3 年进行一次审核，届满 30 日前应向所在区县质量技术监督部门提交审核申请，逾期未审核，本证书及正本作废。

六、作坊生产者有下列情形之一的，发证部门应当依法注销准许证：

(一)准许证被依法撤回、撤销，或者准许证书被依法吊销的；

(二)食品生产加工作坊申请注销的或者准许证有效期满未换证的；

(三)食品生产加工作坊依法终止的；

(四)因不可抗力导致准许生产事项无法实施的；

(五)法律法规规定的应当注销准许证书的其他情形。

七、遗失准许证的，应当向原发证的食品药品监管部门书面说明，申请补发。

相关学习链接

北京市科学技术委员会 http://www.bjkw.gov.cn/

想一想

1. 简述北京市食品药品监督管理局受理北京市食品生产许可流程。
2. 北京市食品药品监督管理局受理北京市食品生产许可时需要申请人提交文件有哪些？

学习单元 11 学习其他食品安全监管部门监管职责及其颁布文件

任务一 学习商务部在食品安全监管中的职责及颁布文件

◆任务目标

- 了解商务部在食品安全监管中的职责。
- 掌握查询商务部颁布的关于食品安全监管文件的方法与途径。

◆案例导入

2012 年商务部和农业部等 6 部门联合开展打击私屠滥宰专项行动，共检查生产经营主体 25.3 万个，查处私宰窝点和加工店 2 257 个，查处生猪屠宰违法案件 5 475 个，处罚涉案人员 3 790 人，查获非法屠宰肉品 90 万千克，罚没款 3 583 万元。

案例分析

目前我国的肉品质量安全和市场供应保障能力明显提升，但生猪屠宰行业总体发展水平低，企业多、小、散、乱的现象仍未根本改观，特别是一些达不到法定条件和标准的屠宰企业违法违规生产，不严格执行生猪屠宰规程和肉品品质检验制度，给肉品质量安全带来了隐患。为此商务部、工信部、财政部等 9 部门联合发布《关于加强生猪定点屠宰资格审核清理工作的通知》(商秩发[2011]493 号)，积极推进生猪定点屠宰资格审核清理工作，淘汰落后产能。落实强化日常监督检查管，制定监督检查程序和操作规范，细化检查内容，更好地督促企业落实生猪定点屠宰企业肉品质量安全主体责任。

◆学习活动方案

学习活动 1 学习商务部在食品安全监管中的职责

商务部作为流通行业管理部门，承担着指导行业健康有序发展，提供流通环节食品安全保障的责任。其在食品安全监管方面主要有三项职责：

(1)制定食品流通行业发展规划和产业政策，采取措施推进产业结构优化，加强对行业诚信体系建设的指导，促进食品经营行业健康发展。

(2)负责对生猪屠宰和酒类流通的行业管理；加强对生猪屠宰活动的监督检查，推动生猪定点屠宰标志牌、证书审核换发工作，依法把好定点屠宰企业市场准入关。

(3)配合卫生部，做好食品安全风险监测和评估，制定食品安全国家标准规划及其实施计划，对食品安全国家标准执行情况进行跟踪评价并适时组织修订。

学习活动2 商务领域食品安全行业管理

目前，我国商务领域食品安全基础依然薄弱，食品安全问题时有发生，企业责任不落实、行业管理和监管不到位的问题还比较突出。针对这些问题，商务系统食品安全工作要点为：强化屠宰行业、餐饮行业和酒类流通行业等商务领域行业管理，推动肉类蔬菜流通追溯体系、早餐示范工程、"放心肉"服务体系等商务领域服务体系建设，严格进出口食品安全管理。

1. 生猪屠宰行业管理

为了加强生猪屠宰管理，保证生猪产品质量安全，保障人民身体健康，国家制定了《生猪屠宰管理条例》(国务院令第525号)。根据《生猪屠宰管理条例》(以下简称《条例》)和国家有关法律、行政法规，商务部制定了《生猪屠宰管理条例实施办法》(商务部令2008年第13号)。

办法规定，商务部负责全国生猪屠宰的行业管理工作，组织制定屠宰行业发展规划，完善屠宰行业标准体系，指导省级商务主管部门制订生猪定点屠宰厂(场)设置规划。

县级以上商务主管部门负责本行政区域内生猪屠宰活动的监督管理。省级商务主管部门会同畜牧兽医主管部门、环境保护部门以及其他有关部门，按照合理布局、适当集中、有利流通、方便群众的原则，结合本地实际情况制订生猪定点屠宰厂(场)设置规划，报本级人民政府批准后实施。

2. 酒类流通行业管理

酒类流通行业管理的主要依据是2006年1月1日起执行的《酒类流通管理办法》，此外，还有《酒类商品零售经营管理规范》、《酒类商品批发经营管理规范》、《进口酒类国内市场管理办法》、《酒类广告管理办法》等相关法律法规。

随着《酒类流通管理办法》深入实施，酒类经营者备案登记和随附单溯源制度得到广泛落实，全国实施备案登记酒类经营企业超过177万家。10个省(自治区、直辖市)、6个大中城市实施酒类管理地方性法规。全国酒类总产量从2006年的4 500万千升，增长到2010年的6 400万千升，年均增长8.5%；酒类消费总额从2006年的4 886亿元，增长到2010年的8 058亿元，年均增长13%；酒类出口总额从2006年的2.3亿美元，增长到2010年的4.2亿美元，年均增长17.1%；酒类进口总额从2006年的5.4亿美元，增长到2010年的15.6亿美元，年均增长37.4%。

综合考虑"十二五"时期酒类市场发展环境，今后五年的发展目标是：

(1)发展质量明显优化。酒类流通行业法律法规、标准、信用体系进一步健全，行业管理体制机制进一步完善。新型酒类流通体系初步建立，物流配送能力不断增强，行业对外开放取得进展。

(2)现代化水平明显提高。互联网、物联网、无线射频(RFID)等现代信息技术在酒类流通行业得到推广运用，连锁经营、电子商务等现代流通方式得到发展。力争"十二五"期末，实现以酒类流通电子随附单、无线射频等为支撑的追溯体系覆盖全国城区人口超百万的城市。

(3)组织化程度明显提升。形成一大批年销售额超10亿元的区域性酒类流通骨干企业，一批年销售额超50亿元的全国性酒类流通龙头企业，10家左右年销售额超100亿元、具有国际竞争力的大型酒类流通企业。力争“十二五”期末，酒类零售企业连锁化率提高到20%。

(4)流通环境明显改善。酒类流通执法进一步加强，力争“十二五”期末酒类经营者备案登记率达到90%以上，流通主渠道得到有效监管，销售假冒伪劣酒类商品行为得到有效遏制，市场秩序更加规范，消费者权益得到有效保障。

(5)人才素质明显优化。酒类行业管理人才和专业执法队伍素质进一步提高，“十二五”期间培训酒类流通行业高级营销管理人员3万人，中级营销管理人员10万人，初级营销管理人员20万人，酒类管理专业执法人员5万人。

目前执行的《酒类流通管理办法》为2005年10月19日商务部第15次部务会议审议通过，自2006年1月1日起施行。为加强酒类流通管理，规范酒类流通秩序，促进酒类市场健康有序发展，2012年11月14日，商务部起草了《酒类流通管理办法(修订)(征求意见稿)》，面向社会公开征求意见。意见反馈截止日期为2012年12月14日。

3. 超市食品安全管理

依据商务部流通行业管理职能，为推动流通行业规范化经营，提高超市食品安全管理水平，商务部于2006年12月制定发布了《超市食品安全操作规范》。该规范为指导性文件，不具强制性，且由于《规范》于《食品安全法》及《预包装食品标签通则》(GB 7718—2011)出台之前发布，部分术语与现行通用术语不符。

4. 肉菜流通追溯体系

为提高流通领域食品安全保障水平，促进流通行业发展，2010年以来，商务部、财政部分两批支持20个城市开展肉类蔬菜流通追溯体系建设试点，探索利用信息化手段管理市场，改善肉类蔬菜安全状况，取得了积极成效。

按照《商务部办公厅、财政部办公厅关于肉类蔬菜流通追溯体系建设试点指导意见的通知》(商秩字[2010]279号)精神，为进一步明确试点工作任务与要求，特制定《全国肉类蔬菜流通追溯体系建设规范(试行)》。

本规范的建设目标为：以信息技术为手段，以法规标准为依据，以发展现代流通方式为基础，建设以中央、省、市三级追溯管理平台为核心，以生猪屠宰环节、批发环节、零售环节、消费环节及“产销对接”核心企业追溯子系统为支撑，以追溯信息链条完整性管理为重点的肉类蔬菜流通追溯体系，实现肉类蔬菜来源可追溯、去向可查证、责任可追究，强化政府公共服务、行业自律和消费者监督相结合的长效机制，提升流通行业食品安全保障能力。具体见图11-1。

为进一步规范地方肉类蔬菜流通追溯体系建设，实现不同城市互联互通，2011年3月9日，商务部印发《肉类流通追溯体系基本要求》、《蔬菜流通追溯体系基本要求》、《肉类蔬菜流通追溯体系编码规则》、《肉类蔬菜流通追溯体系管理平台技术要求》、《肉类蔬菜流通追溯体系感知技术要求》、《肉类蔬菜流通追溯体系传输技术要求》、《肉类蔬菜流通追溯体系信息处理要求》、《肉类蔬菜流通追溯体系专用术语》等8个技术规范，确保全国肉类蔬菜流通追溯体系的整体性。

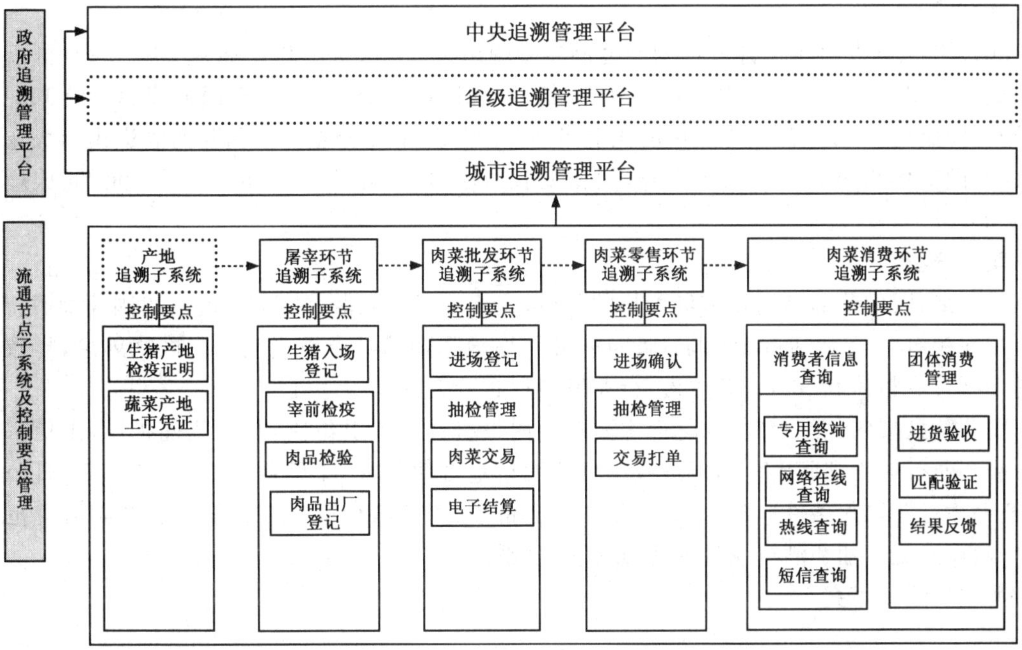

图 11-1　追溯体系总体框架图

注：虚线框表示的产地追溯子系统不作硬性要求，各试点城市可视具体情况决定是否建设。

动态

根据《财政部办公厅、商务部办公厅关于2012年开展肉菜流通可追溯体系建设试点有关问题的通知》(财办建[2012]15号)要求，商务部、财政部审核确定了第三批肉类蔬菜流通追溯体系建设试点城市。

相关学习链接

1. 商务部市场秩序司 http://sczxs.mofcom.gov.cn/
2. 中国肉类协会 http://www.chinameat.org
3. 中国市场秩序网 http://www.12312.gov.cn/
4. 商务部酒类流通管理信息系统 http://jlscyxs.mofcom.gov.cn

查一查

1. 生猪屠宰管理条例。
2. 酒类流通管理办法。
3. 超市食品安全操作规范。

任务二　学习工信部在食品安全监管中的职责及颁布文件

◆任务目标

- 了解工业和信息化部(以下简称工信部)在食品安全监管中的职责。
- 掌握查询工信部颁布的关于食品安全监管文件的方法与途径。

◆案例导入

2010 年全国获得生产许可证的葡萄酒企业 940 户，其中规模以上企业 248 户；全国规模以上葡萄酒制造业完成工业总产值 309.52 亿元，同比增长 29.85%。全国葡萄酒产量 108.88 万千升，同比增长 12.38%，增长速度比上年回落 15.25 个百分点。全国葡萄酒进出口大幅度增长，全国葡萄酒出口 3 933.2 千升，同比增长 30.16%，出口额 8 881.1 万美元，同比增长 159.50%。

案例分析

近年来，国内葡萄酒消费市场大热的同时，也出现了“小、散、乱”等问题。我国葡萄酒行业发展时间相对较短，产业基础薄弱，近年来又面临国际葡萄酒产业的竞争。内忧外患，导致我国葡萄酒行业整体竞争力提升缓慢，行业发展存在一定程度的危机。

国务院批准的《工业和信息化部主要职责内设机构和人员编制规定》明确指出，工信部具有食品工业行业管理职责。为促进我国葡萄酒行业健康发展，工信部 2012 年 6 月 13 日公布了《葡萄酒行业准入条件》，2012 年 7 月 6 日公布了《葡萄酒行业“十二五”发展规划》，规范行业投资行为，提高葡萄酒行业规模化、现代化水平。

◆学习活动方案

学习活动 1　学习工信部在食品安全监管中的职责

工信部具有食品工业行业管理职责，在食品安全监管方面主要有四项职责：

(1)制定合理科学的发展规划和产业政策，进一步完善食品工业行业标准，指导企业完善内部质量控制和监测网络以及食品质量可追溯体系；

(2)推进食品工业企业生产者诚信体系建设，以提高从业人员的道德、法律意识，规范企业生产经营行为；

(3)加强行业自律，开展食品安全知识的普及。指导协会发挥行业自律作用；

(4)加强食品行业相关基础信息的统计和监测，建立食品工业质量安全、产品进出口动态的监测和预警机制等。

在食品安全分段监管中，工信部和质检总局的监管对象都是食品生产企业，但是监管的方式和重点则有所区别。如果说质检总局的监管方式主要是监督抽查，那么工信部的主要监管方式则是管理指导。

学习活动 2　学习工信部食品企业诚信体系建设规划

为增强企业诚信意识，提高政府对食品安全的监控能力，系统而有序地解决食品安全问题，工信部自 2009 年以来一直大力推进食品工业企业诚信体系建设，强化企业食品企业主体责任，将防范食品安全风险的关口前移。

食品工业企业诚信体系建设工作正稳步推进，有序展开，并取得了一定成效。工信部先后建立了 15 个部门、单位参加的部门联席会议制度，印发了食品工业企业诚信体系建设工作指导意见，下发了《食品工业企业诚信体系建设工作实施方案(2010—2012)》，还发布实施了《食品工业企业诚信管理体系建立及实施通用要求》和《食品工业企业诚信评价准则》两项管理行业标准，组织编写了乳制品、肉类食品、葡萄酒、调味品、饮料和罐头6个行业的标准实施准则。

"十二五"期间，工信部将大力推动规模以上食品生产企业全面建立诚信管理体系；加快在婴幼儿配方乳粉生产企业全部建立诚信管理体系并通过诚信评价；继续组织编制食品重点行业诚信管理体系建立及实施指南；配合研究制定食品生产企业"黑名单"制度，制定守信激励、失信惩戒措施。加大诚信师资培训力度。继续加强诚信管理体系标准的宣贯培训工作；加强对委托评价机构的指导和管理，加快开展食品工业企业诚信管理体系评价工作。加强地区间、企业间诚信建设经验交流，梳理总结试点工作中好的做法和经验，全面推进食品企业诚信体系建设。

学习活动3　工信部食品行业管理

1. 行业准入管理

为规范行业投资行为，防止盲目投资和低水平重复建设，引导生产企业合理布局，节约和有效利用资源，保护生态环境，落实产业政策，推进结构优化，不断提高食品产业现代化、规模化、标准化水平。工信部于2011年8月18日公示了《浓缩果蔬汁(浆)加工行业准入条件》，于2012年6月13日公示了《葡萄酒行业准入条件》。

工信部将在"十二五"期间，加快制定和完善重点食品行业产业政策和准入条件，明确食品加工企业在原料基地、生产规程、产品标准、质量控制等方面的必备条件。其中，乳制品项目继续从严核准，玉米深加工项目继续实行核准制，大豆压榨及浸出项目从严控制，对大米加工、小麦粉加工、食用植物油加工、肉及肉制品加工、饮料、水产品、果蔬加工等关系国计民生的敏感行业制定严格的行业准入条件。

2. 食盐专营管理

我国盐业体制几十年来几经变革，其基本特征为盐产品产运销一条龙的计划经济体制。1990年，原国家轻工业部规定：轻工业部授权中国盐业总公司行使盐业行政管理职能，负责组织贯彻实施《盐业管理条例》及有关盐政管理工作。2003年国家发改委要求：中国盐业总公司组织落实并督促各产销企业严格执行国家计划。2005年，国务院出台《关于深化经济体制改革的意见》，首次明确提出研究制订盐业体制改革方案。盐业体制改革的重点是食品盐的流通体制改革，改革的主要问题是要改变食盐的流通和管理体制。2008年，根据《国务院办公厅关于印发工业和信息化部主要职责内设机构和人员编制规定的通知》(国办发[2008]72号)，盐业行政管理职责由国家发改委划转工业和信息化部，工业和信息化部授权各级盐业主管部门办理食盐准运、批发、分配调拨等业务。

动态

《国务院关于第六批取消和调整行政审批项目的决定》(国发[2012]52号)中明确，将食盐准运许可审批项目从国务院盐业主管部门下放到省级人民政府盐业主管机构(以下简称各地盐业主管部门)。2012年12月31日前，食盐运输仍沿用工业和信息化部统一印制的食盐准运证，自2013年1月1日起，工业和信息化部停止签发食盐准运证，运输食盐使用各地盐业主管部门印制的加盖地方盐业主管部门印章的食盐准运证。

相关学习链接

1. 工业和信息化部消费品工业司 http://xfps.miit.gov.cn

2. 中国盐业协会 http://www.cnsalt.cn/

3. 中国盐业总公司 http://www.chinasalt.com.cn/

查一查

1. 食盐专营许可证管理办法。

2. 食品工业企业诚信管理体系(CMS)建立及实施通用要求。

任务三 学习发改委、财政部在食品安全监管中的职责及颁布文件

◆任务目标

- 了解国家发展和改革委员会(以下简称发改委)、财政部在食品安全监管中的职责。
- 掌握查询发改委、财政部颁布的关于食品安全监管文件的方法与途径。

◆案例导入

在国际粮价飙涨的大环境之下,国内食用油面临新一轮上涨压力,为了进一步稳定国内物价,国家发改委价格司2012年8月13日召集中粮集团、益海嘉里、鲁花集团、九三油脂集团和汇福粮油集团等5大小包装食用油企业进行谈话,要求上述5家企业建立食用油价格报告制度,定期向国家发改委报送食用油出厂价、批发价和零售价。

案例分析

2008年1月15日,《国家发展改革委关于对部分重要商品及服务实行临时价格干预措施的实施办法》(发改委令第58号)指出:发改委决定对部分重要商品及服务在全国范围内实施临时价格干预措施,对达到一定规模的生产、经营企业实行提价申报;对达到一定规模的批发、零售企业实行调价备案。实施临时价格干预措施时,可以对下列实行市场调节价的商品及服务实行提价申报和(或)调价备案。

(1)成品粮及粮食制品;

(2)食用植物油;

(3)猪肉和牛羊肉及其制品;

(4)乳品;

(5)鸡蛋;

(6)液化石油气(政府制定出厂价格和零售价格的除外);

(7)其他重要商品及服务。

2010年11月19日,国务院发出了《关于稳定消费价格总水平保障群众基本生活的通知》,《通知》提出,必要时对重要的生活必需品和生产资料可以实行价格临时干预措施。

◈学习活动方案

学习活动1　学习发改委对食品安全监管的相关要求

食品安全整顿工作方案(国办发[2009]8号)指出,发展改革、财政部门负责加强食品安全监测能力建设。

1.发改委完善食品安全监管的意见

《关于2011年深化经济体制改革重点工作的意见》(国发[2011]15号)指出:完善食品安全监管体制,建立健全地方政府食品安全综合协调机制,加强监管基础能力建设和基层执法队伍建设,加大行政执法和责任追究力度,完善应对食品安全事故的快速反应机制和程序。深化流通体制改革,开展农产品现代流通综合试点,稳步推进肉类、蔬菜流通追溯体系试点。(食品安全办、公安部、农业部、卫生部、质检总局、工商总局、商务部、中央编办等负责)

2.发改委关于食品安全风险监测的建设规划

发改委2012年5月5日发布《"十二五"国家政务信息化工程建设规划》。规划提出,建设食品安全风险监测和评估信息系统,建设相应的食品安全信息共享平台。

规划提出,逐步实现食品生产、流通、消费全程监管业务的紧密协同和数据共享,支持食品安全事件的预防预警和应急处置,满足预防为主、科学管理、明确责任、综合治理的食品安全监管工作要求,切实提高食品安全的保障水平。加快建设食品(含农产品)生产、加工、流通(含进出口)、消费等环节的安全监管信息化工程。

规划称,利用物联网技术、溯源技术、防伪技术、条码技术、云计算技术等,建设支持食品及食品添加剂生产达标的生产监管信息系统,建设支持食品及食品添加剂品牌真伪认证、来源追溯、过程追踪、责任追查及召回销毁的流通监管信息系统,建设支持对食品生产商、经营商和餐饮服务商进行信用评价、守信激励、失信惩戒的食品经营者信用监管信息系统。

学习活动2　学习财政部对食品安全监管的相关要求

食品安全整顿工作方案(国办发[2009]8号)指出,发展改革、财政部门负责加强食品安全监测能力建设。

在食品安全监管方面,财政部对食品安全监测工作更多的是与其他相关部委合作,共同制定相关文件或协同管理。比如《财政部、质检总局关于进一步做好质量技术监督部门食品安全监管经费保障工作的通知》、《财政部、国家食品药品监督管理局关于印发食品药品监督管理系统执法执勤用车配备使用管理办法(试行)的通知》等。

相关学习链接

1.国家发展和改革委员会 http://www.sdpc.gov.cn/

2.财政部 http://www.mof.gov.cn/

3.食品伙伴网 http://www.foodmate.net/

查一查

食品工业"十二五"发展规划。

学习单元 12 食品行业学习食品法规途径

任务一 了解食品监管部门网址

◆任务目标

- 知道食品企业监管部门的网站地址。
- 能够利用网站信息查找到食品企业生产经营需要遵循的相关法律法规。

◆案例导入

某北京的食品企业计划生产一种新产品，新产品预计上市后在国内和国际市场上销售，需要做的工作包括申请食品生产许可证，获得原料采购标准，生产技术规范，食品添加剂的安全标准，成品的质量标准，出口食品生产企业备案等政策文件或标准，作为负责新产品生产的人员需要获得相关的法律、法规、技术规范、标准等资料和文件。

案例分析

假如由您负责新产品的生产，您能从哪些相关的网站查阅所需要的技术规范或标准。具体见表 12-1。

表 12-1 食品企业监管部门网站信息

监管部门	网址	可获得的相关信息
中华人民共和国农业部	www.moa.gov.cn	原料采购的信息，绿色食品以及有机食品认证的信息等
中华人民共和国卫生部	www.moh.gov.cn	食品安全国家标准
国家质量监督检验检疫总局	www.aqsiq.gov.cn	食品安全法，食品生产许可证审查通则等相关食品企业生产法规、公告、新发布的食品标准等
国家质量监督检验检疫总局进出口食品安全局	jckspaqj.aqsiq.gov.cn	出口食品生产企业备案
……		

◆学习活动方案

学习活动 1　知道食品监管部门的网址

食品行业的相关活动是个有机的庞大的链条，在这个链条中各相关方都需要遵循各自的法律法规、标准来组织生产和开展相关活动，食品行业的运行关乎农业、工业等各个范畴。例如，食品的原料来源于农业或畜禽养殖业，食品的包装、生产设备必然牵涉到工业生产的范畴，因此，食品行业相关的法律法规、标准文件涉及范围广泛。作为食品行业的从业者，如何获得最新的适用的法律法规、标准以及公告等，并遵循这些法律法规、标准组织采购、生产、销售等相关活动，是食品行业从业人员必须具备的能力。在目前互联网极其发达的情况下，大多数食品从业人员或食品企业都通过各监管部门的网站下载最新的文件信息。并且，我国相关的食品行业监管部门的网站上也会及时更新法律法规、食品安全标准、公告等，也会发布一些食品行业的预警信息，给食品行业从业人员掌握食品行业法律法规、标准等提供了帮助。在表 12-2 中列出了主要的食品行业监管部门以及常用的食品行业查询信息的网站地址。

表 12-2　食品行业相关网站地址

职能部门	网址
中华人民共和国农业部	www. moa. gov. cn
中华人民共和国卫生部	www. moh. gov. cn
国家质量监督检验检疫总局	www. aqsiq. gov. cn
国家食品药品监督管理局	www. sda. gov. cn
国家工商行政管理局	www. saic. gov. cn
食品伙伴网	www. foodmate. net/
中国绿色食品网	www. greenfood. org. cn
北京出入境检验检疫局	www. bjciq. gov. cn
中国食品安全网	foodsafety. ce. cn

学习活动 2　能够通过食品监管部门网站获得所需要的相关法规、政策、标准等信息

在上一学习活动中我们了解了主要食品行业监管部门的网站地址，在这一学习活动中，将着重介绍通过一些主要的网站可获得哪方面的法律法规、标准等信息（因网站上信息量巨大，因此着重介绍一些与食品行业生产相关性较大的信息）。

1. 中华人民共和国农业部

农业部负责农产品生产环节的监管。食品行业所使用的原料的源头来自农业和畜牧养殖业。食品原料的质量和安全直接影响着最终产品的安全，食品行业所说的“全过程质量管理”，也就是指从农田到餐桌的整个食品生产过程的管理。“三鹿奶粉事件”所暴露出的问题，使得食品行业越来越重视和关注原料的质量安全，因此，食品行业从业人员就需要及时掌握农产品

的质量安全信息。登录农业部的网站，可获得农产品的质量安全和市场监测信息，农产品的标准以及技术操作规范，无公害农产品、绿色食品、地理标志农产品的申报程序等。

2. 中华人民共和国卫生部

卫生部牵头建立食品安全综合协调机制，负责食品安全综合监督。在卫生部的网站上的食品安全专栏，可查询到与食品安全相关的法规、政策、动态、通知公告。内容包括最新发布的食品安全国家标准以及修订的食品安全国家标准的征求意见稿，新资源食品的批准公告，食品安全的预警信息，食品添加剂使用安全标准和公告等。

3. 国家质量监督检验检疫总局

食品生产企业直接依据国家质量监督检疫总局以及下属省市局的相关要求开展生产活动，接受各省市质量技术监督局的监管。在国家质量监督检验检疫总局的网站上可进入各省市的质量技术监督局以及出入境检验检疫的网站，在网站上可查询到食品生产监管制度和信息，食品质量状况的公告，食品以及相关产品的标准，食品生产许可信息，进出口食品管理制度，国际食品安全标准以及检验检疫要求等。

4. 国家食品药品监督管理局

登录国家食品药品监督管理局的网站，可查询消费环节食品安全监管的相关法律法规、政策文件，保健食品生产许可、审批等法规文件。

5. 国家工商行政管理总局

登录国家工商行政管理总局的网站可查询到国家工商行政管理总局发布的政策法规文件、公告，企业登记、商标注册、企业年检的办理流程以及信息查询，流通领域食品安全监管情况等。

相关学习链接

见表 12-1。

查一查

请你登录国家质量监督检验检疫总局的网站查询有关食品生产许可证办理的流程。

任务二　学习食品行业实践食品法规途径

◆任务目标

- 收集的法律法规的管理。
- 通过培训使得企业的相关人员掌握食品法律法规的内容，并能依据法律法规的规定开展相关活动。

◆案例导入

一家食品生产企业，生产部门于 2012 年 10 月收集了相关的法律法规，并列出了“法律法规、标准清单”见表 12-3。

表 12-3　某食品企业生产部门法律法规清单

编号	法律法规、标准名称	发布令	颁布日期	实施日期	适用部分摘要	适用的产品类别	发布部门
SC-2012-1	中华人民共和国产品质量法	主席令第33号	2000.07.08	2000.09.01	全文	通用	全国人民代表大会常务委员会
SC-2012-2	中华人民共和国食品安全法	主席令第9号	2009.2.28	2009.06.01	全文	通用	全国人民代表大会常务委员
SC-2012-3	食品添加剂新品种管理办法	卫生部令第73号	2010.03.30	2010.03.30	全文	通用	中华人民共和国卫生部
SC-2012-4	中华人民共和国工业产品生产许可证管理条例	国务院令第440号	2005.7.9	2005.9.1	全文	通用	中华人民共和国国务院
SC-2012-5	国家计量检定规程管理办法	质检总局令第36号	2002.11.31	2003.02.01	全文	通用	国家质量监督检验检疫总局
SC-2012-6	定量包装商品计量监督管理办法	质检总局令第75号	2005.05.30	2006.01.01	全文	通用	国家质量监督检验检疫总局
SC-2012-7	食品生产加工企业质量安全监督管理实施细则(试行)	质检总局令第79号	2005.09.01	2005.09.01	全文	通用	国家质量监督检验检疫总局
……							

该企业生产部门人员在收集法律法规时没有收集《中华人民共和国食品安全法实施条例》。

案例分析

假设你是一名生产部门人员负责收集与生产活动相关的法律法规，如何确保所收集的法律法规全面，且是适用的版本。

◆学习活动方案

学习活动 1　法律法规的管理

食品行业的法律法规作为食品企业从业的准则，应确保使用场所获得并使用正确、有效的适用版本，防止因使用过期法律法规而引起的差错，以及给食品安全带来影响。企业所获得的法律法规作为企业的外来文件，应得到有效控制。

1. 法律法规收集的途径

法律法规应由企业相关部门人员负责收集，并确保收集的法律法规全面。举例来说，食品生产部门人员负责与生产、产品有关的法律法规、标准；企业管理部门人员负责收集与企业经营相关的法律法规等。收集的途径包括政府部门、报纸杂志、网站下载、法律法规和标准的出版社、行业信息简报等。同时，应定期通过互联网、杂志等媒介查询法律法规是否有更新或修订，以及是否有新的适用的法律法规颁布。

2. 法律法规的管理

企业收集来的法律法规应作为“受控文件”进行管理。管理的方法如下：

(1)企业的相关部门应建立“法律法规、标准清单”，列出所收集的适用的法律法规以及标准的名称、实施日期、标准号、公告号等相关信息。

(2)收集来的法律法规作受控标记，例如加盖“受控”图章或其他自定的方式。并将收集来的法律法规、标准发放到适用部门，发放后有记录。

(3)相关部门应定期对法律法规的适用性、有效性进行评价，及时更新法律法规和标准；当法律法规有变化时，应按照受控文件修改的要求执行，采取“划改”、“换页”或“重新发放”等办法，确保法律法规的修改得到控制。对于重新发放的外来文件，应收回原有的文件，然后发放新的文件；并应对收回的旧的法律法规做有效的处理，处理的方法包括销毁、作废保留等。

(4)法律法规丢失后应有作废声明，并对补发办法做出规定。补发的法律法规、标准应使用新的分发编号。

学习活动 2　法律法规贯彻和培训要求

食品从业者要做到守法经营，就必须掌握相关的法律法规，对食品从业人员开展法律法规的培训。法律法规的培训是通过各种方式、手段使新员工以及原有员工能充分掌握法律法规、标准的条款和内容，从而指导和规范相关活动的过程。企业应重视法律法规的贯彻和培训，使得适用的法律法规、标准以及其他要求在企业内的生产经营活动中得到落实。

企业应确定需要培训相关法律法规的部门和人员，从而制定培训项目、培训的法律法规的中心条款、负责人、培训方式等。

企业应有相关部门负责按照培训计划组织实施培训。

法律法规贯彻培训的目的是使得食品从业人员能够充分掌握相关法律法规的要求，从而使得企业生产经营等活动符合法律法规、标准的要求。因此，在法律法规贯彻后，应采用适当的方式进行考核，以确认培训的效果。

相关学习链接

见表 12-1。

想一想

请你试着收集一家生产食用油的企业生产部门适用的法律法规。

参考文献

[1] 马长路.食品质量安全管理.北京:中国农业科技出版社,2014

[2] 马长路. 食品安全与质量管理.重庆:重庆大学出版社,2015

[3] 臧大存.食品质量与安全.北京:中国农业出版社,2006

[4] 中国认证人员与培训机构国家认可委员会.食品安全管理体系审核员培训教程.北京:中国计量出版社,2006

[5] 江苏省苏州质量技术监督局.苏州市食品生产加工企业监管实用手册.2006

[6] 莫慧平.食品卫生与安全管理.北京:中国轻工业出版社, 2007

[7] 南海娟.食品质量管理.北京:化学工业出版社,2008

[8] 包大跃.食品安全危害与控制.北京:化学工业出版社,2006

[9] 钱和,王文捷.HACCP 原理与实施.北京:中国轻工业出版社,2006

[10] 裴山.最新国际标准 ISO22000:2005 食品安全管理体系建立与实施指南.北京:中国标准出版社,2006

[11] 马长路.食品企业管理体系建立与认证.北京:中国轻工业出版社,2003

[12] 贺国铭,张欣.HACCP 体系内审员教程.北京:化学工业出版社,2004

[13] 姜南,张欣,贺国铭.危害分析与关键控制点(HACCP)及在食品生产中的应用.北京:化学工业出版社,2003

[14] 李怀林.食品安全控制体系(HACCP)通用教程.北京:中国标准出版社,2002

[15] 张国农.食品工厂设计与环境保护.北京:中国轻工业出版社,2005

[16] 曾庆孝.GMP 与现代食品工厂设计.北京:化学工业出版社,2006

[17] 吴思方.发酵工厂工艺设计概述.北京:中国轻工业出版社,2002

[18] 中华人民共和国国务院.中国的食品质量安全状况白皮书 2007.新华网,2007

[19] 黄毅.食品质量安全市场准入指南.北京:中国轻工业出版社,2005

[20] 李任卿.GB/T 19001—2008 质量管理体系内审员培训教程.北京:中国环境科学出版社,2006

[21] 中国标准化研究院.GB/T 22000—2006《食品安全管理体系食品链中各类组织的要求》.北京:中国环标准出版社,2007

[22] 杨志坚,等.2008 新版 ISO9000 食品行业实践指南.北京:国防工业出版社,2004

[23] 赵晨霞.安全食品标准与认证.北京:中国环境科学出版社,2007

[24] 季任天,等.食品安全管理体系实施与认证.北京:中国计量出版社,2007

[25] 刘生明.食品企业 ISO22000 ISO9001 ISO14001 一体化管理体系实施要点.北京:中国计量出版社,2006

[26] 王云.国家食品质量安全市场准入指导.北京:中国计量出版社,2004

[27] 国家质量监督检验检疫总局产品质量监督司.食品质量安全市场准入审查指南.北京:中国标准出版社,2005

参考文献